Weiterführend empfehlen wir:

Bücher von Nikolaus B. Enkelmann und Claudia E. Enkelmann:

Mit Persönlichkeit zum Verkaufserfolg
ISBN 978-3-8029-4649-3

Mit Liebe, Lust und Leidenschaft zum Erfolg
ISBN 978-3-8029-3977-8

Hörbücher von Nikolaus B. Enkelmann:	Kurzseminare auf DVD mit Nikolaus B. Enkelmann:
Powertraining ISBN 978-3-8029-4665-3	**Powertraining** ISBN 978-3-8029-4681-3
Der erfolgreiche Weg ISBN 978-3-8029-4667-7	**Der erfolgreiche Weg** ISBN 978-3-8029-4682-0
Die Erfolgsspirale ISBN 978-3-8029-4684-4	**Die Erfolgsspirale** ISBN 978-3-8029-4683-7

Weitere Titel unter: www.WALHALLA.de

Wir freuen uns über Ihr Interesse an diesem Buch. Gerne stellen wir Ihnen zusätzliche Informationen zu diesem Programmsegment zur Verfügung.

Bitte sprechen Sie uns an:

E-Mail: WALHALLA@WALHALLA.de
http://www.WALHALLA.de

Walhalla Fachverlag · Haus an der Eisernen Brücke · 93042 Regensburg
Telefon (09 41) 56 84-0 · Telefax (09 41) 56 84-111

Nikolaus B. Enkelmann · Thomas Rückerl

Mit Vertrauen gewinnen

Die Kunst der positiven Gesprächsführung

Bibliografische Information der Deutschen Nationalbibliothek
Die Deutsche Nationalbibliothek verzeichnet diese Publikation in der Deutschen Nationalbibliografie; detaillierte bibliografische Daten sind im Internet über http://dnb.d-nb.de abrufbar.

Zitiervorschlag:
Nikolaus B. Enkelmann, Thomas Rückerl, Mit Vertrauen gewinnen
Walhalla Fachverlag, Regensburg 2010

© Walhalla u. Praetoria Verlag GmbH & Co. KG, Regensburg
Alle Rechte, insbesondere das Recht der Vervielfältigung und Verbreitung sowie der Übersetzung, vorbehalten. Kein Teil des Werkes darf in irgendeiner Form (durch Fotokopie, Datenübertragung oder ein anderes Verfahren) ohne schriftliche Genehmigung des Verlages reproduziert oder unter Verwendung elektronischer Systeme gespeichert, verarbeitet, vervielfältigt oder verbreitet werden.
Produktion: Walhalla Fachverlag, 93042 Regensburg
Umschlaggestaltung: grubergrafik, Augsburg
Druck und Bindung: Westermann Druck Zwickau GmbH
Printed in Germany
ISBN 978-3-8029-3267-0

Schnellübersicht

	Seite	
Vertrauen – die Kraft des Lebens	7	1
Motivation durch Erfolgs-Coaching	31	2
Keine Angst vor neuen Erfahrungen	59	3
Die Entdeckung der Intuition	81	4
Motivierende Kommunikation	113	5
Die Entwicklung des Bewusstseins	141	6
Nutzen Sie Ihre unbewussten Kräfte	159	7
Das Phänomen Vertrauen	187	8
Die 14 Grundgesetze der Lebensentfaltung©	221	9
Literaturhinweise	225	10
Stichwortverzeichnis	227	

Arbeiten mit der Autosuggestion	46	2
Arbeiten mit den Erfolgs-Checklisten	52	3

Danke für das Vertrauen!

Dieses Buch ist in einem wunderbaren Klima von Teamwork und Vertrauen entstanden. Wir bedanken uns bei all den Menschen, die uns dabei geholfen haben. Zunächst gilt unser Dank Torsten Rückerl, der dieses Buch mit unermüdlichem Optimismus und enormer Kreativität redaktionell gestaltet hat.

Dann danken wir unseren großartigen Teams vom Institut Enkelmann in Königstein und von V.I.E.L Coaching + Training in Hamburg für die sympathische und zuverlässige Unterstützung.

Außerdem danken wir ganz besonders Ilka Techentin für die wertvolle Hilfe während der langen Nächte am Computer; Manfred und Elke Rückerl für die ganzheitliche Unterstüzung und das freundliche Büromanagement. Henning und Corinna Müller für das gute Gefühl und die sympathische Zusammenarbeit; Ruth Hansen, Rolf Schnug, Heinrich und Ilse Mühlhan und Familie Greverath – herzlichen Dank, nicht nur für die wunderbaren Arbeitsbedingungen in der Elbchaussee, sondern auch für die angenehme Nachbarschaft.

Und nicht zuletzt möchten wir uns bei all jenen Menschen bedanken, die uns immer wieder darin bestätigen, dass es sich lohnt, dem Leben zu vertrauen, und die uns täglich aufs Neue dazu ermutigen, diesen Weg mit Herz auch in Zukunft zu beschreiten.

Vertrauen – die Kraft des Lebens

Das Geheimnis echter Lebensqualität	8
Vertrauen braucht intelligente Kontrolle	9
Vertrauen fällt nicht vom Himmel	10
Trainieren Sie die Kunst des Vertrauens	11
Die Psychologie des Vertrauens	13
Verbünden Sie sich mit unbewussten Kräften	15
Vertrauen braucht ein emotionales Fundament	16
Vertrauen und die Fähigkeit, mit Menschen umzugehen	17
Entdecken Sie die kreative Kraft Ihres Unterbewusstseins!	19
Mit positiven Erfahrungen zum Vertrauen	21
Die Börse – Seismograph des Vertrauens	23
Vertrauenskultur: Merkmal erfolgreicher Unternehmen	25
Mit positiven Kommunikationsgewohnheiten Vertrauen stärken	26
Autosuggestion: Ich stärke mein Vertrauen!	28
Checkliste: Selbstvertrauen	29

Vertrauen – die Kraft des Lebens

1 Das Geheimnis echter Lebensqualität

Das gesamte menschliche Leben wurzelt im gegenseitigen Vertrauen. Ohne Vertrauen kann unsere Welt nicht funktionieren. Vertrauen ist für die meisten Menschen so selbstverständlich, dass ihnen die Bedeutung von Vertrauen erst bewusst wird, wenn es abhanden gekommen ist. Bis hinein in den Alltag ist Vertrauen im Leben jedes Menschen allgegenwärtig. Wann haben Sie zum Beispiel das letzte Mal darüber nachgedacht, dass Autofahren eine potenziell lebensgefährliche Tätigkeit ist? Niemand würde sich in sein Auto setzen, wenn er nicht das Vertrauen hätte, heil am Ziel anzukommen. Im Straßenverkehr vertrauen Sie darauf, dass alle anderen Verkehrsteilnehmer die Straßenverkehrsordnung respektieren, dass sie vor einer roten Ampel zuverlässig anhalten und der Gegenverkehr – komme, was wolle – auf der linken Spur bleibt.

Ähnlich wie den Straßenverkehr können Sie viele andere Alltagssituationen danach überprüfen, welche Bedeutung Vertrauen hat. Sie werden feststellen, dass es in nahezu allen Lebensbereichen eine tragende Rolle spielt.

Beispiele:

- Beim Einkaufen im Supermarkt vertrauen Sie darauf, dass die angebotenen Waren einwandfrei sind und die Kassiererin die Preise richtig eintippt.
- Wenn Sie im Flugzeug sitzen, vertrauen Sie darauf, dass die komplizierte Technik tatsächlich funktioniert und die Piloten ihre Instrumente im Griff haben.
- Selbst wenn Sie nur einen Brief in den Briefkasten werfen, vertrauen Sie darauf, dass die Mitarbeiter der Post Ihren Brief korrekt behandeln und sicher zustellen.
- Beim Zahnarztbesuch vertrauen Sie darauf, dass der Arzt seine Kunst beherrscht, die Spritze wirkt und Sie keine Schmerzen haben – und dass nach der Behandlung alles in Ordnung ist.
- Jeden Abend, wenn Sie sich schlafen legen, vertrauen Sie darauf, dass Ihre Atmung und Ihr vegetatives Nervensystem während des Schlafes zuverlässig weiter funktionieren, und Sie am nächsten Morgen wohlbehalten aufwachen.

Kurzum – wenn Sie Ihren Alltag einer ausführlichen Prüfung unterziehen, werden Sie feststellen, dass Ihre gesamte Lebensführung im Vertrauen wurzelt. Das verleiht Ihnen sehr viel Sicherheit. Sie können Ihre Aufgaben frei von Zweifeln und Ängsten anpacken, große Herausforderungen annehmen und voller Mut und Tatendrang Ihr Leben meistern. Vertrauen verleiht Sicherheit und macht selbstsicher.

Generell ist Vertrauen die Grundlage für die positiven Gefühle, die Ihr Handeln leiten. Angenommen, Sie würden von einem Moment zum anderen all Ihr gewohntes Vertrauen verlieren – Sie würden innerhalb weniger Minuten eine emotionale Katastrophe erleben. All Ihre Gedanken und Gefühle wären schlagartig negativ. Sie würden verzweifeln, in Panik geraten oder einen akuten Nervenzusammenbruch erleiden. Sie würden sich ängstlich zurückziehen und sich nichts mehr zutrauen. Kurzum: Sie wären nicht mehr in der Lage, Ihr Leben aktiv zu leben.

Vertrauen braucht intelligente Kontrolle

Vertrauen wirkt meist unbewusst. Solange es vorhanden ist, fällt uns seine Anwesenheit nicht auf. Ähnlich wie bei der Gesundheit: Erst wenn wir das wertvolle Gut vermissen, bemerken wir ihren großen Wert und ihre Abwesenheit wird uns schmerzlich bewusst.

Für viele Vorgänge des täglichen Lebens reicht ein gewisses Maß von Mindestvertrauen, damit der Vorgang wie gewohnt vollzogen werden kann. Auch wenn Sie der Post nicht hundertprozentig vertrauen, sind Sie vermutlich doch bereit, die Mehrzahl Ihrer Postsendungen in den Briefkasten an der Ecke einzuwerfen. Für wirklich wichtige Schreiben jedoch gehen Sie auf das Postamt und nutzen die Möglichkeit des Einschreibens.

Die alte Volksweisheit „Vertrauen ist gut – Kontrolle ist besser!" kennen wir alle – von klein auf wurde sie vielen von uns eingeimpft. Wir möchten sie umformulieren: „Vertrauen ist notwendig – intelligente Kontrolle ebenso!" Kontrollierte Handlungen stärken unser Vertrauen. Allerdings sollte die Kontrolle angemessen sein und nicht übertrieben werden. Übertriebene Kontrolle kann entschlossenes, mutiges Handeln blockieren oder verhindern und sogar Misstrauen verursachen. Wer ständig kontrolliert, weil er unfähig ist, zu vertrauen, nervt seine Mitmenschen und beschneidet seine eigene

Vertrauen – die Kraft des Lebens

1

Lebensqualität. Ein positives Lebensgefühl kann sich nur im Vertrauen entwickeln. Misstrauen dagegen wurzelt in Angst und erzeugt negative Gedanken.

Richtig eingesetzt, kann das Prinzip der Kontrolle unser Vertrauen nachhaltig stärken. Vertrauen führt automatisch zu positivem Denken und letztlich zu einer erfolgreichen Lebensgestaltung.

> **Ihr Erkenntnisgewinn:**
> Je mehr sich Ihre Persönlichkeit entfaltet, desto kraftvoller wird die Wirkung Ihrer Kommunikation.
>
> Um Ihr Vertrauen zu stärken und Ihre Angst vor dem „Unbekannten", dem „Neuen" zu reduzieren, müssen Sie Ihr Leben durch intelligentes Handeln positiv gestalten. Kontrollierte Handlungen bedeuten somit nicht das Gegenteil von Vertrauen – im angemessenen Rahmen bilden sie eine notwendige Voraussetzung, um dem eigenen Leben mit einem guten Gefühl vertrauen zu können.

Vertrauen fällt nicht vom Himmel

Mangelndes Vertrauen erfordert eine Energie-Investition: Entweder Sie entscheiden sich für intelligentes Handeln und ergreifen sinnvolle Maßnahmen für mehr Sicherheit oder Sie bezahlen durch inneren Stress und negative Gefühle. Deshalb entscheiden Sie sich! Beide Möglichkeiten kosten Energie.

> **Beispiel:**
>
> Sie vertrauen der modernen Flugzeug-Technik nicht hundertprozentig. Trotzdem sind Sie vielleicht bereit, sich für Ihre Urlaubsreise in den großen Blechvogel zu setzen – ganz einfach deshalb, weil Sie keinen besseren Weg kennen, schnell nach Mallorca zu gelangen.
>
> Ihren Mangel an Vertrauen bezahlen Sie jedoch mit einem gewissen Unbehagen während des Fluges. Würden Sie dem Piloten und der Technik hundertprozentig vertrauen, könnten Sie den Flug voll genießen. Sie würden sich entspannen und daran erfreuen, welches Wunderwerk der menschlichen Schaf-

fenskraft Sie innerhalb von nur zwei Stunden auf die Tausende von Kilometern entfernte Sonneninsel bringt. Sie könnten die Freiheit über den Wolken spüren, Ihren Drink genießen und sich auf Ihren Urlaub freuen. Sie könnten bereits mit Ihrem Urlaub beginnen und schon während des Fluges positive Energie aufladen. So aber kostet Sie der Stress an Bord Energie.

Je größer der Mangel an Vertrauen, desto größer der Verlust an Lebensqualität. Falls Ihr Misstrauen in Technik und Piloten extrem stark ausgeprägt ist, würde man Sie als „Flug-Phobiker" bezeichnen. In diesem Fall haben Sie drei Möglichkeiten: Entweder Sie verzichten auf Ihre Urlaubsreise nach Mallorca oder Sie muten Ihrem Organismus extremen Stress zu, indem Sie sich mit Schweißperlen auf der Stirn und einem Krampf im Magen zwingen, ins Flugzeug zu steigen. Oder Sie absolvieren ein psychologisches Training zur Heilung Ihrer Flugangst.

Ihr Erkenntnisgewinn:
Vertrauen fällt nicht einfach vom Himmel! Es ist das gefühlte Resultat Ihrer bisherigen Lebensführung.

Ihr Vertrauen kann nur wachsen, wenn Sie sich dem Risiko des Lebens stellen und zulassen, dass es Sie mit ermutigenden, positiven Erfahrungen versorgt. Vertrauen ist erlernbar! Es kostet Sie allerdings ein wenig Energie. Doch wie Sie im Beispiel erkennen konnten, ist die Alternative ebenfalls mit dem Verlust an Energie verbunden. Wir zeigen Ihnen praktische Wege, Ihr Vertrauen in Ihre eigene Lebensführung durch gezieltes Training zu stärken.

Trainieren Sie die Kunst des Vertrauens

Misstrauen kann unterschiedlich stark ausgeprägt sein. Falls sich Ihr Mangel an Vertrauen nur unterschwellig zeigt, sind Sie vermutlich bereit, in das Flugzeug zu steigen. Allerdings fliegen Sie mit Unbehagen und einem flauen Gefühl in der Magengegend. Ihr Mangel an

Vertrauen – die Kraft des Lebens

1 Vertrauen führt dazu, dass Sie den Beginn Ihrer Urlaubsreise nicht wirklich genießen können.

An diesem Alltagsbeispiel zeigt sich deutlich, warum wir die Qualität von echtem Vertrauen in unserem Leben so sehr brauchen: Jeder Mangel von Vertrauen erzeugt Stress! Die Angst verkompliziert Ihr Dasein, sie engt Ihr Denken ein und beschneidet Ihre Lebensqualität. Doch wie gesagt: Vertrauen fällt nicht einfach vom Himmel. Es muss erworben, aufgebaut und gepflegt werden – auch durch den Einsatz intelligenter Kontrolle.

Das Erzeugen und Erhalten von Vertrauen ist eine Kunst, die jeder Mensch Schritt für Schritt erlernen sollte. In diesem Buch möchten wir Ihnen einige wertvolle Leitlinien aufzeigen, wie Sie das kostbare Gut des Vertrauens in Ihrem Leben schnell gewinnen, fest verankern und nachhaltig verstärken können. Wir möchten Sie dazu motivieren, sich dafür zu entscheiden, ein Meister im Vertrauen zu werden! Erlernen Sie die Kunst des Vertrauens, zunächst im Umgang mit sich selbst, und dann immer mehr auch im Kontakt mit anderen Menschen.

> Trainieren Sie, die Zeichen des Misstrauens frühzeitig zu erkennen! Lernen Sie, plötzlich aufflammende Angst als motivierenden Impuls für notwendige Veränderungen zu nutzen.

Jeder Mangel an Vertrauen kann behoben werden! Entweder durch äußere Maßnahmen, die mehr Sicherheit bewirken, indem sie das tatsächliche Risiko reduzieren, oder durch eine innere Veränderung, durch die Verschiebung Ihrer Wahrnehmung auf positive Aspekte der Wirklichkeit.

Wir möchten Sie ermutigen, die Kunst der Alchimisten zu erlernen, indem Sie sich darin trainieren, den Teufel der Angst Schritt für Schritt in gesundes Vertrauen zu verwandeln.

Vertrauen ist die Voraussetzung für eine positive Lebenseinstellung, die Grundlage jeder positiven Lebensphilosophie. Alle Religionen versprechen den Menschen einen Weg ins Glück – und fordern dafür das Vertrauen der Gläubigen in die jeweiligen religiösen Geisteshaltungen. Je stärker der Glaube, desto stärker das Vertrauen in die Religion. Glauben an Gott bedeutet, Vertrauen in das Leben zu entwickeln.

Selbst die Wissenschaft verlangt Vertrauen – in Messergebnisse, empirisch begründete Theorien und logische Schlussfolgerungen. Wissenschaftler glauben an die Gesetze der Natur. Alle Lebewesen auf diesem Planeten haben sich unter dem Einfluss der Naturgesetze entwickelt. Wir können die natürliche Dynamik eines Lebewesens nur verstehen, wenn wir seine wahre Natur respektieren.

> **Ihr Erkenntnisgewinn:**
> Jedes erfolgreiche System, das von Menschen geschaffen wurde, um sich in dieser Welt zu orientieren, um das eigene Handeln sinnvoll auszurichten und mit anderen Wesen positive Kontakte zu pflegen, muss im Einklang mit den Naturgesetzen stehen.

Die Psychologie des Vertrauens

Vertrauen ist ein psychisches Phänomen, das überwiegend in der Domäne des sogenannten „Unbewussten" zu Hause ist. Sie können Vertrauen weder befehlen noch erkaufen. Die Entstehung von Vertrauen ist ein organischer Prozess, auf den das menschliche Bewusstsein nur zum Teil Einfluss hat. Vertrauen entwickelt sich tief im Herzen des Menschen.

Der Prozess seiner Entstehung ist ein außerordentlich sensibles Pflänzchen: Einerseits gibt es praktische Leitlinien für die Hege und Pflege, die wir Ihnen in diesem Buch vermitteln möchten, andererseits sind die Bedingungen für gesundes Wachstum von Mensch zu Mensch sehr unterschiedlich.

Die Vertrauensanalyse bewegt sich sowohl im Bereich der allgemeinen als auch der differenziellen Psychologie. Die allgemeine Psychologie versucht, die uns Menschen verbindenden Gemeinsamkeiten möglichst allgemeingültig zu beschreiben, während sich die differenzielle Psychologie mit den Unterschieden zwischen den Individuen beschäftigt.

Allgemeine Psychologie

Im Sinne der allgemeinen Psychologie betrachten wir die Fähigkeit, Vertrauen zu empfinden, als einen für jeden Menschen strukturell ähnlichen Prozess, der durch evolutionsgeschichtliche Faktoren, die auch unsere heutige Psyche prägen, beeinflusst, behindert oder gestärkt wird. Deshalb können wir verbindliche Aussagen machen, die im Regelfall auf jeden Menschen zutreffen. So verlieren alle Menschen an Vertrauen, wenn sie belogen, betrogen oder verraten werden. Negative Erfahrungen strapazieren das menschliche Vertrauen, während positive Erlebnisse es stärken. Es gibt allgemeingültige Wirkungsmechanismen, die relativ zuverlässig beschrieben werden können.

Differenzielle Psychologie

Im Sinne der differenziellen Psychologie müssen wir das Phänomen des Vertrauens auch im Kontext der persönlichen Lerngeschichte des einzelnen Menschen betrachten. Hier gibt es keine allgemeingültigen Regeln – stattdessen zählen der Respekt vor der Einzigartigkeit jedes Menschen und die Fähigkeit, sich in andere Menschen hineinzufühlen. Jeder Mensch wurde durch eine individuelle Lerngeschichte im Laufe seines Lebens geprägt. Unterschiedliche Personen brauchen unterschiedliche Umstände, um sich sicher zu fühlen und Vertrauen zu empfinden. Falls ein Mensch gelernt hat, sich mit Hunden gut zu verstehen, wird ihm die Anwesenheit von vielen Hunden ein positives Gefühl vermitteln, vermutlich fühlt er sich geschützt und gut bewacht. Dagegen würde diese Situation einen Menschen, der in seiner Kindheit von einem Hund gebissen wurde, nervös machen und sein Vertrauen negativ beeinträchtigen.

> **Ihr Erkenntnisgewinn:**
> Die beiden psychologischen Betrachtungsweisen – allgemeine und differenzielle Psychologie – sind wie zwei Geschwister, die als Yin und Yang ein ganzheitliches Erkenntnis-System bilden. Je mehr es Ihnen gelingt, die allgemeingültigen Prinzipien des „Mensch-Seins" zu verstehen und mit Respekt sowohl auf sich selbst als auch auf andere zu übertragen, desto stärker können Sie sich und Ihre Mitmenschen im Zustand des Vertrauens verankern.

Verbünden Sie sich mit den unbewussten Kräften

In diesem Buch berichten wir im Sinne der differenziellen Psychologie von unserer persönlichen Lebenserfahrung, angereichert mit den wissenschaftlichen Erkenntnissen der allgemeinen Psychologie. Metaphorisch gesprochen, vermitteln wir Ihnen eine erprobte und allgemeingültige „Gebrauchsanweisung" zur Gewinnung von Vertrauen. Gleichzeitig werden wir Sie immer wieder darauf hinweisen, dass Menschen Individuen sind und somit einzigartig. Obwohl wir Ihnen ein psychologisches Erfolgssystem vermitteln, das in fast allen Situationen des täglichen Lebens hilfreich sein kann, wollen wir den „Mythos" des Vertrauens nicht „entzaubern". Im Gegenteil – wir wollen Sie dafür begeistern, immer tiefer in die Magie des Vertrauens einzutauchen.

Unser Erfolgssystem ist ein nützliches Modell, um sich in dieser magischen Welt zu orientieren. Doch wie jedes andere Modell auch reduziert es die Wirklichkeit auf einige Wirkungsfaktoren.

> Die Kunst, Vertrauen zu gewinnen, erfordert nicht nur psychologisches Training, sondern auch einen grundsätzlichen Respekt vor der Einzigartigkeit jedes Menschen.

Im Sinne der allgemeinen Psychologie werden wir Ihnen einige wertvolle Leitlinien vorstellen, die Sie in jedem Fall beherzigen sollten, um Ihr eigenes Vertrauen zu stärken und das Vertrauen anderer zu gewinnen.

Zunächst ist es wichtig, die Funktion des Unbewussten bei der Entstehung des Vertrauens zu erkennen. Der Mensch kann nur zu einem geringen Grad bewusst beeinflussen, wie sehr er in einer bestimmten Situation vertraut oder aber von den Gefühlen der Angst erfasst wird. Wenn es so einfach wäre, negative Gefühle abzuschütteln und Vertrauen zu gewinnen, könnten Sie in dieser Minute beschließen, Ihr Leben ab sofort erheblich zu erleichtern, indem Sie in Zukunft all Ihre Aufgaben voller Vertrauen in Angriff nehmen. Doch so einfach ist es nicht.

Natürlich hat Ihre bewusste Entscheidung für den Erwerb von Vertrauen einen gewissen Einfluss auf Ihre Fähigkeit, Vertrauen zu empfinden, insbesondere wenn Sie sich für ein wirkungsvolles Trainingsprogramm entscheiden. Doch auch in diesem Fall ist es mit der bloßen Entscheidung nicht getan. Sie müssen sich im Alltag

Vertrauen – die Kraft des Lebens

immer wieder motivieren, die Übungen Ihres Trainings tatsächlich durchzuführen. Wenn ein Mensch beschließt, seine Angst in Vertrauen zu verwandeln, ist das grundsätzlich ein guter Entschluss. Allerdings bedeutet der Entschluss allein noch nicht, dass dieses große Vorhaben tatsächlich gelingt.

Beispiel:
Im Fall einer Flug-Phobie reicht der Entschluss, diese abzulegen, alleine nicht aus. Sie müssen Ihre Angst behandeln und trainieren, sich während der Flugsimulation mehr und mehr zu entspannen. So beginnen Sie, positive Erfahrungen mit dem Fliegen zu sammeln. Nur wenn Sie sich Ihrer Angst stellen, hat Ihr Unbewusstes eine Chance, Vertrauen in das Fliegen zu entwickeln.

Ihr Erkenntnisgewinn:
Die Natur des Vertrauens liegt im Unbewussten begründet. Wenn Sie nachhaltig Vertrauen gewinnen wollen, müssen Sie die Natur des Unbewussten verstehen, respektieren und sich mit den unbewussten Kräften im Menschen verbünden.

Damit Vertrauen wachsen kann, braucht es positive Erfahrungen. Deshalb haben wir für Sie ein Trainingsprogramm konzipiert, das geeignet ist, alle zum Vertrauen notwendigen Fähigkeiten Schritt für Schritt zu erwerben.

Vertrauen braucht ein emotionales Fundament

Besitzt Ihr Vertrauen ein starkes Fundament, eine gesunde Basis, kann es durch nichts erschüttert werden. Wenn Vertrauen jedoch lediglich als bloße Absichtserklärung oder als intellektuelles Konzept existiert und nicht durch echte Erfahrung getragen wird, kann es schnell in sich zusammenfallen. Sobald Druck entsteht und Schmerzen, Frustration oder Angst auslöst, wird das Unbewusste darauf bestehen, sich zu schützen. Es wird innerlich aufrüsten, die biologische Abwehr einschalten, Adrenalin ausschütten, Spannung erzeugen, Misstrauen empfinden und feindselig reagieren. Vertrauen fällt wirklich nicht vom Himmel – es muss auf intelligente Weise mit emotionaler Investition entwickelt und aufgebaut werden.

Metaphorisch gesprochen, ist das Unbewusste der „Wächter des Vertrauens". Es achtet sehr genau darauf, ob die aktuelle Situation es erlaubt, voller Vertrauen angenehm zu entspannen oder ob notwendig ist, durch eine zusätzliche Energie-Investition für erhöhte Sicherheit zu sorgen. Misstrauen verlangt Schutz! Misstrauen kostet, sowohl psychologisch als auch biologisch betrachtet, ein gewisses Maß von „Extra-Energie".

Der menschliche Organismus ist jedoch – wie jedes andere Lebewesen auch – ein „Energiesparsystem". Wann immer es möglich erscheint, Energie zu sparen, wird der unbewusste Organismus versuchen, das Misstrauen zu reduzieren und sich zu entspannen.

> **Ihr Erkenntnisgewinn:**
> Vertrauen ist der natürliche Zustand jedes gesunden Menschen. Misstrauen hingegen ist eine emotionale Notfallreaktion, die keinesfalls chronisch werden sollte. Chronisches Misstrauen bedeutet Verlust von Lebensqualität, Mangel an Leistungsfähigkeit und Gefahr von Krankheit. Misstrauen erfordert Veränderung!

Vertrauen und die Fähigkeit, mit Menschen umzugehen

Wann immer Ihnen Misstrauen begegnet, sollten Sie sich fragen, welche Maßnahmen geeignet sind, um wieder ins Vertrauen zu finden. Dabei spielt die Fähigkeit, mit Menschen zu kommunizieren, eine große Rolle.

Der britisch-kanadische Wissenschaftsautor Malcolm Gladwell stellte zum Beispiel das Phänomen des Vertrauensverhältnisses zwischen Arzt und Patienten in seinem Bestseller „Blink" als Ergebnis der Art und Weise vor, wie Ärzte mit ihren Patienten kommunizieren. „Die Frage, ob ein Chirurg wegen eines Operationsfehlers verklagt wird oder nicht, hat nichts damit zu tun, ob ihm tatsächlich ein medizinischer Fehler unterläuft", hat er nach einer intensiven Analyse von Patientendaten ermittelt. Danach seien es gerade die gut ausgebildeten Fachärzte, die häufig verklagt würden, während andere, die viele Fehler machen, sich nie vor Gericht verantworten müssten. Gleichzeitig stellte er fest, dass die überwiegende Mehrzahl der Patienten, die einen Behandlungsfehler erleiden, den Fall nicht zur Anzeige bringt. Patienten verklagen laut Gladwell demnach ihren Arzt nicht etwa, weil sie durch schlampige Behandlung zu Schaden kommen. Sie verklagen ihren Arzt, weil sie durch schlampige Behandlung zu Schaden kommen – und wegen der Art und Weise, wie sie auf einer menschlichen Ebene von ihrem Arzt behandelt werden.

Die Rechtsanwältin Alke Burkin etwa erzählte Gladwell von Patienten, die ihren Arzt verklagt haben, weil sie sich von ihm nicht ausreichend wahrgenommen fühlten. „Patienten verklagen niemanden, den sie gut leiden können", sagte die Anwältin. Noch nie habe ein Patient zu ihr gesagt: „Ich finde diesen Arzt sehr sympathisch und ich tue es wirklich ungern, aber ich möchte ihn auf Schmerzensgeld verklagen." Burkin berichtete von einer Klientin, deren Brustkrebs erst entdeckt worden war, nachdem sich schon Metastasen gebildet hatten. Sie wollte ihre Internistin für die verspätete Diagnose verklagen. Zwar war die Fehldiagnose eindeutig die Schuld des Radiologen. Trotzdem war die Klientin entschlossen, die Internistin zu verklagen, weil diese sich nie die Zeit genommen habe, sich mit ihr zu unterhalten und sie nach ihren Symptomen zu befragen.

Die Medizinsoziologin Wendy Levinson hat Hunderte von Gesprächen zwischen Chirurgen und ihren Patienten aufgezeichnet. Ungefähr die Hälfte der Ärzte aus der untersuchten Gruppe war nie verklagt worden, die andere Hälfte hatte mindestens zweimal vor Gericht gestanden. Allein aufgrund der Videoaufnahmen konnte Levinson klare Unterscheidungsmerkmale zwischen diesen beiden Gruppen herausarbeiten. Die Chirurgen, die noch nie verklagt worden waren, nahmen sich durchschnittlich drei Minuten mehr Zeit für ihre Patienten (18,3 statt 15 Minuten). Sie gaben den Patienten mehr Orientierungshilfen, indem sie zum Beispiel sagten: „Ich untersuche Sie zuerst, und dann sprechen wir über das Problem" oder „Wir nehmen uns später Zeit für Ihre Fragen." Damit bekamen die Patienten ein Gefühl dafür, was bei ihrem Besuch passieren würde und wann sie ihre Fragen stellen konnten. Diese Gruppe der Ärzte zeichnete sich durch aktives Zuhören aus und ermunterte die Patienten, mehr zu erzählen. Außerdem lachten sie während des Gesprächs eher oder machten humorvolle Bemerkungen. Bezeichnenderweise gaben sie ihren Patienten auch nicht mehr Details als die andere Gruppe und klärten sie nicht besser über ihren Gesundheitszustand oder die Medikation auf. Der Unterschied bestand allein im Umgang mit ihren Patienten.

> **Ihr Erkenntnisgewinn:**
> Patienten, die ihrem Arzt absolut vertrauen, werden ihn niemals verklagen – auch wenn er nachweislich einen Fehler begangen hat. Der Erfolg im Beruf ist sicherlich auch abhängig von der fachlichen Qualifikation – allerdings lediglich zu 35 Prozent. Zu 65 Prozent ist jeder Erfolg von der Fähigkeit abhängig, mit Menschen umzugehen, mit ihnen zu kommunizieren – von der Fähigkeit, Menschen zu motivieren.

Entdecken Sie die kreative Kraft Ihres Unterbewusstseins!

Um sich mit dem Unbewussten zu verbünden, müssen Sie lernen, wahre Bedürfnisse zu respektieren. Damit Ihr Unbewusstes Ihnen wirklich vertrauen kann, müssen alle Ziele, die Sie anstreben, in Ihren wahren Bedürfnissen wurzeln. Nur wenn Sie Ihre Ziele aus vollem Herzen erreichen wollen, wird Ihr Unbewusstes seine ganze kreative Kraft zur Verfügung stellen. So entwickeln Sie einen starken Glauben an den Erfolg. Ihre Taten sind beseelt von Zuversicht und Vertrauen.

Auf diese Weise beflügelt, können Sie in der Kommunikation mit anderen Menschen einen wahrhaft charismatischen Effekt erzeugen. Wenn Sie dabei zugleich die Bedürfnisse Ihrer Gesprächspartner respektieren und für deren Befriedigung sorgen, sind Sie auf dem besten Weg, die viel gerühmten „Synergie-Effekte" hervorzurufen. Sie schaffen eine wesentliche Voraussetzung für ein attraktives Gewinner-Gewinner-Modell. Dieses sogenannte „Win-Win-Prinzip" bildet die notwendige positive Basis für eine vertrauensvolle Zusammenarbeit. Nur wenn alle Beteiligten daran glauben, dass ihre Interessen angemessen berücksichtigt werden, können sie sich voll für die gemeinsamen Ziele engagieren.

Vertrauen – die Kraft des Lebens

1 Wenn Sie fähig sind, das Vertrauen Ihrer Mitmenschen schnell und nachhaltig zu gewinnen, erleichtern Sie Ihre Kontakte zur Außenwelt enorm. Zunächst gilt es, Vertrauen in die magische Kraft des Lebens und in Ihre eigene Persönlichkeit zu entwickeln.

> Je mehr sich Ihre Persönlichkeit entfaltet, desto kraftvoller wird die Wirkung Ihrer Kommunikation.

Ein charismatischer Leader kann wahre Wunder bewirken! Wunder widersprechen jedoch nicht den Gesetzen dieser Welt – Wunder widersprechen lediglich unserem oftmals sehr begrenzten Wissen über die Gesetze dieser Welt.

In diesem Buch finden Sie konzentriertes psychologisches Wissen, das sich im Einklang mit den Naturgesetzen befindet. Es ist ein Schlüssel zur magischen Kraft des Lebens, denn es beschreibt die Funktionsweise des Unbewussten. Sobald Sie beginnen, dieses Wissen in Ihrem Alltag aktiv anzuwenden, gelangen Sie in eine magische Welt voll kleiner und großer Alltagswunder. Sie werden mehr und mehr erkennen, dass Menschen im Zustand des Vertrauens wahrhaft wunderbare Wesen sind. Schritt für Schritt können Sie damit beginnen, Ihre eigene Menschenkenntnis durch die persönliche Anwendung unseres psychologischen Wissens zu verfeinern und nachhaltig im Vertrauen zu verankern.

Unsere moderne Zeit bietet sowohl fantastische Chancen als auch enorme Herausforderungen. Mehr denn je brauchen wir intelligentes Vertrauen, damit wir den Mut finden, unsere Chancen zu nutzen, und gleichzeitig bereit sind, uns den Herausforderungen zu stellen. In der jüngeren Vergangenheit wurde wertvolles Vertrauen verspielt. Gierige Banker und unfähige Manager haben die Wirtschaft weltweit an den Rand des Abgrunds geführt, Millionen von Menschen wurden um ihre Ersparnisse betrogen, um ihr Haus, ihren Arbeitsplatz, ihren Lebensstandard gebracht. Politiker haben kurzsichtige Entscheidungen getroffen und der Gesellschaft und vor allem den nachfolgenden Generationen schwere Lasten aufgebürdet. Die Kassen von Bund, Ländern und Gemeinden sind leer. Die Zahl der Insolvenzen steigt dramatisch. Viele Menschen machen sich Sorgen um ihre Zukunft.

Es fällt schwer zu vertrauen, weil es aktuell an positiven Erfahrungen mangelt. Die Medien heizen die schon schlechte Stimmung an, indem sie die Bürger durch negative Berichterstattung noch mehr

Mit positiven Erfahrungen zum Vertrauen

verunsichern. Der Wirtschaft fehlt es an dem gerade jetzt so dringend benötigten Schwung, die Allgemeinheit beklagt mangelndes Vertrauen. Vorstände von großen Banken und Konzernen beschließen reihenweise „vertrauensbildende Maßnahmen" in Form von aufwendigen und teuren Kampagnen und Aktionen, weil sie feststellen mussten, dass den Mitarbeitern und Kunden das Vertrauen abhanden gekommen ist. Und es wird wohl sehr lange dauern, bis es – wenn überhaupt – jemals wieder hergestellt sein wird.

Die jüngste Weltwirtschaftskrise hat deutlich gemacht: Die Qualität von Vertrauen wird viel zu oft erst dann wahrgenommen, wenn sie fehlt. Doch wie können wir uns aus dem Teufelskreis der Angst befreien? Indem wir den Fokus auf die Chancen richten, indem wir ins intelligente Handeln kommen und uns dadurch aktiv positive Erfahrungen ermöglichen.

Ihr Erkenntnisgewinn:
Positive Erfahrungen schaffen den Nährboden, auf dem gesundes Vertrauen wachsen kann. Mindestens genauso wichtig ist es, unsere eigene Einstellung gegenüber dem Vertrauen zu ändern. Es ist geradezu töricht, das Prinzip des Vertrauens zu ignorieren, solange es anwesend ist – und sich dann zu beklagen, dass es abhanden gekommen ist. Vorhandenes Vertrauen ist ein kostbares Gut, das für seine Stabilisierung positive Aufmerksamkeit braucht. In schwierigen Zeiten kann es nur bestehen, wenn wir es schützen, pflegen und aktiv verstärken. Deshalb plädieren wir für die bewusste Wertschätzung von bereits vorhandenem Vertrauen. Beachtung bringt Verstärkung!

Mit positiven Erfahrungen zum Vertrauen

Das hier vorgestellte Erfolgssystem ist darauf ausgelegt, Sie zu motivieren, sich so zu verhalten, dass Sie gezielt positive und ermutigende Erfahrungen sammeln. Als Resultat dieser positiven Erfahrungen entsteht in Ihrem Herzen auf ganz natürliche Weise eine wachsende Qualität von Vertrauen. Wir möchten Sie inspirieren, sowohl den Kontakt zu sich selbst als auch zu Ihren Mitmenschen zunehmend positiv zu gestalten. Die Macht des Vertrauens

Vertrauen – die Kraft des Lebens

kann sich nur dann voll entfalten, wenn die verantwortlichen Menschen für Bedingungen sorgen, unter denen Erfolg wahrscheinlich ist.

> Vertrauensbildung ist keine kurzfristige Maßnahme, sondern das Resultat einer positiven Lebensführung. Wachsendes Vertrauen basiert auf der Wertschätzung von Mensch und Leistung.

Exzellente Leistungen erfordern sowohl einen motivierenden Vertrauensvorschuss als auch die entsprechenden Kontrollen – nicht zuletzt, um dem erfolgreichen Leistungsbringer ein ermutigendes und anerkennendes Feedback auszusprechen.

Der Versuch, Vertrauen zu erzeugen, ohne die dafür notwendigen Handlungen auszuführen, führt über kurz oder lang zum Scheitern. Die Enttäuschung ist vorprogrammiert. Selbst ein hartgesottenes Exemplar des Homo sapiens wird nach einer Reihe von frustrierenden Enttäuschungen sein ursprüngliches Vertrauen verlieren – nur in seltenen Fällen hilft ein großes, attraktives, festes Ziel vor Augen, trotz dauerhafter Fehlversuche den Glauben an den Erfolg und somit das Vertrauen zu bewahren.

Die meisten Menschen verfügen allerdings weder über solch mächtige Ziele noch über die nötige persönliche Kraft zur positiven Transformation von Fehlversuchen und Misserfolgen. Scheitern, Frustrationen und Schmerzen erzeugen kein Vertrauen, sondern – im Gegenteil – Misstrauen und Angst vor der Zukunft. Deshalb plädieren wir für intelligentes Vertrauen in Verbindung mit positiven Wahrnehmungsfiltern und vor allem mit der Bereitschaft, die zum Erfolg führenden nötigen Taten konsequent zu realisieren.

Defizite im Handeln beeinträchtigen zu Recht das gespürte Vertrauen. Wer anspruchsvolle Ziele erreichen möchte, braucht große Fähigkeiten. Ohne die nötigen Fähigkeiten ist jedes Vorhaben zum Scheitern verurteilt. Doch Fähigkeiten entstehen durch Übung – nur durch Übung!

Ihr Erkenntnisgewinn:
Wiederholung führt zur Meisterschaft! Wer regelmäßig seine Übungen durchführt, erwirbt berechtigtes Vertrauen in seine Fähigkeiten. Wer hingegen die Anstrengung des Übens vermeidet, erzeugt ein begründetes Misstrauen gegenüber den eige-

nen unzureichenden Fähigkeiten. Gefühltes Vertrauen resultiert aus der realen Lebensführung und fungiert in seiner ursprünglichen biologischen Aufgabe als ein sensibler Gradmesser für das aktuelle Ausmaß unserer persönlichen Sicherheit.

Die Börse – Seismograph des Vertrauens

Das Prinzip des Vertrauens beherrscht das gesamte menschliche Zusammenleben. Vertrauen wirkt wie das Licht der Sonne – es stimuliert unsere Lebenskräfte. Sobald das Vertrauen schwindet, verliert unser Leben an Qualität. Wolken verdunkeln den Himmel und ebenso unser Gemüt. Anschuldigungen in der Familie oder ein negatives Arbeitsklima mit Neid und Missgunst sind ebenso wenig erfreulich wie Kundenbeziehungen, die von Misstrauen geprägt sind.

Das Wirtschaftsleben basiert im besonderen Maße auf Vertrauen. Denken Sie nur an die Börse. Der entscheidende Faktor für die Börsenkurse sind nicht etwa die Ergebnisse der Unternehmen, sondern vielmehr das Vertrauen der Anleger.

> Die Gemüter der Menschen werden weniger durch Fakten bewegt, sondern vielmehr durch die Interpretation der Fakten.

Erinnern Sie sich an den Beginn des Jahres 2003? Das war die Zeit kurz vor dem zweiten Irak-Krieg. Obwohl einige Unternehmen durchaus gute Gewinne erzielten und außerordentlich positive Zahlen vorlegten, befanden sich alle Kurse tief im Keller. Viele Menschen wurden durch die Berichterstattung der Medien verunsichert. Die Angst vor dem Krieg breitete sich aus. Bomben auf Bagdad, anschließend vielleicht endlose Bodenkämpfe, möglicherweise würde Saddam Hussein Giftgas einsetzen, vielleicht verfügt er sogar über Atomwaffen? Heiliger Krieg in der arabischen Welt? Riesige Ölfelder könnten sich in ein flammendes Inferno verwandeln und die Folgen für die Weltwirtschaft wären verheerend! Die Ölpreise gerieten außer Kontrolle, eine fürchterliche ökologische Katastrophe würde den Himmel verdunkeln. Diese Unsicherheit im Angesicht der scheinbaren Bedrohung erzeugte enormes Misstrauen und führte dazu, dass die meisten Menschen ihre finanziellen Ressourcen zurückhielten. Angst bewirkt Rückzug. Nur sehr wenige waren bereit zu investieren. Den meisten fehlte das nötige Vertrauen, um an den steigenden Wert der Aktien zu glauben.

Auch bei der Bankenkrise, die am 15. September 2008 mit der Pleite der Investmentbank Lehman Brothers in den USA begann und sich schließlich wie ein katastrophaler Flächenbrand über die ganze Welt ausbreitete, spielte der Verlust von Vertrauen eine bedeutende Rolle. Die Kurse an den weltweiten Aktienmärkten stürzten wegen Fehlspekulationen von einem Tag auf den anderen ins Bodenlose. Aus der Bankenkrise wurde eine weltweite Finanzkrise, bei der binnen kurzer Zeit schier unglaubliche Summen regelrecht „verbrannt" wurden. Die Welt erlitt innerhalb nur eines Jahres einen geschätzten Wohlstandsverlust von mindestens 15 Billionen Dollar – das entspricht etwa dem 35-fachen des deutschen Bundeshaushalts. Es folgte die globale Wirtschaftskrise, die sich letztlich auch zu einer sozialen Krise ausweitete, bei der fast 60 Millionen Beschäftigte weltweit ihren Job verloren.

Auf der Strecke in diesem Finanz-Tsunami, der die Welt erschütterte wie kaum eine Krise zuvor, blieb das Vertrauen der Menschen in die Finanzmärkte und die Finanzinstitute. Sogar die als grundsolide geltenden Aktienfonds und vor allem Zertifikate galten plötzlich als „Teufelszeug". Die Anleger, die einst Lehmann-Zertifikate als scheinbar sicheres Investment vom Banker ihres Vertrauens empfohlen bekommen hatten, werden wohl nie mehr den Rendite-Versprechen und -Verheißungen dieses „Experten" – und womöglich der Banker überhaupt – Glauben schenken. Die katastrophale Weltwirtschaftskrise hat neben dem finanziellen Verlust einen in Zahlen bislang nicht messbaren Vertrauensverlust verursacht. Und dieser Verlust wird der Welt aller Wahrscheinlichkeit viel länger und schwerwiegender zu schaffen machen als die monetären Folgen der Krise.

Ihr Erkenntnisgewinn:
Fehlendes Vertrauen bewirkt fallende Kurse an der Börse sowie Misstrauen gegenüber „Tipps" und „Empfehlungen" von Experten. Erst wenn die Menschen wieder beginnen, der Wirtschaft zu vertrauen, steigen auch die Kurse. So betrachtet, ist die Börse ein interessantes Studienobjekt für die Auswirkung von Vertrauen – und von fehlendem oder verlorenem Vertrauen.

Vertrauenskultur: Merkmal erfolgreicher Unternehmen

Eine nachhaltig erfolgreiche Lebensführung braucht ein gesundes Fundament von positiven Gewohnheiten. Vertrauen muss wachsen. Dafür braucht es die nötigen Voraussetzungen.

Es wäre geradezu töricht, zu glauben, dass Vertrauen allein, ohne die zum Erfolg führenden Maßnahmen Bestand haben könnte. Vertrauen ohne Fundament führt zum Scheitern, der Misserfolg ist vorprogrammiert und dieser wiederum nährt das Misstrauen. Auf der anderen Seite wäre es ebenso töricht, alle nötigen Maßnahmen durchzuführen und trotzdem im Zustand des Misstrauens zu leben.

Die heutige Gesellschaft tendiert stark zu Misstrauen. Sobald die Gewinne schwächeln, kontrollieren viele Unternehmen verstärkt die Mitarbeiter. Besonders große Konzerne behindern sich selbst, indem sie sich trotz ihrer enormen finanziellen Kraft in träge Dinosaurier verwandeln, weil unzählige bürokratische Kontrollmechanismen die Mitarbeiter lähmen und frustrieren. Manchmal dürfen erwachsene Menschen, die für 600.000 Euro ein eigenes Haus gebaut haben, in ihrer Firma nicht einmal 100 Euro eigenverantwortlich investieren, ohne sich vorher ein Formular von einem Ordnungshüter abzeichnen zu lassen.

> Respektieren Sie Ihre natürlichen Bedürfnisse! Jeder Mensch hat das Recht, im Zustand des Vertrauens zu leben und zu arbeiten.

Viele Unternehmen blockieren sich durch eine „Misstrauenskultur". Obwohl die nötigen Ressourcen vorhanden sind und Vertrauen durchaus berechtigt wäre, entstehen oftmals enorme Reibungsverluste durch das gegenseitige Misstrauen. Nicht nur die Motivation der Mitarbeiter, auch die Kommunikation zwischen Kollegen und ganzen Abteilungen wird dadurch erheblich beeinträchtigt. Sowohl Führungskräfte als auch Mitarbeiter haben sich daran gewöhnt, ihr soziales Umfeld durch negative Wahrnehmungsfilter zu betrachten. Man sieht viele Probleme und nur wenige Chancen. Man lästert über die Kollegen und erzählt böse Gerüchte über den Vorstand. Das eigene Unternehmen wird als Organisation von Sklavenhändlern wahrgenommen. Die Zeiten sind schlecht und Deutschland womöglich ein benachteiligter Standort!

Vertrauen – die Kraft des Lebens

Auf diese Weise entstehen ganze Spiralen von sich-selbst-erfüllenden Prophezeiungen. Negative Wahrnehmungsfilter vergiften unser Vertrauen und fördern die Angst. Wer Böses erwartet, zieht das Böse förmlich an. Was der Denker denkt, beweist der Beweisführer – das gilt leider auch für negative Glaubensmodelle.

Ihr Erkenntnisgewinn:
Eine gesunde, ermutigende und kooperative Vertrauenskultur kann erst entstehen, wenn die betroffenen Menschen daran glauben, dass Vertrauen sich lohnt. Die Vertrauenskultur wird gefestigt, sobald eine kritische Masse von mutigen Menschen positive Handlungen, die das allgemeine Vertrauen stärken, konsequent umsetzt. Stabil wird die Vertrauenskultur, sobald die positiven Handlungen normaler Bestandteil des täglichen Lebens werden und sich zur aktiven Gewohnheit einer Organisation entwickeln. Besinnen Sie sich auf Ihre Stärken und Fähigkeiten! Optimismus, Wertschätzung und intelligentes Handeln bilden die Wurzeln des Vertrauens.

Mit positiven Kommunikationsgewohnheiten Vertrauen stärken

Dieses Buch ist ein leidenschaftliches Plädoyer für die konsequente Entwicklung von positiven Wahrnehmungsfiltern! Wir sind davon überzeugt, dass Optimismus, Wertschätzung, Anerkennung und intelligente Genussfähigkeit die Wurzeln des Vertrauens bilden. Nur wer seinen Geist darin trainiert, konsequent das Positive anzustreben, kann mit Recht darauf vertrauen, dass das Leben ihn mit ermutigenden, motivierenden Erfahrungen versorgt.

Wir glauben, dass ein Leben im Vertrauen nicht nur erfolgreicher, sondern auch schöner, freudvoller und glücklicher ist, und jeder Mensch ein natürliches Recht darauf hat, im Zustand des Vertrauens zu leben und zu arbeiten. Deshalb möchten wir die nötigen Voraussetzungen aufzeigen, um mit gutem Gewissen und auf ganz natürliche Weise in den Zustand des Vertrauens zu gelangen. Unser Coaching zum Aufbau von Vertrauen ist gleichzeitig ein wirkungsvolles Kommunikationstraining:

Mit positiven Kommunikationsgewohnheiten Vertrauen stärken

- Um nachhaltiges Vertrauen zu erzeugen, brauchen Sie positive Kommunikationsgewohnheiten – sowohl für den Kontakt mit sich selbst als auch mit anderen.
- Die Art, wie Sie mit sich selbst sprechen, wie Sie die Geschehnisse des Lebens bewerten und sich innerlich motivieren, prägt die Qualität Ihres Vertrauens ebenso wie Ihre Kommunikation mit anderen Menschen.
- Wer erfolgreich kommunizieren will, muss seine Ziele kennen.
- Im Kontakt mit anderen Menschen müssen Sie sich daran erinnern, was Sie beim Austausch von zwischenmenschlichen Signalen bewirken wollen.
- Wenn Sie Ihre Ziele in einem positiven, partnerschaftlichen Klima offen kommunizieren, kann Vertrauen wachsen.

Im Laufe unseres Coachings werden wir Sie immer wieder daran erinnern, die entscheidenden Faktoren der erfolgreichen Gesprächsführung aktiv zu trainieren und positive Gewohnheiten aufzubauen. Wir möchten, dass Sie sich darin üben, attraktive Ziele zu formulieren, eine positive Sprache zu sprechen, die unbewussten Prozesse in der menschlichen Psyche zu beobachten. Vor allem aber möchten wir Sie motivieren, ein Gespür dafür zu entwickeln, wie Sie mit anderen Menschen kreative Gewinner-Gewinner-Modelle aufbauen.

Wir garantieren Ihnen, dass das Vertrauen in Ihre eigene Person, in Ihre kommunikativen Fähigkeiten, in Ihre schöpferische Kraft und nicht zuletzt in Ihr Leben enorm anwachsen wird, wenn Sie unser Trainingsprogramm Schritt für Schritt praktizieren. Wir möchten Sie dazu verführen, das gute Gefühl eines starken Selbstvertrauens durch eine positive Gewohnheit zu erlangen: durch Arbeit an der eigenen Persönlichkeit.

Ihr Erkenntnisgewinn:
Nur wenn Sie Ihre eigenen Ziele mit den Zielen Ihrer Gesprächspartner kombinieren, ermöglichen Sie dem Gespräch einen konsequent konstruktiven Verlauf. Um das Vertrauen Ihrer Mitmenschen und Bezugspersonen nachhaltig zu festigen, ist es von entscheidender Bedeutung, das Win-Win-Prinzip verinnerlicht zu haben.

Autosuggestion

1 Ich stärke mein Vertrauen!

Das gesamte menschliche Leben wurzelt im Vertrauen.

Nur wer fähig ist, sich und dem Leben zu vertrauen, kann sein menschliches Potenzial zur Blüte bringen!

Nur wer vertraut, kann das Leben in vollen Zügen genießen!

Ja! Ich bin fest entschlossen, die Kraft meines Vertrauens Tag für Tag zu stärken und in meiner Persönlichkeit zu verankern!

Ich weiß, dass meine Fähigkeit zu vertrauen mein gesamtes Leben positiv beeinflusst.

Ich möchte auch anderen Menschen helfen, echtes Vertrauen in ihr Leben zu bringen. Deshalb gehe ich als strahlendes Vorbild voran – ich zeige mein Vertrauen ganz offen und ich ermutige andere Menschen.

Vertrauen fällt nicht vom Himmel – es muss ehrlich erworben werden.

Ich kann meiner Lebensführung vertrauen, weil ich das Gesetz von Ursache und Wirkung auf eine positive Weise beherzige.

Ich habe ein Recht auf meinen Erfolg, weil ich ihn nutze zum Vorteil aller Lebewesen auf diesem Planeten.

Selbstvertrauen

Ich erinnere mich daran, dass mein Leben im Vertrauen wurzelt.	OOOOOOOOOO
Ich trainiere meine Fähigkeit, mir selbst zu vertrauen.	OOOOOOOOOO
Ich genieße meine Erfolgserlebnisse.	OOOOOOOOOO
Ich sorge für positive Erfahrungen.	OOOOOOOOOO
Ich freue mich über meine Arbeitsergebnisse.	OOOOOOOOOO
Ich glaube daran, dass ich meine Ziele erreiche.	OOOOOOOOOO
Ich lasse mir gern von anderen helfen.	OOOOOOOOOO
Ich helfe anderen – wann immer ich kann.	OOOOOOOOOO
Ich bedanke mich für entgegengebrachtes Vertrauen.	OOOOOOOOOO
Ich übertrage mein eigenes Vertrauen auf andere.	OOOOOOOOOO
Ich trainiere mich darin, mutig zu handeln.	OOOOOOOOOO
Ich kann über Bedürfnisse offen und ehrlich sprechen.	OOOOOOOOOO
Ich empfinde Dankbarkeit für die Geschenke des Lebens.	OOOOOOOOOO
Ich frage mich: „Was könnte gut daran sein?"	OOOOOOOOOO
Ich pflege positive Wahrnehmungsgewohnheiten.	OOOOOOOOOO
Mein Selbstvertrauen wächst kontinuierlich.	OOOOOOOOOO

Motivation durch Erfolgs-Coaching

Training der unbewussten Kräfte	32
Die Natur des Unbewussten	33
Das Erfolgssystem im Einklang mit den Naturgesetzen	34
Persönliche Verhaltensmuster überdenken	36
Entwickeln Sie positive Gewohnheiten!	38
Vier Wege zum Vertrauen	41
Die Coaching-Methoden	46
Autosuggestion: Ich entfalte mein volles Potenzial!	57
Checkliste: Persönlichkeitsentwicklung	58

Training der unbewussten Kräfte

Der Golfspieler Bernhard Langer steht auf dem Rasen, bereit zum Abschlag. Er blickt in die Zielrichtung, konzentriert sich, nimmt Maß, holt aus und schlägt den Ball mit einem kraftvollen Schwung weit nach vorne. Als er der Flugrichtung des Balles folgt, um den nächsten Schlag zu tätigen, kann er ihn zunächst nicht finden. Allmählich gelangt er zu der Vermutung, dass der Golfball in der Astgabel eines großen Baumes hängen blieb. Was tut er? Kurz entschlossen klettert er auf den Baum, um seine Vermutung zu überprüfen. Tatsächlich – der Ball liegt in der Mulde der Astgabel. Bernhard Langer setzt sich auf den kräftigen Ast, konzentriert sich erneut, nimmt Maß, holt aus und schlägt den Ball aus dem Baum zurück auf den Rasen. Der Ball findet seine Richtung und rollt auf das Loch zu und landet direkt im Loch. Welch ein Schlag! Riesiger Applaus beim Publikum. Im Anschluss an diese Meisterleistung interviewen die begeisterten Journalisten den genialen Golfspieler. Einer sagt: „Gratuliere, Herr Langer. Ein fantastischer Schlag! Aber mal ehrlich: Haben Sie da nicht sehr viel Glück gehabt?" Langer antwortet ihm mit ruhiger Stimme: „Ja, stimmt – da habe ich sehr viel Glück gehabt. Und wissen Sie, was mir auffällt? Je mehr ich übe, desto mehr Glück habe ich!"

Beim Gewinnen von Vertrauen und in der Kunst der Kommunikation gilt exakt das gleiche Prinzip: Je mehr Sie üben, desto erfolgreicher werden Sie! Als Sie sich für dieses Buch entschieden haben, haben Sie eine gute Entscheidung getroffen. Hier finden Sie konzentriertes psychologisches Know-how, um Ihr Vertrauen nachhaltig zu stärken, um Ihre sozialen Fähigkeiten zu optimieren und erfolgreicher zu kommunizieren. Wir haben dieses Know-how in vielen Jahren entwickelt, in der Praxis erprobt und immer wieder verfeinert. Nun präsentieren wir es Ihnen in Form eines Trainingsprogramms. Um Ihnen dabei zu helfen, die von uns ausgewählten Übungen im Alltag tatsächlich umzusetzen, haben wir uns dafür entschieden, Sie in diesem Buch so anzusprechen, wie ein Vertrauens-Coach mit Ihnen sprechen würde. Wir hoffen, dass unsere Erfahrungen, Ideen, Aufforderungen und Tipps Sie inspirieren, sich dieses wertvolle psychologische Handwerkszeug durch eigene Erfahrung Schritt für Schritt anzueignen.

Die Natur des Unterbewussten

Wir möchten Ihnen durch unser Coaching ein neues Verständnis des menschlichen Zusammenlebens anbieten und Sie darauf aufmerksam machen, welche wichtige Rolle das Vertrauen dabei spielt. Wir werden Sie an oftmals vergessene Möglichkeiten erinnern und Sie anregen, sich selbst und Ihre Mitmenschen auf eine neue Weise zu betrachten. Dabei möchten wir Sie besonders auf die Natur des menschlichen Unbewussten hinweisen und Schritt für Schritt die Kräfte in Ihrem Inneren zu Ihrem Vorteil aktivieren:

- Wenn Sie beginnen zu beobachten, wie Ihr Unbewusstes funktioniert und wie das Unbewusste von anderen Menschen auf Ihre sozialen Signale reagiert, bekommen Ihre alltäglichen Gespräche eine völlig neue Dimension. Plötzlich befinden Sie sich in einer faszinierenden Welt voller kleiner und großer Wunder. Sie können spüren, wie sich eine wachsende Neugier, verbunden mit Respekt und Wertschätzung für Ihre Mitmenschen, in Ihrem Herzen entwickelt. Diese positive Neugier führt Sie direkt in die Welt der Magie. Sie erleben die inspirierenden Vorzüge einer gesteigerten Aufmerksamkeit.

- Je intensiver Sie sich auf unser Trainingsprogramm einlassen, desto schneller wachsen Ihre magischen Fähigkeiten. Sie werden in der Lage sein, andere Menschen mühelos zu überzeugen, zu begeistern und deren Sympathie zu gewinnen. Sie können viele Konflikte auf scheinbar wundersame Weise lösen, Streithähne versöhnen und in festgefahrenen Situationen eine kreative Wendung herbeiführen.

- Zunächst möchten wir Ihnen ein neues Bewusstsein eröffnen, um sich selbst und Ihre Mitmenschen besser zu verstehen. Sobald Sie lernen, Ihre Mitmenschen durch die bewussten Filter des Vertrauens zu betrachten, werden Sie feststellen, dass die Qualität von Sympathie und Mitgefühl Ihr gesamtes Lebensgefühl positiv einfärbt. Sie werden sich weniger über Ihre Mitmenschen ärgern; und falls Sie sich doch einmal geärgert haben, können Sie den anderen durch einen gezielten Wechsel Ihrer Perspektive meist schnell wieder verzeihen. Wer sein Herz fest im Vertrauen verankert, braucht sich nicht mehr darüber zu ärgern, dass unbewusste Kleinigkeiten negative Gefühle auslösen. Mit dieser positiven emotionalen Grundstimmung in Ihrem Herzen erfüllen Sie bereits

- Der nächste Schritt besteht darin, Ihre Erkenntnisse in Taten umzuwandeln. Arnold Schwarzenegger bringt es auf den Punkt: „Es hat noch niemand Muskeln bekommen, indem er mir beim Training zugeschaut hat!" Das heißt: Wer wachsen will, muss aktiv sein und über die eigenen Grenzen hinausgehen.

> **Ihr Erkenntnisgewinn:**
> Ein kompetenter Coach kann das Beste aus Ihnen herausholen und Sie motivieren, Ihr volles Potenzial zu aktivieren. Deshalb werden wir Sie immer wieder anregen, Ihr bisheriges Verhalten zu überdenken und in Zukunft zu verändern. So können Sie sich neue Möglichkeiten bewusst machen. Sie entdecken kreative Spielräume, verbünden sich mit unbewussten Kräften und verwandeln sich Schritt für Schritt in einen Magier. Hierfür finden Sie in diesem Buch eine Reihe von motivierenden Übungen.

Das Erfolgssystem im Einklang mit den Naturgesetzen

Je mehr Sie üben, desto erfolgreicher werden Sie! Doch was genau gilt es nun zu üben? Das hier beschriebene Erfolgssystem wurzelt tief in der evolutionären Natur unserer menschlichen Psyche. Es resultiert aus der ganzheitlichen Erkenntnis der Position des Menschen in dieser Welt und befindet sich in Einklang mit den Naturgesetzen. Nikolaus B. Enkelmann hat die Basis für dieses Erfolgssystem bereits vor mehr als 40 Jahren als „Grundgesetze der Lebensentfaltung" formuliert und in vielen Büchern ausführlich dargestellt. Die Essenz dieser Erkenntnisse finden Sie im Anhang.

Im vorliegenden Buch konzentrieren wir uns auf die Anwendung der Grundgesetze im Kontext von Vertrauen und Kommunikation. Wir haben das Wissen um die Gesetze mit dem psychologisch-praktischen Werkzeugkoffer von Thomas Rückerl verknüpft. Dieses motivierende Know-how zur zielorientierten Kommunikation stammt ursprünglich aus dem NLP (Neurolinguistisches Programmie-

Das Erfolgssystem im Einklang mit den Naturgesetzen

ren) und wurde in vielen Jahren der praktischen Anwendung im Business-Coaching erprobt und verfeinert.

Beispiel:

Wenn Sie Karate als Sport ausüben möchten, brauchen Sie dafür einige grundlegende Fähigkeiten. Zunächst müssen Sie sich und Ihre Übungspartner auf dem Kampfplatz durch einen respektvollen Filter betrachten. Sie werden verstehen, warum es sinnvoll ist, sich vor der Kunst als solcher und vor den Übungspartnern zu verbeugen. Sie tragen Ihren weißen Kampfanzug und Ihren Gürtel mit Freude und Respekt. Sie lernen die japanischen Bezeichnungen für die verschiedenen Positionen und beginnen, deren tiefere Bedeutung zu verstehen. Dann müssen Sie sich auf ungewohnte Bewegungen einlassen und bereit sein, etwas Neues zu probieren. Manchmal wird Ihre Kondition strapaziert, einige Übungen fallen Ihnen leicht, andere können sehr anstrengend sein. Entscheidend ist, dass Sie sich nicht von der Eitelkeit lenken lassen, sondern sich bewusst und freiwillig in die Rolle eines Lernenden, eines aufmerksamen Schülers begeben. Wer glaubt, bereits alles zu wissen oder gar zu können, wird nicht fähig sein, etwas Neues zu lernen.

Beim Erlernen von Karate können Sie schnelle Fortschritte machen, wenn Sie dabei von einem erfahrenen Karate-Trainer gecoacht werden. Ihr Coach würde beispielsweise zu Ihnen sagen: „Atmen Sie tief durch und konzentrieren Sie sich auf Ihre Körpermitte!" Er würde Sie motivieren, Ihr Balance-Gefühl, Ihre Stabilität und Ihre Ausdauer systematisch zu trainieren: „Achten Sie auf einen tiefen und festen Stand. Senken Sie Ihren Schwerpunkt so tief Sie können!" Gleichzeitig müssen Sie als Karateka fähig sein, sich schnell und geschmeidig zu bewegen. Ihr Coach würde Sie auch hier konsequent trainieren: „Atmen Sie bewusst. Lockern Sie Ihre Muskulatur. Wenn Sie schnell sein wollen, brauchen Sie entspannte Muskeln! Der Impuls kommt wie ein Blitz aus der Hüfte – die Fäuste folgen dem Chi!"

Mit solchen Äußerungen zeigt Ihnen der Coach, wie Sie die benötigten Fähigkeiten gezielt erwerben können. Er lenkt den Fokus Ihrer Aufmerksamkeit und unterstützt Sie dabei, alle nötigen Lektionen in

Motivation durch Erfolgs-Coaching

der richtigen Reihenfolge zu erlernen. Sein Ziel ist es, Sie in der Kunst des Karate schnell und nachhaltig erfolgreich zu machen.

Ihr Erkenntnisgewinn:
Das vorliegende Buch vermittelt Ihnen eine konzentrierte Mischung von außerordentlich wirksamen Kommunikationswerkzeugen zur Gewinnung von nachhaltigem Vertrauen. Beim Erlernen des Umgangs mit diesen Werkzeugen werden wir Sie wie ein mentaler Coach unterstützen. Wir möchten Sie motivieren, unsere psychologische Kunst wie eine mentale Sportart zu erlernen.

Persönliche Verhaltensmuster überdenken

Mit unserem Coaching verfolgen wir ein ähnliches Prinzip wie der Karate-Trainer.

- Zunächst vermitteln wir Ihnen die nötigen Kenntnisse, um die Macht des Vertrauens in Ihrem Leben nachhaltig zu verankern.

- Gleichzeitig beschreiben wir die wesentlichen Schritte zur Realisierung einer erfolgreichen Kommunikation zunächst mit sich selbst, dann auch im Kontakt mit anderen. Dabei lenken wir den Fokus Ihrer Aufmerksamkeit immer wieder auf die wesentlichen Aspekte, auf die oftmals vergessenen Hebel.

- Anschließend fordern wir Sie auf, Ihr Verhalten im Alltag entsprechend auszurichten. Natürlich wissen wir, dass Sie im Laufe Ihres Lebens Ihren persönlichen Kommunikations-Stil entwickelt haben. Es geht uns nicht darum, alle Menschen gleich zu machen. Im Gegenteil: Jeder Mensch ist anders, und gerade die besonderen Unterschiede bilden die Basis des individuellen Erfolgs.

- Deshalb möchten wir Sie anregen, Ihre persönlichen Verhaltensmuster systematisch zu überdenken und hinsichtlich der Nützlichkeit für Ihre Lebensqualität zu hinterfragen. Wir möchten Sie inspirieren, innerhalb Ihrer eigenen Persönlichkeit einen freundlichen, kreativen und verantwortungsbewussten Qualitätsmanager zu entwickeln.

Persönliche Verhaltensmuster überdenken

Aus Erfahrung wissen wir, dass diese Form der Persönlichkeitsentwicklung im Alltag nicht einfach zu realisieren ist. Die Ablenkungen sind vielfältig, der Mensch ist ein vergessliches Wesen – und überhaupt, wir alle haben uns doch sehr an uns gewöhnt! Deshalb formulieren wir ein konsequentes Coaching, als direkte Aufforderung, das Leben durch eine positive Brille zu betrachten.

> Wir vertrauen darauf, dass Sie als verantwortungsvoller Leser in eigener Regie dafür sorgen, Ihre Persönlichkeit genau so zu formen, wie es Ihrem individuellen Lebensstil entspricht.

Das menschliche Zusammenleben unterliegt einer enormen Komplexität. Deshalb achten wir darauf, die Bedingungen des realen Lebens nicht zu sehr zu vereinfachen. Gleichzeitig braucht die prägnante Darstellung einen klaren Fokus – wir nehmen uns deshalb die Freiheit, hin und wieder etwas zu übertreiben oder sekundäre Faktoren zu unterschlagen.

Unser Coaching soll Sie motivieren, ins Handeln zu kommen! Wir vertrauen darauf, dass Sie einen passenden Rahmen für die Umsetzung finden und unsere Aufforderungen angemessen in Ihren Alltag transferieren.

Wenn uns zum Beispiel ein Manager den Auftrag erteilt, ihn für einen wichtigen TV-Auftritt zu trainieren, sind der Rahmen und das Ziel relativ klar umgrenzt. Der Manager hat eine Botschaft, die er mit möglichst großer Überzeugungskraft an sein Publikum richten möchte. Als Coach erinnern wir ihn daran, sich die entscheidenden Aspekte seiner Performance bewusst zu machen: „Sprechen Sie eine klare und deutliche Sprache. Verwenden Sie kurze Sätze. Blicken Sie direkt in die Kamera. Lächeln Sie ganz entspannt. So senden Sie deutliche Signale von Kompetenz und Freundlichkeit."

Wenn der Manager während seines TV-Auftritts von einem Journalisten interviewt wird, gibt es auch hier einiges zu beachten, um optimale Souveränität zu gewährleisten: „Bleiben Sie ruhig. Zeigen Sie positive Emotionen. Falls der Journalist Ihnen kritische Fragen stellt, konzentrieren Sie sich weniger auf seine Fragen, sondern vielmehr auf den Kern Ihrer eigenen Botschaft. Blicken Sie direkt in die Kamera, um Ihr Publikum an den Bildschirmen zu erreichen. Sagen Sie genau das, was Sie sagen möchten! Wählen Sie positive Worte und verknüpfen Sie Ihr Statement anschließend mit der Frage des Journalisten!"

> **Ihr Erkenntnisgewinn:**
> Unsere Hinweise lenken Ihren geistigen Fokus auf Aspekte der Realität, die normalerweise unbewusst ablaufen. Sobald Sie Licht auf diese psychischen Prozesse werfen, können Sie neue Verhaltensoptionen gewinnen und Alltagssituationen auf magische Weise beeinflussen.

Entwickeln Sie positive Gewohnheiten!

Man sagt, die wesentlichen Dinge des Lebens kann der Mensch nicht aus Büchern lernen. Das stimmt in gewisser Hinsicht. Die wesentlichen Dinge lernen Sie nicht durch Lesen oder Nachdenken, sondern nur durch persönliche Erfahrung.

Deshalb möchten wir Ihnen ans Herz legen, dieses Buch nicht nur als eine Ansammlung von Wissen zu betrachten, sondern als eine motivierende Quelle der Inspiration. Unsere Botschaften können ihre volle Wirkung erst entfalten, wenn Sie ins Handeln kommen und dadurch eigene, neue Erfahrungen sammeln. Sobald Sie dieses Buch als eine Quelle der Inspiration verstehen und das beschriebene Wissen in die Anwendung bringen, verwandelt sich die psychologische Theorie in einen lebendigen Bestandteil Ihrer eigenen Persönlichkeit.

Nur durch eigene Erfahrung kann Ihre Persönlichkeit wachsen! Der Volksmund weiß: „Probieren geht über studieren!" Echtes Knowhow entsteht nicht im stillen Kämmerlein, sondern entwickelt sich im praktischen Leben. Wer allerdings immer nur probiert und jeden Irrweg und jede Sackgasse am eigenen Leib erfährt, verliert nicht nur wertvolle Zeit, sondern muss sich auch mit einer Vielzahl unnötiger Frustrationen herumschlagen. Die konstruktive Anleitung von versierten Könnern, der kompetente Rat von erfahrenen Experten kann helfen, wertvolle Zeit zu sparen – weil der Lernende klare Hinweise bekommt, worauf es zu achten gilt. Ein Reiseführer oder eine Straßenkarte können eine nützliche Hilfe sein, wenn es darum geht, in einem unbekannten Gebiet den richtigen Weg zu finden.

> Unsere Botschaften können ihre volle Wirkung nur dann entfalten, wenn Sie ins Handeln kommen und neue Erfahrungen sammeln!

Entwicklen Sie positive Gewohnheiten!

Unsere Ausführungen bilden einen roten Faden, um die tägliche Kommunikation in einem positiven Sinne zu gestalten und sich Schritt für Schritt im Vertrauen zu verankern. Wir haben ein paar Tipps und Empfehlungen zusammengestellt, wie Sie dieses Buch lesen sollten:

- Lesen Sie das Buch in möglichst „kleinen Portionen". Weniger ist manchmal mehr – es kommt nicht auf die Quantität, sondern auf die Qualität des Trainings an.
- Bringen Sie Ihr Gehirn in einen offenen und aufnahmebereiten Zustand, indem Sie sich bewusst entspannen.
- Lassen Sie unsere Botschaften auf Ihr Unbewusstes wirken und denken Sie dabei an konkrete Situationen aus Ihrem Alltag.
- Genießen Sie diesen Zustand der Inspiration.
- Nehmen Sie sich Zeit.
- Beobachten Sie, wie plötzlich neue Ideen auftauchen, und spüren Sie die leisen Vorboten zukünftiger Motivationsschübe.

Indem Sie sich auf diese Weise von unseren Worten inspirieren lassen, beginnen Sie bereits, die Arbeit an Ihrer eigenen Persönlichkeit innerlich vorzubereiten.

Aufgrund jahrelanger Erfahrung wissen wir, dass jeder Mensch sein eigenes Lerntempo hat. Deshalb möchten wir Ihnen vorschlagen, unser Erfolgssystem Schritt für Schritt und in Ihrem eigenen Tempo zu verinnerlichen. Wie bedächtig und langsam Sie auch vorgehen mögen – entscheidend ist, nicht zu vergessen, bewusst an sich zu arbeiten. Die Hektik und der Trubel des Alltags führen häufig dazu, dass viele Menschen ihre auf Eigeninitiative basierenden Lernmotive einfach vergessen. Tage, Wochen und Monate gehen ins Land – und gute Vorsätze verlieren sich wie Spuren im Sand.

Als echter Lebenskünstler verstehen Sie es, Ihre kostbare Zeit für die Dinge zu nutzen, die Ihnen wirklich am Herzen liegen – wie zum Beispiel die Entwicklung eines durch Vertrauen geprägten Lebensgefühls!

> Verwandeln Sie Ihr Leben in ein dynamisches Kunstwerk! Machen Sie die Arbeit an Ihrer eigenen Persönlichkeit zur positiven Gewohnheit.

Positive Gewohnheiten erzeugen einen mächtigen inneren Antrieb und bewirken eine „Realisierungs-Automatik". So könnten Sie sich zum Beispiel angewöhnen, sich von dem völlig überflüssigen Impuls der „Rechthaberei" systematisch zu befreien und stattdessen eine „Win-Win-Gewohnheit" als Kommunikationsform zu entwickeln.

In der Psyche vieler Menschen ist der Impuls zur Rechthaberei mehr oder weniger stark ausgeprägt. Sobald Sie bemerken, dass sich ein Gespräch im Kreise dreht, können Sie sich angewöhnen, zu überprüfen, ob Sie sich vielleicht in einem mentalen Territorialkampf verfangen haben. „Recht haben ist langweilig, glücklich sein ist schön!" Trainieren Sie, die Symptome der Rechthaberei schnell zu erkennen und sie mit einem guten Gefühl loszulassen. Sorgen Sie stattdessen für ein attraktives Win-Win-Ergebnis. Bereits diese eine positive Gewohnheit kann Ihr Leben nachhaltig verändern!

Gewohnheiten sind die Säulen unserer Identität. Jede Gewohnheit bildet eine sich-selbst-verstärkende Spirale. Sobald Sie eine positive Gewohnheit entwickelt haben, werden Sie automatisch beginnen, sich selbst und Ihren Fähigkeiten auf eine neue Weise zu vertrauen. Ihre Gewohnheiten sind tief im Unbewussten verankert. Positive Gewohnheiten stärken Ihr Vertrauen, denn Ihr Unbewusstes kann sich mit hoher Wahrscheinlichkeit darauf verlassen, dass die nützlichen Verhaltensweisen auch in Zukunft ausgeführt werden.

Ebenso beeinträchtigen negative Gewohnheiten Ihr Vertrauen, weil Ihr Unbewusstes befürchten muss, dass schädliche Verhaltensweisen sich so lange wiederholen, bis Sie zu der Einsicht gelangen, dass eine Veränderung notwendig ist.

Ihr Erkenntnisgewinn:
Die regelmäßige Kontrolle und Steuerung Ihrer Gewohnheiten ist ein wichtiger Schlüssel, um Ihr gefühltes Vertrauen aktiv zu gestalten. Metaphorisch gesprochen, installieren Sie „intelligente Software" – Sie erschaffen ein psychologisches Programm, das Sie automatisch daran erinnert, ein regelmäßiges „Update" im Repertoire Ihrer alltäglichen Verhaltensweisen vorzunehmen.

Vier Wege zum Vertrauen

Nun möchten wir Ihnen vier wirkungsvolle Wege aufzeigen, wie Sie die dargestellten Informationen so umsetzen können, dass sie sich allmählich in einen festen Bestandteil Ihrer Persönlichkeit verwandeln:

1. Realisierung des Erfolgs-Coaching im Alltag
2. Sprechen der Autosuggestionen vor dem Spiegel
3. Regelmäßiges Ausfüllen der Checklisten
4. Austausch mit Freunden und Gleichgesinnten

Nachfolgend werden wir Ihnen die vier Wege genau erläutern. Anschließend können Sie in Ihrem eigenen Tempo beginnen, die Wege des Vertrauens Schritt für Schritt zu realisieren. Dazu ein paar praktische Tipps, die das systematische Training erleichtern und die Lernmotivation erhöhen:

- Sie können unsere Übungen jederzeit praktizieren, während Ihrer Freizeit, im Beruf und besonders in Gesprächen.
- Die Autosuggestionen sollten Sie morgens, als Einstimmung für einen erfolgreichen Tag, vor dem Spiegel sprechen – Sie investieren täglich fünf Minuten und programmieren Ihr Unbewusstes auf angenehme und wirkungsvolle Weise.
- Die Checklisten können Sie so oft zur Hand nehmen, wie Sie möchten – wir empfehlen Ihnen mindestens einmal pro Woche zehn Minuten in Ihre Persönlichkeitsentwicklung zu investieren und sich mithilfe der Checklisten auf Ihren zukünftigen Erfolg zu konditionieren.
- Der Austausch mit Freunden und Gleichgesinnten erfreut das Herz und kann Ihnen unbezahlbare Inspiration schenken.
- Sobald Sie eigene Erfahrungen mit unseren Erkenntnissen gesammelt haben, können Sie beginnen, Ihre Erkenntnisse an andere interessierte Menschen weiterzugeben.

Ihr Erkenntnisgewinn:
Entscheidend ist, dass es Ihnen gelingt, das Erfolgswissen im Repertoire Ihrer Gewohnheiten zu verankern. Glücklicherweise stellen viele Menschen fest, dass sich ein Teil Ihrer Gewohnheiten bereits im Einklang mit den Gesetzen des Erfolges befindet. Diesen Teil gilt es zu stärken und darauf aufzubauen. Doch

Motivation durch Erfolgs-Coaching

> ebenso wichtig ist es, die Löcher im System zu erkennen und für positive Veränderungen zu sorgen. Echtes Vertrauen kann nur wachsen, wenn sich Ihre Lebensführung im Einklang mit den Naturgesetzen befindet. Jeder Verstoß gegen die Gesetze des Erfolges wird über kurz oder lang negative Wirkungen nach sich ziehen. Deshalb zielen unsere Maßnahmen darauf ab, mit einem möglichst geringen Aufwand sowohl die negativen Ursachen zu reduzieren als auch die positiven Ursachen in Ihrer Lebensführung konsequent zu verstärken. Sobald Sie die beschriebenen Maßnahmen in eine positive Gewohnheit verwandeln, erzeugen Sie eine nachhaltige Kettenreaktion von positiven Wirkungen.

Die ersten Erfolge stellen sich schnell ein

Sobald Sie beginnen, unsere Anregungen in Ihrem Alltag bewusst oder unbewusst umzusetzen, beginnt Ihr Selbstvertrauen automatisch zu wachsen. Gleichzeitig verändert sich Ihre Ausstrahlung. Ihr neu gewonnenes Vertrauen wird sich auch auf andere Menschen übertragen. Dadurch vertieft sich die Qualität Ihrer zwischenmenschlichen Beziehungen.

Entscheidend für den wachsenden Erfolg in der Kommunikation ist die Bereitschaft, psychologisches Wissen tatsächlich anzuwenden. Wer unsere Botschaften nur konsumiert und die darin enthaltene Information nicht in eigene Erfahrung umwandelt, kann nicht den vollen Nutzen aus diesem Training ziehen. Jeder gelungene Transfer von Wissen basiert auf praktischer Erfahrung!

Glücklicherweise kann das Training von neuen Fähigkeiten schnell eine positive Eigendynamik gewinnen. Je mehr es Ihnen gelingt, mit anderen Menschen erfolgreich zu kommunizieren, desto stärker wird Ihr Vertrauen in Ihre soziale Kompetenz. „Wer hat, dem wird gegeben!" So entsteht eine positive Spirale mit dem Charakter einer „Sich-selbst-erfüllenden Prophezeiung". Erfolg hat die Tendenz, sich selbst zu multiplizieren! Das heißt: Erfolgreiche Verhaltensmuster erwecken im menschlichen Unbewussten den unwiderstehlichen Drang nach baldiger Wiederholung. Einmal verspürte Lust erzeugt den Wunsch nach noch mehr Lust: „Es gibt kaum eine stärkere Motivation als selbst gemachten Erfolg!"

Natürlich wissen wir, dass viele Menschen trotz der Einsicht in die Notwendigkeit des „lebenslangen Lernens" heutzutage kaum Zeit finden, um gezielt an der eigenen Persönlichkeit zu arbeiten. Der normale Arbeitsalltag und der Freizeit-Stress fordern ihren Tribut. Deshalb haben wir die meisten Übungen als kurze, inspirierende Handlungsangebote formuliert, die Sie mühelos in Ihren Alltag einbauen und vertiefen können:

- Die überwiegend inneren Übungen lenken den Fokus Ihrer Wahrnehmung gezielt positiv ins konstruktive Handeln.
- Durch die Beachtung der magischen Prinzipien im Alltag lernen Sie einige neue Hebel kennen, durch deren Betätigung Sie viele Kommunikationssituationen entscheidend beeinflussen können.
- Sie werden das Verhalten Ihrer Mitmenschen durch neue Filter betrachten – durch die magische Brille der psychologischen Wechselwirkungen. „Das ganze Leben ist ein Prozess der wechselseitigen Beeinflussung!" Wir möchten Sie anregen, sich den Einfluss bewusst zu machen, den Sie – ob Sie wollen oder nicht – durch Ihr Verhalten auf andere Menschen ausüben. Und wir möchten Sie motivieren, Ihre wachsende Beeinflussungskunst im Vertrauen auf das Win-Win-Prinzip zu verwurzeln – denn zu seinem Vorteil lässt sich jeder Mensch gern beeinflussen.

„Es sind nicht die Dinge selbst, die die Gemüter der Menschen bewegen, sondern die Gedanken, Befürchtungen, Hoffnungen und Phantasien der Menschen über die Dinge." Diese Erkenntnis galt bereits bei den alten Römern – und sie gilt bis heute. Die Realität bietet Ihnen eine Vielzahl von Reizen, doch entscheidend für Ihr Erleben, für Ihr psychisches Wohlbefinden und Ihr zukünftiges Verhalten ist die Art und Weise, wie Sie die Reize aufnehmen und verarbeiten.

Dabei können Sie sich fragen:

- Auf welche Aspekte der Wirklichkeit achte ich besonders?
- Welche Aspekte werden von meinem Bewusstsein normalerweise ignoriert?
- Wie ist meine gewohnte Wahrnehmung eingestellt?
- Welche Ebene der Wirklichkeit prägt mein Bewusstsein?

Motivation durch Erfolgs-Coaching

> **Ihr Erkenntnisgewinn:**
> Wir möchten Sie darin trainieren, verstärkt auf die Schlüsselreize zu achten, die für eine erfolgreiche und vertrauensvolle Kommunikation entscheidend sind.

Steuern Sie gezielt den Fokus Ihrer Wahrnehmung

Sobald Sie beginnen, Ihr Gehirn darin zu trainieren, auf diejenigen Aspekte der Wirklichkeit zu achten, die normalerweise im Bereich des Unbewussten liegen, gelangen Sie in die Welt der Magie: Sie können außergewöhnliche Ergebnisse erzielen, für die ein ungeschulter Betrachter keine rationale Erklärung kennt – denn Magie basiert auf der gezielten Einflussnahme auf normalerweise unsichtbare Strukturen. Der Magier nutzt unbewusste Kräfte, um sichtbare Erfolge zu erzielen.

Jeder psychologisch interessierte Mensch kann lernen, solche Resultate zu bewirken, sobald er trainiert, den Fokus seiner Aufmerksamkeit auf bisher unsichtbare, oftmals vergessene Hebel im Austausch von sozialen Signalen zu konzentrieren. Das äußere Verhalten folgt der Ausrichtung der inneren Aufmerksamkeit. „Beachtung bringt Verstärkung!" Das menschliche Unbewusste hat die Tendenz, sich am konzentrierten Fokus der bewussten Aufmerksamkeit zu orientieren.

Deshalb wirken unsere Coaching-Instruktionen in ihrer praktischen Konsequenz ebenso auf der äußeren Verhaltensebene – auch wenn sie zunächst als innere Übungen konzipiert wurden. Indem Sie lernen, den Fokus Ihrer Wahrnehmung gezielt zu steuern, beeinflussen Sie über den Automatismus der konzentrierten Verstärkung auch Ihr äußeres Verhalten.

> **Beispiel:**
> Haben Sie jemals eine Katze beobachtet, die vom Boden auf ein hohes Fensterbrett springen will? Wie verhält sich die Katze? Zunächst wird sie sich am Boden positionieren und mit entschlossenem Blick das hohe Fensterbrett anvisieren. Vor dem Sprung konzentriert sich die Katze für einige Sekunden – sie sucht innerlich nach dem optimalen Weg, um den hohen Sprung elegant zu meistern. Sie „übt" den Sprung in Form eines

Vier Wege zum Vertrauen

> mentalen Trainings, indem sie ihre Aufmerksamkeit auf das zukünftige Verhalten projiziert. Sie verschmilzt innerlich mit dem Ziel-Zustand. Sobald sie eine überzeugende Repräsentation ihres zukünftigen Verhaltens in ihrem Gehirn entwickelt hat, ist sie fähig, den hohen Sprung mühelos zu realisieren.

Beim Erlernen von psychologischem Know-how wirkt das gleiche Prinzip. Indem Sie sich innerlich mit Ihrem zukünftigen Verhalten verbinden und Ihre Phantasie nutzen, um eine attraktive Ziel-Projektion zu erschaffen, bereiten Sie den Weg für die anschließende Realisierung. Mit Hilfe Ihrer Phantasie erzeugen Sie einen unwiderstehlichen Sog – Ihr Unbewusstes wird ebenso wie die Katze elegant und mühelos den Sprung in die Zukunft meistern.

> Beachtung bringt Verstärkung! Nutzen Sie Ihre Phantasie, um Ihre unbewussten Kräfte auf ein attraktives Ziel zu projizieren!

So sichern Sie Ihren Trainingserfolg:

- Verinnerlichen Sie unsere Coaching-Informationen in einem ruhigen Moment – abends im Bett, am Wochenende auf dem Sofa oder in einer meditativen Minute am Schreibtisch.
- Gönnen Sie sich etwas Zeit für Ihre Persönlichkeitsentwicklung – wir garantieren Ihnen: Ihre kostbare Zeit ist gut investiert.
- Lesen Sie die geschriebenen Worte, entspannen Sie sich und erlauben Sie Ihrer Fantasie, sich vorzustellen, wie Sie unsere Inspiration in Ihrem Alltag umsetzen könnten.
- Vielleicht greifen Sie zum Textmarker und unterstreichen die für Sie wichtigen Handlungsimpulse, damit Sie sich anschließend darauf konzentrieren können.
- Notieren Sie Ihre Ideen zur praktischen Umsetzung in Ihrer schönsten Handschrift. Mithilfe dieser kurzen Notiz stellen Sie sicher, dass Sie sich in der Hektik des Alltags an Ihr Trainingsprogramm erinnern.
- Um die neuen Informationen in Ihrem Gehirn zu stabilisieren, können Sie auch eine kleine grafische Umsetzung des Inhaltes zeichnen. Indem Sie unsere Inspiration bildlich umsetzen, konditionieren Sie Ihre rechte, bildhaft orientierte Gehirnhälfte auf die Realisierung der Übung.

Entscheidend für Ihren Erfolg ist Ihre Fähigkeit, sich im Alltag an Ihre Übungsaufgabe zu erinnern! Dann wird Ihr Unbewusstes dafür sorgen, dass Situationen auftauchen, in denen Sie Ihre Übungen sinnvoll durchführen können. Dabei wirkt der psychische Mechanismus der „selektiven Wahrnehmung": Ihr Unbewusstes filtert aus der Vielzahl der einströmenden Reize genau diejenigen Informationen heraus, auf die es programmiert wurde. Das menschliche Unbewusste ist mit einem fantastischen „Info-Such-System" ausgestattet. Es funktioniert ähnlich wie ein Ziel-Fluggerät. Sobald eine erwünschte Situation in Ihrer Fantasie sinnesspezifisch markiert wurde, beginnt das Navigationssystem in Ihrem Gehirn zu arbeiten. Alle einkommenden Reize werden systematisch auf mögliche Hinweise für die erwünschten Ergebnisse analysiert.

> **Ihr Erkenntnisgewinn:**
> Ihr Unbewusstes ist ein Meister der „Spurensicherung" – selbst kleinste Hinweise werden gewissenhaft ausgewertet und verfolgt. Es wird Ihnen mit hoher Wahrscheinlichkeit genau die Situationen auswählen, die Sie brauchen, um Ihre magischen Fähigkeiten im Alltag gezielt anzuwenden.

Die Coaching-Methoden

Arbeiten mit der Autosuggestion

Die Essenz der wichtigsten Übungen haben wir Ihnen auch als Autosuggestion dargestellt. Eine Autosuggestion ist eine positive Prophezeiung und somit eine außerordentlich wirkungsvolle Form der Selbstprogrammierung.

Während Sie die Suggestion vor dem Spiegel sprechen, programmieren Sie Ihr Unbewusstes auf gewünschte Fähigkeiten, auf attraktive Ziele und nützliche Gewohnheiten. Mithilfe einer positiven Autosuggestion mobilisieren Sie Ihre unbewussten Kräfte, um Ihr Trainingsprogramm im Alltag mit Inspiration und Freude zu realisieren.

Kennen Sie die legendären Heinzelmännchen? Während der Nacht, wenn alle schlafen, kommen diese liebenswürdigen, fleißigen kleinen Helfer und arbeiten für uns Menschen an großen Aufgaben. Das Besondere an diesen nächtlichen Besuchern besteht darin, dass wir sie nicht bewusst kontrollieren können. Wir können sie lediglich herbeiwünschen und anlocken, dann müssen wir ihnen voll vertrauen. Ohne dass wir es bemerken, wird die notwendige Arbeit zuverlässig verrichtet.

Ähnlich funktionieren die unbewussten Kräfte Ihrer Psyche. Sobald Sie Ihren psychischen Heinzelmännchen eine attraktive, lohnenswerte Richtung vorgeben, beginnen die fleißigen Helfer ihr inneres Werk zu verrichten. Durch das Sprechen der Autosuggestionen vor dem Spiegel wünschen und locken Sie die Heinzelmännchen herbei, indem Sie Ihrem Unbewussten sagen, was es zu realisieren gilt.

Das Unbewusste lernt durch Wiederholung. Je öfter Sie Ihre Autosuggestionen sprechen, desto klarer wird die Zielprogrammierung. Gleichzeitig erzeugen Sie eine emotionale Ladung. Entscheidend ist, dass Sie genug emotionale Energie in Ihr Vorhaben investieren. Nur wenn Sie Ihre persönlichen Ziele aus ganzem Herzen erreichen wollen, können Sie mit der vollen Unterstützung Ihrer psychischen Heinzelmännchen rechnen.

Das menschliche Leben ist ein Prozess wechselseitiger Beeinflussung. Sobald Sie mit anderen Menschen in Kontakt treten, beginnen Sie, sich gegenseitig zu beeinflussen. Jede gelungene Kommunikation ist auch eine erfolgreiche Beeinflussung. Damit Sie andere Menschen möglichst wirkungsvoll beeinflussen können, müssen Sie zunächst lernen, sich selber zu beeinflussen. Sobald Sie selbst von Ihren Zielen und Ambitionen voll überzeugt sind, entsteht ein charismatischer Effekt. Charisma hilft Ihnen, andere Menschen sehr viel leichter und nachhaltiger für Ihre Ziele zu begeistern – insbesondere, wenn Sie als souveräner Kommunikator darauf achten, dass sich alle Beteiligten als Gewinner fühlen.

Die regelmäßige Praxis der Spiegel-Magie stärkt Ihr Charisma. Sie gewinnen an Beeinflussungskraft. Täglich wächst die Verbundenheit mit Ihren Zielen. Das Unbewusste braucht intensive Erfahrungen, um ein unerschütterliches Vertrauen aufbauen zu können. Je überzeugender Sie Ihrem Unbewussten vermitteln, dass Sie voll und ganz an Ihre Ziele glauben, desto nachhaltiger programmieren Sie sich auf Ihren zukünftigen Erfolg.

Das tägliche Sprechen der Autosuggestionen bringt Ihnen einen vielfachen Nutzen. Zunächst mobilisieren Sie Ihre unbewussten Kräfte, indem Sie den Fokus Ihrer unbewussten Aufmerksamkeit mit Ihren Lernzielen verknüpfen. Sie konditionieren sich auf die Anwendung des Erfolgssystems zur Gewinnung von Vertrauen. Sie stärken Ihre Präsenz und trainieren Ihre charismatischen Fähigkeiten. Bereits eine einzige, kraftvoll und mit Freude gesprochene Autosuggestion kann Ihre aktuelle Befindlichkeit positiv beeinflussen – doch der eigentliche Nutzen dieser Methode zeigt sich erst in der regelmäßigen Anwendung.

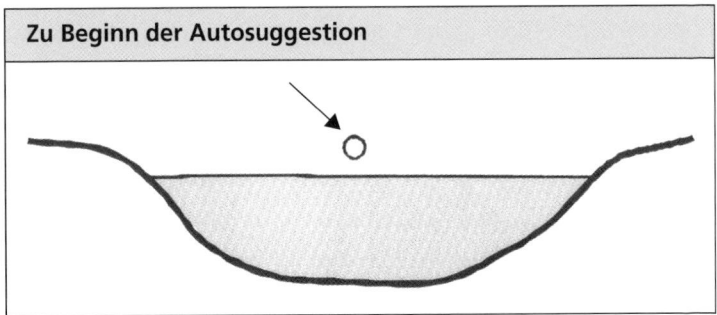

Zu Beginn der Autosuggestion

Jede einzelne Durchführung der positiven Autosuggestion wirkt wie ein weiterer Stein, den Sie in die Tiefen Ihres Unbewussten werfen. Der Stein erzeugt psychische Wellen und taucht unter. Er verschwindet aus Ihrem Blickfeld und bleibt doch auf dem Grund liegen.

Auch die nächsten Steine erzeugen kurzfristig positive Wellen und werden dann in den Tiefen Ihres Unbewussten verschwinden. Im Laufe der Zeit türmen sich die Steine zu einem festen Fundament. Sobald Sie genügend Steine geworfen haben, entstehen nicht nur weitere positive Wellen, sondern die reale Beschaffenheit Ihrer psychischen Struktur verändert sich: Die Spitze des neu entstandenen Berges wird über der Wasseroberfläche als Insel sichtbar.

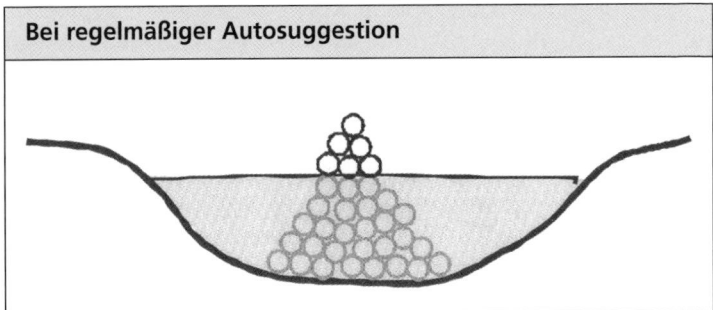

Bei regelmäßiger Autosuggestion

Die Coaching-Methoden

Mit der kontinuierlichen Anwendung verschmelzen die einzelnen Autosuggestionen zu einer realen Kraft in Ihrer Psyche. Die Resultate dieser psychischen Veränderung zeigen sich über kurz oder lang auch sehr deutlich in der Außenwelt. Der Erfolg dieser magischen Methode ist somit nicht nur eine Frage des Glaubens, sondern der konsequenten Praxis und der Zeit.

Ausdauer kann wahre Wunder bewirken! Plötzlich bekommen Sie eine enorme Unterstützung von der Basis: Die Heinzelmännchen erwachen. Außerdem stärken Sie durch die regelmäßige Anwendung der Autosuggestionen Ihre verbale Beeinflussungskraft. Sie trainieren Ihre Stimme, Sie verbessern Ihre Artikulation und Ihre Resonanz. Regelmäßiges Performance-Training vor dem Spiegel trägt wesentlich zur Entfaltung Ihrer charismatischen Begabung bei.

Falls Sie sich dafür entscheiden, die Autosuggestionen, die Ihnen besonders am Herzen liegen, auswendig zu lernen, potenzieren Sie die Wirksamkeit der Methode. Gleichzeitig verbessern Sie Ihre Konzentration und trainieren Ihr Gedächtnis.

Eine Autosuggestion wirkt wie ein Psycho-Serum, wie ein seelisches Medikament. Autosuggestionen sind eine wunderbare Möglichkeit, sich von negativen Umwelteinflüssen oder von alten, nicht mehr zeitgemäßen Programmierungen zu befreien. Um die volle Wirkung einer Autosuggestion zu erfahren, braucht es eine regelmäßige Zeit-Investition, die sich allerdings im Verhältnis zum daraus resultierenden Nutzen um ein Vielfaches auszahlen wird! Sie investieren jeden Morgen fünf Minuten in die Entwicklung Ihrer Persönlichkeit.

Gehen Sie bei der Wahl „Ihrer" Autosuggestion wie folgt vor:

- Wir empfehlen Ihnen, alle Autosuggestionen in diesem Buch sorgfältig zu lesen und zumindest einmal vor dem Spiegel mit ausdrucksstarker Stimme vorzutragen.
- Im Anschluss sollten Sie sich die Autosuggestion auswählen, die Ihnen am attraktivsten erscheint.
- Entscheiden Sie sich zunächst für eine Suggestion, bevor Sie sich später mit den anderen beschäftigen – Qualität geht auch hier vor Quantität. Wenn Sie einen Text vollständig beherrschen, überträgt sich diese positive Erfahrung später auf alle anderen Texte.
- Nachdem Sie sich für Ihre aktuelle Autosuggestion entschieden haben, kopieren Sie die entsprechende Buchseite. Nun haben Sie ein Skript.

Motivation durch Erfolgs-Coaching

- Wie ein Schauspieler beginnen Sie, diesen Text Wort für Wort zu verinnerlichen und auswendig zu lernen. Dabei stellen Sie sich vor einen großen Spiegel und rezitieren den Text. Sie betonen jedes Wort mit Freude und Ausdruckskraft. Gleichzeitig schauen Sie sich im Spiegel fest in die Augen. Durch diesen direkten Blickkontakt aktivieren Sie Ihre Emotion. Ihr Herz öffnet sich, Sie sehen Ihr lächelndes Spiegelbild und programmieren Ihr Unbewusstes auf die Realisierung der von Ihnen gesprochenen Worte.
- Während dieses Rituals stimulieren Sie alle Ihre Sinne. Sie hören Ihre Stimme, Sie sehen Ihre ausdrucksstarke Körpersprache im Spiegel.

Mithilfe dieser Übung entsteht ein ganzheitliches, positives und geradezu magnetisches Zielbild in Ihrer Psyche. Gleichzeitig spüren Sie ein wachsendes Gefühl von Vertrauen in Ihrem Herzen. Sie agieren als Magier, indem Sie Ihr Gehirn positiv programmieren. Sie realisieren eine wirkungsvolle Form der intensiven Selbstbeeinflussung.

Ihr Erkenntnisgewinn:
Das menschliche Unbewusste funktioniert wie ein ausführendes Organ. Es besitzt die unwiderstehliche Tendenz, attraktive und emotional aufgeladene Zielbilder mit großer Energie zu realisieren. Deshalb können Sie Ihrer Spiegel-Magie voll vertrauen: Sie programmieren sich auf Ihren zukünftigen Erfolg.

Die Erfolgs-Checklisten

Wie gelingt es Ihnen, neue Verhaltensweisen in den Habitus Ihrer Gewohnheiten zu integrieren? Wenn Sie sich dafür entscheiden, etwas Neues zu lernen, entscheiden Sie sich auf biologischer Ebene für eine „zusätzliche Energie-Investition".

Viele Menschen empfinden diese zusätzliche Energie-Investition jedoch als unbequem und anstrengend. Damit der Mensch bereit ist, eine unbequeme Anstrengung auf sich zu nehmen, muss er den Nutzen seiner Anstrengung deutlich erkennen. Ihr Unbewusstes muss spüren, dass es sich lohnt, die benötigte Energie zu investieren, die neue Verhaltensweise zu erlernen und dauerhaft im Repertoire Ihrer Gewohnheiten zu verankern.

Die Coaching-Methoden

Oftmals sind unsere Anstrengungen jedoch nicht sofort von Erfolg gekrönt. Wenn wir unserem Unbewussten kein positives Zwischen-Feedback geben, kann die Ambition wie ein kurzes Strohfeuer schnell wieder erlöschen. Dieser Mangel an positivem Feedback ist oftmals der Grund dafür, dass viele Menschen ihre gut gemeinten „Silvester-Vorsätze" nicht realisieren. Wenn keine Erfolgserlebnisse erkennbar sind, ist das Unbewusste nicht länger bereit, die erforderliche Energie zu investieren. Dann sind die guten Vorsätze schnell vergessen und der Mensch fällt zurück in seine alte Gewohnheit.

Viele Menschen haben selbst erfahren, wie schwierig es ist, eingeschliffene Gewohnheiten zu verändern. Der größte Teil des menschlichen Verhaltens obliegt der Kontrolle des Unbewussten, es wird durch biologische oder in der Vergangenheit erlernte Programme gesteuert. Der unbewusste Mensch hat die Neigung, die Dinge in Zukunft genauso zu machen, wie er in der Vergangenheit programmiert wurde. Wie können Sie eine alte Gewohnheit verändern und diese Veränderung dauerhaft in Ihren Alltag integrieren?

Sie brauchen ein intelligentes „Erinnerungs- und Belohnungssystem", einen konsequenten „Feedback-Mechanismus", der Ihnen hilft, neue Gewohnheiten auch gegen Widerstände als bessere Alternative zu den alten, nicht mehr zeitgemäßen Programmierungen zu realisieren.

Um Ihren Lernerfolg positiv zu verstärken, müssen Sie Ihrem Unbewussten während des Lernens möglichst zeitnah ein stimulierendes Feedback über Ihre Fortschritte vermitteln. Deshalb haben wir für Sie die Erfolgs-Checklisten erstellt, die Sie jeweils am Ende des Kapitels vorfinden. Sie sind ein wirkungsvolles Instrument zur Selbstmotivation. Mithilfe dieser Listen können Sie sich Ihre Erfolgserlebnisse beim Erlernen neuer Gewohnheiten immer vergegenwärtigen.

Die Erfolgs-Checklisten sind ein wertvolles Hilfsmittel, um Ihren kontinuierlichen Lernerfolg zu sichern. Der regelmäßige Gebrauch fördert ein ganzheitliches Zusammenspiel Ihrer bewussten Ziele und Ihrer unbewussten Verhaltensprogramme. Diese schriftliche Form der freiwilligen Selbstkontrolle erfüllt einen doppelten Zweck:

- Sie erinnern sich an die konkreten Details Ihrer Lernaufgaben, während Sie die einzelnen Punkte der Checklisten aufmerksam durchgehen.
- Gleichzeitig stimulieren Sie Ihr Gehirn, die relevanten neurologischen Muster immer wieder zu aktivieren.

Motivation durch Erfolgs-Coaching

So entsteht eine neue Konditionierung – je öfter Sie die Checklisten ausfüllen, desto stabiler wird Ihre neue Gewohnheit. Außerdem erzeugen Sie immer wieder frische Motivation, indem Sie sich Ihre Lernfortschritte bewusst vor Augen führen – Sie schaffen gezielt Erfolgserlebnisse! Jeder weitere Eintrag lässt Sie wissen, dass Ihr Vertrauen in Ihre Persönlichkeitsentwicklung nicht nur Wunschdenken ist, sondern auf realen Lernfortschritten basiert.

Arbeiten mit den Erfolgs-Checklisten

- Zunächst kopieren Sie die entsprechenden Seiten.
- Heften Sie die Checklisten in einer ansprechend gestalteten Mappe ab.
- Nehmen Sie sich regelmäßig – vielleicht täglich, vielleicht wöchentlich, aber mindestens einmal pro Monat – einen Moment Zeit und schlagen Ihre Mappe auf.
- Wählen Sie diejenige Liste aus, die Ihnen zurzeit am attraktivsten erscheint.
- Lesen Sie jeden Punkt und fragen Sie sich, inwieweit Sie die Bedeutung des darin enthaltenen Hinweises bereits verinnerlicht haben und wie gut Sie die Information im Alltag realisieren konnten.
- Für Ihren kontinuierlichen Lernerfolg ist es sehr wichtig, die Listen tatsächlich zu bearbeiten und nicht nur kurz darauf zu schauen. Gehen Sie die Checkliste Zeile für Zeile durch.
- Bewerten Sie Ihren Lernprozess ehrlich, wohlwollend und fair, indem Sie sich fragen, wie intensiv Sie mit dem psychologischen Wissen gearbeitet haben.

Sicherlich werden Sie im Laufe der Zeit Ihr eigenes Bewertungssystem entwickeln, doch als Einstieg möchten wir Ihnen das folgende System vorschlagen:

Ich hatte es vollkommen vergessen.	= 0 Punkte	= OOOOOOOOOO
Ich habe hin und wieder daran gedacht.	= 1 Punkt	= ●OOOOOOOOO
Ich habe aktiv damit experimentiert.	= 2 Punkte	= ●●OOOOOOOO
Ich habe es erfolgreich angewendet.	= 3 Punkte	= ●●●OOOOOOO

Die Coaching-Methoden

Wir empfehlen Ihnen, das Ausfüllen der Checklisten wie ein kurzes meditatives Ritual zu vollziehen und wie folgt vorzugehen:

Anwendung und Auswertung der Erfolgs-Checklisten

- Betrachten Sie jede Liste wie einen magischen Erfolgs-Anker. Je mehr Eintragungen Sie bereits getätigt haben, desto stärker bekommt die Liste den Charakter einer Trophäe der Persönlichkeitsentwicklung.
- Lesen Sie jeden einzelnen Punkt, halten einen Moment inne und fragen Sie sich, wie nachhaltig Sie Ihre Kompetenz in diesem Aspekt trainiert haben.
- Wenn Sie einen Aspekt vollkommen vergessen haben, geben Sie sich in dieser Disziplin null Punkte.
- Wenn Sie den Aspekt zwar nicht aktiv trainiert, aber hin und wieder daran gedacht oder mental praktiziert haben, seien Sie großzügig und geben sich einen Punkt auf der Skala. Großzügigkeit wirkt motivierend, denn Sie wissen, dass Sie Erfolgserlebnisse brauchen! Mentales Training ist ein wirkungsvoller Weg zum Erfolg. Gedanken sind Kräfte – jede aktive Erinnerung verdient einen Punkt auf der Skala.
- Konnten Sie jedoch über das Mentale Training hinaus einen Aspekt in die Tat umsetzen, geben Sie sich zwei Punkte. Auch wenn Sie sich dabei noch unbeholfen fühlten – jede Form von externer Übungsaktivität bringt zwei Punkte auf der Skala.
- Falls Sie nicht nur geübt, sondern sogar souverän agiert haben, geben Sie sich die volle Punktzahl – drei Zähler! Jedes echte Erfolgserlebnis in der Anwendung verdient drei Punkte.
- Entfachen Sie Ihren Sportsgeist und begeistern Sie sich für Ihre eigenen Lernerfolge! Erlauben Sie sich Spaß und Freude beim Training! Auf diese Weise signalisieren Sie Ihrem Unbewussten, dass Sie die Extra-Energie-Investitionen würdigen und wertschätzen.
- Nachdem Sie alle Punkte auf der Checkliste gewissenhaft eingeschätzt haben, tragen Sie das aktuelle Datum unten in die Checkliste ein. So wissen Sie beim nächsten Check-Date genau, welchen Zeitraum Sie bewerten wollen.
- Wiederholen Sie die Bearbeitung der Checklisten regelmäßig – Wiederholung führt zur Meisterschaft! Je öfter Sie Ihr Unbewusstes auf diese Erfolgsmuster konditionieren, desto stabiler werden die neuen Gewohnheiten in Ihrem Gehirn verankert.
- Vielleicht verwenden Sie bei jedem Durchgang eine andere Farbe, um sich Ihren steigenden Lernerfolg deutlich vor Augen zu führen. Fördern Sie die Entwicklung Ihrer Fähigkeiten in dem Wissen, dass jeder weitere Punkt auf der Liste ein stetiges Wachstum Ihrer magischen Kompetenz symbolisiert.

Ihr Erkenntnisgewinn:
Mit den Erfolgs-Checklisten wird es Ihnen gelingen, durch eine freiwillige, spielerische und wertschätzende Kontrolle Ihr Vertrauen in die eigenen Fähigkeiten zu stärken. Mithilfe der Checklisten können Sie Ihre Gewohnheiten steuern, indem Sie gezielt auf Ihr Unbewusstes einwirken. Um eine positive Gewohnheit zu entwickeln, müssen Sie nützliche Verhaltensweisen regelmäßig wiederholen. Denn nur die Wiederholung führt zur Meisterschaft!

Austausch mit Freunden und Gleichgesinnten

Zur Unterstützung Ihres Lernprozesses bei der Gewinnung von Vertrauen empfehlen wir Ihnen, regelmäßig mit Freunden und interessierten Menschen über Ihre Erfolge bei Umsetzung der in diesem Buch dargestellten Ideen zu sprechen.

Es ist eine schöne, inspirierende Erfahrung, gemeinsam mit Gleichgesinnten das persönliche Wachstum zu beobachten und zu würdigen. Durch die reflektierenden Gespräche mit anderen interessierten Menschen werden Sie sich Ihrer Lernfortschritte bewusst.

Die Fragen Ihres Gegenübers helfen, Ihre Erfahrungen zu ordnen, zu sortieren und zu integrieren. Dieser psychologische Prozess der Bewusstmachung fördert Ihre Persönlichkeitsentwicklung und stärkt das Vertrauen in Ihre Fähigkeiten. Auch hier gilt: Je mehr Sie üben, desto glaubwürdiger und lebendiger können Sie über Ihr persönliches Wachstum berichten. Je mehr positive Erfahrungen Sie im Kontakt mit anderen Menschen sammeln, desto stärker wird Ihr Vertrauen in die Wirksamkeit Ihrer Kommunikation.

Den Austausch mit Gleichgesinnten können Sie jedoch erst dann auf eine befriedigende Weise praktizieren, nachdem Sie begonnen haben, das psychologische Wissen durch persönliche Erfahrungen zu verifizieren. Zuvor ist es wichtig, dass Sie sich und Ihre Mitmenschen aufmerksam beobachten, Ihre magischen Autosuggestionen sprechen und auf Ihren Checklisten nachweislich Erfolge erzielen. Erst durch aktive Anwendung können Sie das von uns dargestellte Wissen in eigenes Know-how verwandeln. Sonst würden Sie vermutlich schnell bemerken, dass Ihnen Ihre Gesprächspartner, viel-

Die Coaching-Methoden

leicht nach einer kurzen Phase der Neugier, nur wenig Anerkennung für Ihre Ideen entgegenbringen.

Doch sobald Sie beginnen, unser Wissen in die Tat umzusetzen und Sie Ihre ersten Erfolge erzielen, wird sich die Einstellung vieler Gesprächspartner ändern. Die Menschen sind an ihren Erfahrungen interessiert, weil sie spüren, dass Sie nicht nur graue Theorie oder rosa Seifenblasen verkünden, sondern wertvolles Know-how weitergeben möchten. Sobald Sie die geschriebenen Informationen in persönliche Erfahrung transformieren, stärken Sie Ihr Charisma – andere interessierte Menschen werden nun mit Respekt und Faszination auf Ihre Erfahrungsberichte reagieren.

Beachten Sie dabei folgende Grundregeln:

- Sprechen Sie erst über die Erkenntnisse, nachdem Sie begonnen haben, sie in die Tat umzusetzen. Sonst laufen Sie Gefahr, von den anderen als Besserwisser oder Spinner abgestempelt zu werden.

- Teilen Sie Ihre Erfahrungen zunächst nur mit solchen Menschen, die Ihnen wohlgesonnen sind und ebenfalls über einen Sinn für psychologisches Geschick, für die Optimierung von Kommunikation und Lebensqualität verfügen. Nicht alle Zeitgenossen haben einen offenen Sinn für psychologisches Wachstum. Wählen Sie zunächst diejenigen Gesprächspartner, die Ihnen positives Feedback und Ermutigung geben.

- Es gibt viele Menschen, die aufgrund mangelnder positiver Erfahrungen und daraus resultierender negativer Glaubensmuster nicht in der Lage sind, den Wert von psychologischer Bewusstheit zu erkennen. Solche Menschen können Sie nur in besonderen Momenten, beispielsweise während persönlicher Krisen oder in Zeiten des Umbruchs, für psychologische Themen gewinnen.

- Ebenso gibt es einige negativ orientierte Menschen, die Ihnen den Erfolg und das Wachstum nicht gönnen. Solche Menschen sind meist selber frustriert und misstrauisch. Selbst wenn Sie mit leuchtenden Augen, lebendiger Körpersprache und begeisterter Stimme von Ihren wahrhaftigen Erfahrungen berichten, werden diese Menschen negativ reagieren – und Sie laufen Gefahr, sich unnötig zu frustrieren!

Ihr Erkenntnisgewinn:
Vertrauen ist ein zartes Pflänzchen, das zu Beginn seiner Entwicklung Schutz und Pflege braucht. So lange Sie sich noch am Anfang Ihres Lernprozesses befinden, sollten Sie negative Auseinandersetzungen meiden, um sich in Ihrem Streben nicht irritieren zu lassen. Später, wenn Sie das Erfolgswissen tief in Ihrer Persönlichkeit verwurzelt haben, können Sie Ihre neue Kraft nutzen, um als hilfsbereiter Coach auch schwierigen Personen zu helfen, eine vertrauensvolle Kommunikation aufzubauen.

Ich entfalte mein volles Potenzial!

Ich weiß, dass ich über die Möglichkeit verfüge, mein Schicksal aktiv zu gestalten.

Ich bin mir darüber bewusst, dass ich für meine Zukunft selbst verantwortlich bin.

Das ganze Leben ist ein Prozess der wechselseitigen Beeinflussung. Wenn ich positive Ursachen setze, bekomme ich positive Wirkungen.

Ich habe mich dafür entschieden, mein Leben positiv zu gestalten, indem ich bewusst an meiner Persönlichkeit arbeite.

Ich bin bereit, mein eigenes Verhalten gewissenhaft zu beobachten, neue Erkenntnisse zu gewinnen und meine Gewohnheiten positiv zu beeinflussen. Diese innere Arbeit stärkt mein Vertrauen in meinen zukünftigen Erfolg.

Ich bin fest entschlossen, alle nötigen Übungen regelmäßig anzuwenden.

Ich genieße es, meine kostbare Zeit in die Entwicklung meiner Persönlichkeit zu investieren und mein Charisma zu entfalten! Je mehr ich übe, desto mehr Erfolg habe ich!

Checkliste

Persönlichkeitsentwicklung

2 Ich erinnere mich daran, dass ich mein Schicksal aktiv gestalten kann. OOOOOOOOOO

Ich investiere Zeit und Geld in meine eigene Persönlichkeit. OOOOOOOOOO

Ich lese Bücher zur Persönlichkeitsentwicklung. OOOOOOOOOO

Ich spreche regelmäßig Autosuggestionen vor dem Spiegel. OOOOOOOOOO

Ich fülle regelmäßig Checklisten aus. OOOOOOOOOO

Ich setze mir anspruchsvolle Ziele und fixiere sie schriftlich. OOOOOOOOOO

Ich realisiere meine attraktivste Zukunftsvision. OOOOOOOOOO

Ich kommuniziere positiv mit meinen Mitmenschen. OOOOOOOOOO

Ich achte auf das Feedback meiner Mitmenschen. OOOOOOOOOO

Ich helfe mit, diese Welt noch schöner zu machen. OOOOOOOOOO

Ich vertraue meiner Intuition. OOOOOOOOOO

Ich umgebe mich mit positiven Einflüssen. OOOOOOOOOO

Ich trainiere meine Sinne und schule meine Wahrnehmung. OOOOOOOOOO

Ich bin lernbereit und offen für neue Erkenntnisse. OOOOOOOOOO

Ich empfinde Dankbarkeit und Liebe. OOOOOOOOOO

Keine Angst vor neuen Erfahrungen

Die richtige Kombination von Vertrauen und intelligentem Verhalten..	60
Angst als biologische Schutzfunktion	61
Sicherheit durch Vertrauen	62
Die Natur der Angst: Befreiung vom Fluchtreflex	63
Ängste und Zweifel	65
Neue Wege beschreiten ohne Angst!	67
Verankern Sie die Macht des Vertrauens in Ihrem Leben	70
Jede überwundene Angst stärkt Ihr Vertrauen.........................	72
Recht haben ist langweilig – glücklich sein ist schön!	74
Autosuggestion: Ich verwandle Angst in Vertrauen!	78
Checkliste: Angst in Vertrauen verwandeln..............................	79

Keine Angst vor neuen Erfahrungen

Die richtige Kombination von Vertrauen und intelligentem Verhalten

Vielleicht haben Sie sich schon einmal vorgestellt, Sie würden in einem schnittigen Formel-1-Rennwagen sitzen? Das Rennen beginnt in wenigen Minuten. Sie blicken auf die Männer Ihres Teams, die voller Anspannung die letzten Checks durchführen. Plötzlich schießt ein Gedanke durch Ihren Kopf: Sie fragen sich, ob Sie Ihrem Auto und Ihrem Team heute wohl vertrauen können? Können Sie sich vorstellen, was geschehen würde, wenn Sie diese Frage mit „Nein" beantworten? Würden Sie voll motiviert an die Startlinie fahren und im Rennen Rekordleistungen bringen? Würden Sie mit einem guten Gefühl den Boliden auf der langen Geraden bis weit über 300 km/h beschleunigen? Könnten Sie aus vollem Herzen daran glauben, dass Sie schneller sein werden als die anderen Fahrer? Wären Sie bereit, über Ihre Grenzen hinauszugehen, nur um einige Zehntelsekunden durch gewagte Überhol-Manöver zu gewinnen?

Wir behaupten, dass Sie all dies nicht tun könnten, wenn Sie nur die geringsten Zweifel hätten, wenn Sie Angst und Misstrauen spüren würden. Als Rennfahrer müssen Sie vertrauen. Die psychische Verfassung des Fahrers ist der wesentliche Faktor für das Klima im ganzen Team. Nur wenn der Fahrer Vertrauen und Zuversicht ausstrahlt, sind die anderen ermutigt, ebenfalls beste Arbeit zu leisten und das Team erfolgreich zu machen.

Doch Ihr Vertrauen und Ihre Zuversicht dürfen nicht auf Sand gebaut sein. Stellen Sie sich vor, plötzlich durchströmt Sie ein heftiges Gefühl, dass irgendetwas mit Ihrem Fahrzeug nicht stimmt. Sie wissen, dass Sie das Rennen nur im Zustand des Vertrauens gewinnen können, doch andererseits sagt Ihnen Ihre innere Stimme, dass die Bremsen nicht hundertprozentig reagieren. Wie verhalten Sie sich? Würden Sie Ihr (in diesem Fall durchaus angebrachtes) Misstrauen ignorieren, die Zähne zusammenbeißen und sich mit einem schlechten Gefühl ins Rennen stürzen? Nein, das würden Sie nicht! Stattdessen würden Sie den zuständigen Techniker bitten, die Bremsanlage noch einmal zu überprüfen. Sie würden das kritische Thema gezielt kontrollieren, um den Auslöser Ihres Misstrauens zu beheben. Auf diese Weise können Sie, nachdem die Bremsen überprüft wurden, wieder in den Zustand des Vertrauens und somit in den Gewinner-Zustand gelangen.

Angst als biologische Schutzfunktion

Misstrauen wurzelt in der Angst. Sobald Sie Misstrauen spüren, wird eine innere Alarmanlage aktiviert – Angst breitet sich im Organismus aus. Angst kann als wertvoller Signalgeber fungieren, wenn Sie fähig sind, auf intelligente Weise mit Ihrer Angst umzugehen.

Das Gefühl der Angst entwickelte sich, um das Lebewesen vor einer Gefahr zu warnen. Angst ist eine Handlungsaufforderung! Sobald Sie Angst spüren, werden Sie von Ihrem Unbewussten aufgefordert, aktiv für Ihre Sicherheit zu sorgen. Nachdem Sie die nötigen Sicherheitsvorkehrungen getroffen haben, brauchen Sie Ihre Angst nicht mehr – die Angst hat ihren Zweck erfüllt. Falls Sie jedoch trotz der nötigen Sicherheitsvorkehrungen weiterhin im Zustand der Angst und des Misstrauens verweilen, behindern Sie sich – so, wie ein Rennfahrer sich behindern würde, wenn er seinem Fahrzeug trotz der Bremskontrollen nicht vertrauen würde.

Entscheidend beim Umgang mit der Angst ist Ihre Fähigkeit, durch geeignete Maßnahmen schnell wieder in den natürlichen Zustand des Vertrauens zu gelangen. Angst bewirkt einen biologischen Ausnahmezustand, der sehr viel psychische Energie verbraucht, unnötige Spannungen erzeugt und deshalb so schnell wie möglich wieder ins Vertrauen gewandelt werden sollte. Sonst könnte sich die Angst als neurotisches Muster in Ihrer Psyche verfestigen.

Ein Neurotiker hat sich so sehr an seine Angst gewöhnt, dass er verlernt hat, aus dem alarmierenden Notfall-Zustand zurück ins gesunde Vertrauen zu gelangen. Deshalb hat sich seine geplagte Psyche chronisch verspannt. Seine Wahrnehmung der Realität ist verzerrt und durch negative Wahrnehmungsfilter geprägt. So verstärkt sich der Teufelskreis der Neurose. Der Neurotiker muss lernen, sich von der Angst zu befreien. Die Angst, die ihn eigentlich schützen soll, kann ihre Schutzfunktion nur erfüllen, wenn er bereit ist, die mobilisierte Energie in intelligentes Handeln zu transformieren.

Ihr Erkenntnisgewinn:
Angst und Vertrauen bilden zwei Pole einer Skala. Auf der einen Seite finden wir als Extrem absolutes Vertrauen, das durch nichts erschüttert werden kann, auf der anderen Seite heftige Panik, die den Menschen zu einer kopflosen Fluchtreaktion veranlasst. Zwischen diesen beiden Polen gibt es eine riesige Palette von

> inneren Befindlichkeiten. Je mehr Vertrauen ein Mensch sich leisten kann, desto positiver wird sein Lebensgefühl. Misstrauen kostet Extra-Energie, die Sie besser in intelligentes Handeln investieren!

Sicherheit durch Vertrauen

Starkes Vertrauen führt den Menschen in eine nachhaltige und tiefe Entspannung. Im Zustand der Entspannung kann der Mensch Kontakt zu seinen inneren Kräften aufnehmen. Er kann frei entscheiden, worauf er den Fokus seiner Aufmerksamkeit lenken möchte. Entspannt arbeitet das menschliche Gehirn am effektivsten.

Vertrauen bewirkt, dass der Mensch sich auf seine aktuellen Aufgaben konzentrieren kann und dabei seine volle Kraft entfaltet. Der Zustand des Vertrauens und die damit einhergehende körperliche und psychische Entspannung entsprechen der natürlichen Daseinsform des Menschen. Achten Sie auf Ihre emotionalen Zustand! – Nur entspannt können Sie sich wirklich frei entscheiden.

Voraussetzung für diesen angenehmen und natürlichen Zustand ist das Gefühl von Sicherheit. Wird dieses Gefühl durch einen (potenziell) bedrohlichen Reiz gestört, kann das menschliche Unbewusste infolge dieser Ablenkung der aktuellen Situation nicht mehr mit voller Aufmerksamkeit begegnen. Stattdessen wird die innere Alarmanlage aktiviert. Adrenalin wird ausgeschüttet, der menschliche Organismus erhält den Befehl: „Achtung! Gefahr! Kontrolliere deine Sicherheit!"

Obwohl das Gefühl von Sicherheit lediglich eine subjektive Empfindung darstellt, hat dieser Befehl einen enormen Einfluss auf den gesamten Organismus. Plötzlich steht nicht mehr die eigentliche Aufgabe im Vordergrund, sondern die Auseinandersetzung mit der vermeintlichen Bedrohung. Der psychische Befehl, einen Teil der vorhandenen Energie für die Kontrolle der Sicherheit aufzuwenden, kann einen Menschen sehr schnell ganzheitlich dominieren. Plötzlich ist man wie verwandelt, man verliert all seinen Charme und jegliche Inspiration.

> **Ihr Erkenntnisgewinn:**
> Der ängstliche Mensch zieht sich zurück, seine selektive Wahrnehmung aktiviert negative Filter und sucht nunmehr verstärkt nach allen möglichen Gefahren und Gefahrenquellen. Chancen und Möglichkeiten werden dagegen im ängstlichen Zustand meist übersehen – nun gelten andere Prioritäten, schließlich gilt es, die persönliche Sicherheit zu gewährleisten! Doch versuchen Sie nicht, Ihre Angst zu ignorieren – respektieren Sie Angst als sinnvolles Alarmsignal.

Die Natur der Angst: Befreiung vom Fluchtreflex

Wer die volle Bedeutung des Vertrauens für das menschliche Leben verstehen will, muss sich mit der Natur der Angst auseinandersetzen. Angst ist biologisch betrachtet eine außerordentlich sinnvolle Funktion. Sobald das Leben oder die Unversehrtheit eines Menschen bedroht wird, geraten alle anderen Ambitionen in den Hintergrund. Die Biologie nötigt das Individuum, seine Energie darauf zu konzentrieren, das eigene Leben in Sicherheit zu bringen. Dieser biologische Schutzreflex hat sich in Millionen von Jahren erfolgreich bewährt.

Allerdings hat sich das menschliche Leben in der modernen Welt grundlegend verändert. Die biologische Programmierung passt nicht mehr in die heutige Zeit, denn wir leben in relativer Sicherheit. In unserem Alltag gibt es weder Säbelzahntiger noch giftige Schlangen oder plötzlich angreifende Kannibalen. Panikartige Fluchtreaktionen bedeuten heutzutage keine adäquate Verhaltensoption – im Gegenteil: objektiv betrachtet, verstärken die meisten durch Angst gesteuerten Verhaltensweisen die Gefahr von Scheitern und Misserfolg.

Ein klassisches Beispiel für die Fehlfunktion der Angst ist das Lampenfieber. Nehmen wir einmal an, Herr Fachlich, der technische Leiter eines mittelständischen Unternehmens, hat mit seinem Team ein neues Produkt entwickelt, das heute der interessierten Öffentlichkeit präsentiert werden soll. Herr Fachlich muss als Produktverantwortlicher vor einer großen Gruppe von Kunden, Kollegen und Journalisten eine Rede über die Vorzüge des Produktes halten. Er ist aufgeregt, weil ihm die Situation neu und ungewohnt ist.

Keine Angst vor neuen Erfahrungen

Neue Situationen empfindet der Mensch von seiner biologischen Programmierung her erst einmal als bedrohlich. Auch das Unbewusste von Herrn Fachlich reagiert nicht nur mit Spannung und Neugier, sondern auch mit Angst. Deshalb schütten seine Nebennieren Adrenalin aus. Das Unbewusste von Herrn Fachlich sorgt sich um seine Sicherheit, es fühlt sich durch die Anspannung und die Aufmerksamkeit der vielen Menschen bedroht. Deshalb gibt es den biologischen Befehl für eine Fluchtreaktion. Herr Fachlich gerät zunehmend unter Stress. Schweißperlen bilden sich auf seiner Stirn, seine Hände werden feucht, er beginnt am ganzen Körper zu schwitzen. Sein Körper will flüchten, doch sein Bewusstsein weiß, dass das Publikum von ihm eine Rede über die Vorzüge des neuen Produktes erwartet.

Zwei widersprüchliche Impulse kämpfen miteinander. Im Laufe der Evolution hat das genetisch programmierte Gehirn von Herrn Fachlich gelernt, dass es im Zweifelsfall wichtiger ist, das eigene Leben zu retten, als eine produktorientierte Rede zu halten. Deshalb besitzt der Fluchtbefehl Priorität. Das strapazierte Bewusstsein von Herrn Fachlich kann sich noch so sehr bemühen, sich auf das Produkt und die Rede zu konzentrieren – sein Organismus kann ihm im Zustand der Angst nicht die benötigte Konzentration zur Verfügung stellen, weil ein Großteil seiner Energie an die Fluchtreaktion gebunden ist.

> Das Gefühl der Bedrohung ist subjektiv! Lassen Sie sich nicht von der Angst verführen – nutzen Sie Ihren Verstand und überprüfen Sie die reale Situation.

Fatalerweise entsteht hier eine Negativspirale. Je mehr Angst der Mensch entwickelt, desto weniger geistige Energie kann ihm sein Organismus zur Verfügung stellen. Dann folgt der klassische Blackout: Obwohl Herr Fachlich seine Rede intensiv vorbereitet hat, ist er plötzlich völlig blockiert. Händeringend und kreidebleich starrt er auf das Publikum, doch sein archetypisches Gehirn ist in Anbetracht der vermeintlichen Bedrohung nicht in der Lage, die passenden Worte zu finden.

Im Falle einer Bedrohung verliert das Wortfindungszentrum im Gehirn an Bedeutung. Der Grund: In Millionen Jahren der menschlichen Evolution waren richtige Worte oftmals kein sehr wirksames Mittel, um ein bedrohtes Leben zu retten. Dabei spielt es keine Rolle, ob die Bedrohung real vorhanden ist oder nur im Kopf des verängstigten Menschen existiert. Eine panikartige Fluchtreaktion hat nun einmal vielen unserer Vorfahren das Leben gerettet, etwa wenn sie vor dem hungrigen Säbelzahntiger mit Höchstgeschwindigkeit auf den nächsten Baum geklettert sind.

> **Ihr Erkenntnisgewinn:**
> Der Fluchtreflex ist sehr tief in unserer Psyche verankert. Je mehr Angst ein Mensch hat, desto schneller und zwingender greifen seine Fluchtreflexe. Nur im Zustand des Vertrauens kann es gelingen, sich vom genetisch programmierten und heute geradezu törichten Fluchtprogramm zu befreien.

Ängste und Zweifel

Angst ist eines der am meisten tabuisierten Themen im Berufsleben. Sie macht nicht Halt vor Führungsetagen, auch hier geht die Angst um, ist ständiger Begleiter der Manager. Ist die Entscheidung richtig, stimmen die Voraussagen, ist mein Konkurrent besser ...? Über Entscheidungen wird auch am Abend und nachts nachgegrübelt – das ergeben Umfragen. Die Anforderungen, der Druck, der Stress nehmen immer mehr zu. Ängste und Zweifel sind das Gegenteil von Vertrauen in mich und meine Umwelt.

Nach einer Befragung von Arbeitnehmern im Auftrag des Magazins BiZZ leiden 60 Prozent der Beschäftigten unter Angstzuständen. Knapp 30 Prozent haben Angst davor, Fehler zu machen, kaum weniger fürchten den Verlust der Stelle. Wer kennt sie nicht – die Albträume, die Panikattacken? Wer ist nicht schon vor wichtigen Entscheidungen schweißgebadet nachts aufgewacht; das Herz klopfte und das letzte Traumbild war noch sichtbar: der Absturz. So weit sollten Sie es nicht kommen lassen mit Ihren Ängsten, Befürchtungen oder Zweifeln.

Setzen Sie sich mit der Situation auseinander, treffen Sie Ihre Entscheidungen wohlüberlegt und machen Sie sich klar, dass Sie sich ja nicht in ein unüberlegtes Abenteuer stürzen. Sie sind kein Forscher, der in die Wildnis aufbricht. Obwohl Sie sicherlich ähnlich einem Forscher zu ganz neuen Erkenntnissen gelangen werden, wenn Sie Ihre Persönlichkeit entfalten und Ihr Vertrauen stärken. Sie werden vielleicht ab und zu einmal voller Bewunderung denken: Dass ich das kann, das hätte ich mir nie zugetraut.

Zweifel werden immer wieder einmal in Ihnen hochsteigen. Vor allem dann, wenn Sie das Gefühl haben, Sie kommen nicht weiter, wenn Sie einmal müde und ausgepowert sind. Diese schwachen Minuten sind die große Chance für Angst, Misstrauen, Zweifel & Co. Diese negativen Energien warten geradezu auf solche Situationen. Aber Sie brauchen das nicht zu akzeptieren. Lernen Sie, mit den destruktiven Gefühlen umzugehen, können sie Ihnen nichts anhaben.

Je mehr Sie von Ihrem großen Ziel überzeugt sind, je mehr Vertrauen Sie zu sich selbst entwickeln, desto weniger Chancen haben Angstgefühle. Dennoch sollten Sie sich wappnen. Angst ist ein durchaus normales Gefühl. Angst soll uns vor einer Gefahr warnen. Aber im Laufe unseres Lebens haben wir der Angst oft recht großen Raum zugebilligt; größeren Raum als dem Vertrauen. Wir werden nicht mit Angst geboren, Angst wird anerzogen. Vertrauensvolle Eltern übertragen Vertrauen auf ihre Kinder, im Gegensatz dazu übertragen ängstliche Eltern ihre eigenen Ängste auf das Kind, das sich zwangsläufig zu einem ängstlichen Erwachsenen entwickelt. Ist Ihnen schon einmal aufgefallen, dass ängstliche Menschen viel häufiger in Angst erregende Situationen kommen als andere? Das liegt daran, dass Angst enorm verunsichert. Angst lähmt – Körper, Geist und Seele. Verkrampft kann aber niemand mehr richtig agieren beziehungsweise reagieren. Folglich macht der Ängstliche Fehler, wird noch verkrampfter und hat noch mehr Angst. Aber selbst den Mutigen, Vertrauensvollen können einmal Angstgefühle befallen, wenn er sich einer unerwarteten Situation gegenübersieht. Angst ist ein Gefühl, das tausend Gesichter und Ausdrucksformen hat.

Viele Menschen fliehen vor der Angst. Sie glauben, ihr entrinnen zu können, wenn sie versuchen, sich zu betäuben. Das kann durch Arbeit, exzessive Vergnügungen, aber auch durch Alkohol, Zigaretten, Tabletten oder Drogen sein. Je länger man Angst gewähren lässt, desto schlimmer wird alles. Irgendwann wird das ganze Leben von der Angst bestimmt. Das dürfen Sie auf keinen Fall zulassen. Es gibt verschiedene Anti-Angst-Strategien. Hilfreich ist es in jedem Fall, ganz cool den Kopf einzuschalten. Haben Sie Angst, Kunden, Sympathien, den Job zu verlieren? Glauben Sie mir, mit Angst tun Sie alles, um genau das zu erreichen. Christa Müller hatte immer Angst, dass sie keine weiteren Aufträge erhalten könnte. Zwar versuchte sie, sicher und vertrauensvoll aufzutreten, doch die Angst lässt sich nicht sonderlich gut kaschieren. Selbstverständlich merken alle, dass sie unsicher ist, kein Vertrauen in sich und ihre Fähigkeiten hat. „Da geben wir den Auftrag doch lieber jemandem, der stark ist", heißt es dann.

Erarbeiten Sie sich eine Anti-Angst-Methode. Diese könnte so aussehen, dass Sie mit gezielten Sätzen Ihre Angst attackieren und Ihr Selbstvertrauen steigern. Mit der Technik der Autosuggestion (Selbstbeeinflussung) können Sie wieder innerlich frei werden.

Durch suggestive Worte können Sie Ihr Unterbewusstsein beeinflussen. Wichtig dabei ist, dass Sie die Worte aussprechen, denn Gedanken allein haben eine wesentlich geringere Wirkung. Sprechen Sie laut und mit der richtigen Betonung Ihre Sätze. Sie können sich Ihre ganz persönliche Suggestion zusammenstellen oder aber mit unseren CDs arbeiten.

Wenn Sie Ihren Text selbst wählen, sollten Sie unbedingt auf eine positive Formulierung achten. Kurze, prägnante Sätze sind besser, weil sie sich schneller einprägen. Schreiben Sie sich Ihren Text auf und hängen ihn an Stellen, die möglichst nur Sie allein sehen, zum Beispiel an den Kleiderschrank. Sagen Sie Ihren Text morgens und abends laut auf.

Ansonsten sollten Sie nach dem Gesetz leben: Sobald Angst in Ihnen aufsteigt, schenken Sie ihr keine Beachtung. So wie Sie an Ihrem Lieblingsfeind vorbeigehen, ohne ihn anzusehen, ihn einfach übersehen, ebenso verfahren Sie mit der Angst. Einfach nicht hinsehen, nicht beachten – konzentrieren Sie sich auf Ihr Vertrauen zu sich und Ihrer Umwelt und erleben Sie mental, wie viele Situationen Sie durch Ihr Vertrauen gemeistert haben.

Neue Wege beschreiten ohne Angst!

Selbst in einer archetypischen Konfliktsituation, die an die freie Wildbahn unserer Vorfahren erinnert – zu beobachten bei der Begegnung eines Joggers mit einem großen, bedrohlich wirkenden Hund –, macht die panikartige Fluchtreaktion wenig Sinn. Im Gegenteil: Fluchtverhalten kann den Jagdinstinkt von domestizierten Hunden provozieren. Gelingt es dem Jogger jedoch, sich so weit zu entspannen, dass sein Bewusstsein die allgemein bekannte Tatsache erinnern kann, dass die meisten Haushunde den Menschen prinzi-

Keine Angst vor neuen Erfahrungen

piell als Rudelführer anerkennen, bekommt er eine völlig andere Ausstrahlung. Sein Unbewusstes beginnt, körpersprachlich positive Signale zu senden. Nun wird der Hund ihn nicht länger als unerwünschten Eindringling in seinem Territorium empfinden. Im Zustand der Entspannung entsteht eine neue Botschaft, die von den meisten Hunden instinktiv verstanden wird: „Ja, mein Freund, alles ist in Ordnung. Wir beide gehören zum gleichen Rudel. Wir sind freundliche Nachbarn. Ich bedeute keine Gefahr für dich. Du kannst dich jetzt ebenfalls entspannen."

Evolutionsgeschichtlich macht es Sinn, Angst und Vertrauen als zwei unterschiedliche Fähigkeiten zu betrachten. Beide Arten der emotionalen Reaktion haben unseren Vorfahren in unterschiedlichen Situationen wertvolle Dienste geleistet:

- Keine Gefahr? Dann Entspannung, Wohlbefinden und Energie sparen.
- Plötzlich Gefahr? Dann Anspannung, Reaktionsbereitschaft und Fluchtverhalten.

Zwei völlig unterschiedliche Programme, die beide für das Überleben in der freien Wildbahn nützlich sind. Im modernen Leben gibt es aber kaum noch Situationen, in denen ängstliches Verhalten wirklich sinnvoll ist. Zwar kann der Impuls aufflammender Angst uns signalisieren, dass wir eine Situation nicht mehr unter Kontrolle haben – doch sobald wir diesen Umstand erkennen, ist es sehr viel intelligenter, Mut zu beweisen, die Angst loszulassen, ins Vertrauen zu gelangen und unseren Verstand einzuschalten, um die schwierige Situation angemessen zu bewältigen.

Ihr Erkenntnisgewinn:
Im Zustand der Angst kann der Mensch nicht wachsen. Angst bewirkt Rückzug und blockiert unsere Entwicklung. Im Zustand des Vertrauens hingegen kann sich der Mensch für Neues öffnen. Unsere natürlichen Wachstumskräfte können sich entfalten. Nur wenn der Mensch fähig ist, zu vertrauen, ist er innerlich bereit, neue Wege zu beschreiten.

Der psychologische Effekt der Übertragung von Emotionen kann sowohl positiv als auch negativ wirken. Je mehr Angst Sie empfinden, desto negativer wird Ihre persönliche Ausstrahlung – auch wenn Sie versuchen, die Angst zu verbergen und sich hinter einer Fassade zu verstecken. Das Unbewusste ist nur sehr schwer zu täuschen.

Auf unsere Frage, was denn das Wichtigste bei der therapeutischen Arbeit mit Pferden sei, sagt Monty Roberts, der große Pferde-Therapeut: „Dass Sie fähig sind, Ihren eigenen Puls zu senken. Die Pferde spüren genau, wie viel Adrenalin Sie im Blut haben."

Auch in Ihrem Leben wird es viele Situationen geben, in denen es sinnvoll wäre, wenn Sie Ihren Puls ganz bewusst senken würden. Doch dies ist nicht so einfach, denn die Durchblutung des Menschen wird automatisch vom vegetativen Nervensystem gesteuert und lässt sich bewusst nicht direkt beeinflussen.

Die menschliche Atmung ist jedoch eine Art „halbautomatisches" System, das in unserem Gehirn mit dem Herzschlag gekoppelt ist. Somit besteht die Möglichkeit, über die Atmung den Puls bewusst zu beeinflussen. Je tiefer Sie atmen, desto mehr Sauerstoff kann Ihr Blut mit dem Hämoglobin binden und in Ihre Zellen transportieren. Schon durch wenige tiefe Atemzüge können Sie Ihren Puls merkbar senken. Atmen Sie langsam und tief ein, halten Sie vier Sekunden die Luft an und atmen Sie langsam wieder aus. Schon nach sechsmaliger Wiederholung dieser Atemtechnik können Sie Ihren Puls um bis zu 20 Schläge in der Minute senken. Diese Übung dauert eine Minute und wird Ihnen besonders in Stresssituationen sofortige Erleichterung bringen, weil sich Ihre Emotionen beruhigen und sich Ihr Organismus entspannt.

> Wer ein glückliches Leben führen will, muss lernen zu vertrauen. Trainieren Sie Ihre Fähigkeit, Ihre Emotionen im Vertrauen zu verankern.

Das menschliche Unbewusste kann spüren, wie stark die Angst der Gesprächspartner ist. Wer Angst empfindet, überträgt diese Angst auch auf andere. Angst besitzt als Emotion eine außerordentlich hohe Priorität. Wenn sich Angst ausbreitet, geraten oftmals alle anderen Emotionen in den Hintergrund. In Anbetracht einer drohenden Gefahr werden die Freuden des Lebens bedeutungslos. Das Unbewusste der Mitmenschen nimmt eine ängstliche Ausstrahlung wahr und wird darauf mit Misstrauen reagieren. Auch wenn es dafür keinen rationalen Grund gibt – sicherheitshalber wird die psychische Abwehr zunächst einmal hochgefahren.

Angst wirkt zudem ansteckend. Das Unbewusste Ihres Gegenübers geht auf Nummer sicher, wenn es Ihre Angst spürt, wird es ebenfalls dazu tendieren, sich zu schützen. Dieser evolutionsgeschichtlich sinnvolle Reflex wird auch als „Herdentrieb" bezeichnet. Unsere menschlichen Vorfahren haben immer in Gruppen gelebt. Wenn der Säbelzahntiger sich an die Menschengruppe herangepirscht hatte, reichte es aus, wenn ein einziges Gruppenmitglied ihn bemerkte. Durch seine Angst und die damit verbundenen Signale wurden blitzschnell alle Mitglieder der Gruppe alarmiert. Diesen psychischen Mechanismus können wir auch heute noch beobachten. Wenn in einer Menschengruppe irgendwo Angst ausbricht, kann diese Emotion blitzartig auf alle anderen überspringen. Der Funke der Angst kann sich sogar zu einem flammenden Inferno ausbreiten und bei der gesamten Gruppe Panik erzeugen. Dieser psychische Reflex ist die Ursache für eine Reihe von Unfällen auf Massenveranstaltungen wie Fußballspielen oder Konzerten oder bei Feueralarm in großen Hotels, Kinos oder Diskotheken. Das Lauffeuer der Angst wirkt auf einer unbewussten Ebene, der sich nur die wenigsten Zeitgenossen bewusst entziehen können.

Auch die Medien arbeiten mit diesem psychologischen Mechanismus. Nachrichtenredakteure wissen, dass Neuigkeiten, die bei Menschen Angst auslösen, die stärksten Reaktionen bewirken. Dies ist der Grund, warum wir in den Medien ständig mit überflüssigen negativen Nachrichten zugeschüttet werden: Das Geschäft mit der Angst bringt Quote – weil viele Zeitgenossen noch nicht gelernt haben, Informationen bewusst zu bewerten. Menschen, die einer unbewussten Steuerung unterliegen, reagieren weniger auf solche Informationen, die sie ermutigen und weiterbringen, sondern verstärkt auf Angst auslösende Informationen, weil diese das biologische Programm nach vermeintlicher Sicherheit bedienen.

Verankern Sie die Macht des Vertrauens in Ihrem Leben

Viele Menschen leben in dem Glauben, dass sie keinerlei Einfluss auf ihre emotionalen Reaktionen haben. Sie tun so, als wenn Angst oder Vertrauen plötzlich vom Himmel fallen. Sie bemerken weder, wann die Angst in ihr psychisches System eindringt und entsprechende

Verzerrungen der Wahrnehmung bewirkt, noch verstehen sie, warum ihr Unbewusstes sich für diese Maßnahme entscheidet.

Wir möchten Sie motivieren, sich bewusst zu machen, dass Sie für Ihre emotionalen Reaktionen selbst verantwortlich sind. Sie können lernen, Ihre Gefühle bewusst zu erkennen, wenn Sie die dahinter liegenden Bedürfnisse verstehen.

Betrachten Sie sich einfach als ein wunderbares Wesen, dessen Unbewusstes als internes Kommunikationssystem unterschiedliche Emotionen erzeugt: Positive Emotionen signalisieren, dass alles in Ordnung ist und Sie sich entspannen dürfen. Negative Emotionen zeigen, dass irgendetwas nicht stimmt und Sie etwas unternehmen müssen. Angst signalisiert Ihnen, dass Ihr individuelles Sicherheitsbedürfnis nicht ausreichend befriedigt ist.

Nutzen Sie Ihre bewusste Aufmerksamkeit, um zu lernen, wann Sie Ihre Emotionen mit intelligentem Handeln positiv beeinflussen können. Dabei werden Sie immer besser verstehen, wann es Ihnen gelingt, Situationen und Geschehnisse im Zustand des Vertrauens zu erleben und wann Ihr Unbewusstes plötzlich eine Bedrohung zu erkennen glaubt. Diese gefühlte Bedrohung führt dazu, dass es Ihrem Organismus den Befehl erteilt, Adrenalin auszuschütten, den Fokus Ihrer Aufmerksamkeit zu verengen und Angst zu erzeugen.

Sobald Sie erkannt haben, wie Ihr innerer Zustand sich auf der Skala von Vertrauen und Angst hin- und herbewegt, bekommen Sie einen neuen Einfluss auf Ihre Emotionen. Wenn Sie frühzeitig bemerken können, dass Sie sich vom positiven Pol des Vertrauens wegbewegen und die Angst beginnt, sich in Ihrer Psyche auszubreiten, können Sie ganz bewusst ein intelligentes Manöver zur Befriedigung Ihres Sicherheitsbedürfnisses vornehmen. Durch diese bewusste Beeinflussung Ihrer psychischen Prozesse stärken Sie gleichzeitig Ihr Selbstvertrauen. Wenn Sie unsere Übungen zur Stärkung des Vertrauens regelmäßig durchführen, werden Sie feststellen, dass Ihre Emotionen an Stabilität gewinnen und Sie die Macht des Vertrauens mehr und mehr in Ihrem Leben verankern.

Beispiel:

Wie wäre es, wenn Sie nicht darauf vertrauen könnten, dass alle anderen Autofahrer ihr Fahrzeug an der roten Ampel zuverlässig stoppen? Stellen Sie sich vor, Sie würden an jeder Kreuzung Angst haben, dass andere Autofahrer das entsprechende Rotlicht ignorieren. Würden Sie sich dann noch in Ihr Auto setzen? Vermutlich nicht. Falls Sie es dennoch wagen würden, wäre jede Fahrt eine Tortur. Sie müssten enormen Stress aushalten, Ihr Nervenkostüm wäre extrem strapaziert.

Dieses Beispiel zeigt deutlich, wie sehr wir auf unser unbewusstes Alltagsvertrauen angewiesen sind. Es erinnert jedoch auch daran, dass Vertrauen allein nicht ausreicht, um sicher durch den Straßenverkehr zu gelangen. Obwohl Sie sich, wie jeder andere Autofahrer auch, grundsätzlich dafür entschieden haben, dem Straßenverkehr zu vertrauen, versuchen Sie vermutlich durch intelligente Strategien das verbleibende Risiko zu minimieren: Sie halten sich an die Verkehrsregeln, Sie fahren nicht alkoholisiert, Sie benutzen Ihren Anschnallgurt, vielleicht investieren Sie beim Autokauf sogar in Sicherheitsausstattung wie besondere Airbags oder hervorragende Bremssysteme. Um im Straßenverkehr gut zurechtzukommen, müssen Sie deshalb beides tun: Sie müssen sich und den anderen Autofahrern vertrauen und sich intelligent verhalten.

Ihr Erkenntnisgewinn:
Eine erfolgreiche Lebensführung braucht ein gesundes Fundament von positiven Gewohnheiten. Täglich investieren wir alle einen unbewussten Vertrauensvorschuss in unsere Mitmenschen. So entsteht eine positive Basis, die wir alle für ein harmonisches Zusammenleben brauchen. Kombinieren Sie Ihr Vertrauen mit intelligentem Verhalten, um Risiken zu minimieren.

Jede überwundene Angst stärkt Ihr Vertrauen

Auch für Ihren beruflichen Erfolg gilt die Kombination von Vertrauen und intelligentem Verhalten. Einerseits sind Sie darauf angewiesen, sich und Ihren Mitarbeitern, Kollegen und Geschäftspartnern zu vertrauen und gleichzeitig können Sie durch intelligentes Verhalten, positive Wahrnehmungsfilter und konstruktive Denkgewohnheiten den Erfolg Ihrer beruflichen Kommunikation erheblich steigern.

Doch nicht alle Kollegen haben den unersetzlichen Wert des Vertrauens verstanden. Insbesondere Führungskräfte können das allgemeine Vertrauen gefährden, indem sie unnötige Angst erzeugen. Das Spiel mit der Angst ist für viele Chefs eine verlockende Strategie, weil die Angst eine mächtige Emotion darstellt. Leider gibt es viele Führungskräfte, die im Laufe ihrer Karriere gelernt haben, dass die vorsätzliche Einschüchterung ihrer Mitarbeiter kurzfristige Vorteile erzeugt. Das ausgeschüttete Adrenalin kann den Menschen zunächst antreiben, sich verstärkt zu engagieren. Dadurch steigt kurzfristig das Aktivitätsniveau. Verängstigte Menschen verlieren das Interesse an Bequemlichkeit, die Angst treibt sie aus ihrer „Komfortzone" heraus.

Doch trotz aller Geschäftigkeit wird sich der Mitarbeiter im Zustand der Angst nicht wirklich darauf konzentrieren, gute Leistungen für das Unternehmen zu erbringen. Stattdessen wird er seine Energie in erster Linie darauf ausrichten, sich zu schützen – alles andere wird zur Nebensache. Dienst nach Vorschrift steht auf dem Programm. Verängstigte Mitarbeiter streben nicht nach exzellenten Leistungen, sondern achten vielmehr auf eine möglichst unangreifbare Darstellung ihrer unterdurchschnittlichen Leistung. Sie investieren übermäßig viel Energie in die Absicherung von Entscheidungen und berufen sich auf Formalitäten.

Wenn dieser Zustand länger andauert und zur Gewohnheit wird, kann die Angst der Mitarbeiter das gesamte Unternehmen lähmen. Angst blockiert die menschliche Schaffenskraft. Niemand traut sich, etwas Neues auszuprobieren, die kreativen Kräfte verkümmern. Deshalb ist es wichtig, Mitarbeiter in den Zustand des Vertrauens zu führen, anstatt sie in Angst zu versetzen und dadurch kurzfristig aufzuscheuchen.

Vertrauen wurzelt in der Ruhe und in dem Gefühl von Geborgenheit. In der Hektik des Alltags nicht unter Stress zu geraten, sondern innerlich ruhig zu bleiben, Vertrauen zu empfinden und auf andere Menschen zu übertragen, ist eine wertvolle Fähigkeit.

> Machen Sie sich Ihre Erfolge bewusst! Erfolgserlebnisse signalisieren Ihrem Unbewussten, dass Sie ein wertvoller Mensch sind.

Doch auch Fähigkeiten fallen nicht vom Himmel, sondern entwickeln sich kontinuierlich durch Training. Deshalb möchten wir Sie ermutigen, sich Ihren Ängsten zu stellen. Sich mit der eigenen Angst

Keine Angst vor neuen Erfahrungen

auseinanderzusetzen und durch die Angst hindurchzugehen erfordert Mut. Mutiges Handeln bedeutet nicht, dass Sie keine Angst haben – im Gegenteil: Ihren Mut beweisen Sie, wenn Sie Angst spüren und sich trotzdem nicht von Ihren Zielen abbringen lassen.

Mut bedeutet, sich im Angesicht der Angst für das Vertrauen zu entscheiden. Wenn Sie mutig handeln, verfolgen Sie Ihren Weg mit Herz – obwohl Sie Angst haben. Jede überwundene Angst stärkt Ihr Vertrauen. Je mehr Sie sich darin trainieren, Mut zu beweisen, desto einfacher wird es Ihnen gelingen, unnötige Ängste zu besiegen.

> **Ihr Erkenntnisgewinn:**
> Als mutiger Mensch entwickeln Sie eine positive Ausstrahlung. Diese erleichtert es, das Vertrauen anderer Menschen zu gewinnen. Wenn Sie selbst ein starkes Vertrauen ausstrahlen, wird das Unbewusste Ihrer Mitmenschen dies wahrnehmen. Ihre positive Ausstrahlung signalisiert den anderen den Alarm abzuschalten. Auf diese Weise übertragen Sie Ihr eigenes Vertrauen auf Ihre Mitmenschen.

Entscheidend für Ihren persönlichen Erfolg ist die positive Umsetzung dieses Wissens für Ihre eigene Kommunikation. Menschen reagieren instinktiv auf die Signale von Angst oder Vertrauen. Deshalb gilt: Nur wer selber Vertrauen ausstrahlt, darf erwarten, dass andere Menschen ihm mit Vertrauen begegnen. Dieses Wissen bildet die Grundlage unserer positiven Gesprächs-Philosophie.

Recht haben ist langweilig – glücklich sein ist schön!

Einige Menschen verfügen über ein schier unerschütterliches Urvertrauen. Sie begegnen dem Leben mit großer Offenheit und beeindruckender Gelassenheit. Selbst Rückschläge und Enttäuschungen können sie nicht davon abhalten, weiterhin großzügig Vertrauensvorschüsse zu verteilen.

Die meisten Zeitgenossen jedoch betrachten das Leben mit einer mehr oder weniger gesunden Skepsis. Die spontane Ausschüttung von Vertrauensvorschüssen ist eher selten. Wie können Sie nun dafür sorgen, dass sich zwischenmenschliches Vertrauen aufbaut? Ganz einfach: Wenn Sie wollen, dass ein anderer Mensch Ihnen vertraut, müssen Sie mit gutem Beispiel vorangehen! Sie müssen ihm durch Ihr Verhalten signalisieren, dass Sie ihm vertrauen. Dann beginnen Sie, ihm gezielt positive Erfahrungen zu vermitteln. Je besser Sie es verstehen, Ihren Mitmenschen positive Erfahrungen zu schenken, desto schneller sind die anderen bereit, Ihnen zu vertrauen. Sobald Sie einem anderen Menschen eine negative Erfahrung zufügen, wird er dazu neigen, Ihnen bei zukünftigen Kontakten mit verstärkter Skepsis zu begegnen. Wer will es schon riskieren, eine unangenehme oder schmerzhafte Erfahrung zu wiederholen?

Ein englisches Sprichwort bringt das Prinzip des Misstrauens auf den Punkt: „Shame on you, if you fool me once – shame on me, if you fool me twice!" (Schande über dich, wenn du mich einmal betrügst – Schande über mich, wenn du mich zweimal betrügst.)

Viele Menschen sind in diesem Punkt sehr empfindlich. Manchmal reicht eine einzige negative Erfahrung, um ein für alle Mal das Misstrauens-Programm zu aktivieren. Deshalb ist es so wichtig, dass Sie sich in Ihrem Kommunikationsverhalten konsequent am Ideal des Win-Win-Prinzips orientieren. Sobald Sie ernsthaft beabsichtigen, dieses mit Ihren Gesprächspartnern zu realisieren, entwickeln Sie eine positive und kooperative Ausstrahlung.

Laden Sie deshalb Ihr Gegenüber ein, mit Ihnen gemeinsam auf der Welle des Vertrauens zu reiten. Ein gelungenes Win-Win-Modell ist ein gemeinsames Erfolgserlebnis. Es erzeugt eine gute Basis für nachhaltiges Vertrauen. Bei allen Beteiligten entsteht der Wunsch, die positive Win-Win-Erfahrung in Zukunft zu wiederholen. Falls später Konflikte oder Meinungsverschiedenheiten auftauchen, dient die erfreuliche Erfahrung der Vergangenheit als partnerschaftliche Basis. Die positive Beziehungsebene hat das nötige Vertrauen geschaffen, damit der aktuelle Konflikt nicht eskaliert, sondern partnerschaftlich gelöst wird. Die am Konflikt beteiligten Personen haben eine positive Referenz-Erfahrung, an der sie sich orientieren können. Jeder gesunde Mensch wird es bevorzugen, überflüssigen Streit zu vermeiden und stattdessen das positive Gefühl echter Partnerschaft zu genießen.

Sofern Sie noch nicht darin trainiert sind, Ihre inneren Zustände genau zu beobachten und in schwierigen Situationen bewusst zu steuern, kann es sein, dass auch Sie im Fall eines aufkeimenden Konfliktes in den Strudel des Misstrauens hineingesogen werden. Viele Menschen neigen dazu, im Eifer des Gefechtes zu vergessen,

Keine Angst vor neuen Erfahrungen

sich in einem Zustand mit verzerrter Wahrnehmung zu befinden. Sie beharren auf dem Gefühl, im Recht zu sein. Das Territorial-Verhalten wird aktiviert. Ihr unbewusster Verstand entscheidet sich, sie mit den entsprechenden Argumenten für die Richtigkeit dieser Annahme zu versorgen.

3 Das Gefühl, Recht zu haben, mobilisiert unseren biologisch programmierten Territorial-Anspruch. Vor 20.000 Jahren stritten die Menschen nicht um geistiges Territorium, sondern um tatsächliche Reviere, in denen sie ungehindert sammeln und jagen konnten. Da sie sich ernähren mussten, fühlten sie instinktiv, dass sie ein Recht auf die Nahrung in ihrem Revier hatten. Das Gefühl, sich in seinem eigenen Territorium im Recht zu befinden, motiviert viele Menschen bis in die Haarspitzen, ihren Standpunkt gegen potenzielle Eindringlinge zu verteidigen – oftmals gegen jede Vernunft.

Für den neurotischen Zwang, Recht haben zu wollen, gibt es eine evolutionsgeschichtliche Erklärung: Das eigene Territorium zu verlieren, bedeutete eine Katastrophe für die Lebensführung unserer Vorfahren. In harten Zeiten mit knappen Nahrungsressourcen konnte es sogar den Tod bedeuten. Deshalb ist das Bedürfnis, Recht haben zu wollen, auch heute noch ein mächtiger Impuls in der unbewussten Psyche des Menschen.

Die Triebkraft der Rechthaberei ist die Angst! Je größer die unbewusste Angst eines Menschen, desto stärker der Drang, das eigene Territorium zu verteidigen. Um zu „beweisen", dass man sich im Recht befindet, greift man auf jedes Mittel zurück – spitzfindige Argumente, aufbrausende Polemik, von aggressiven Verbalattacken bis hin zu Handgreiflichkeiten. Obwohl das Verlangen, Recht haben zu wollen, in vielen Fällen außerordentlich peinlich und störend für eine souveräne Lebensführung erscheint, halten viele Menschen an ihren überkommenen territorialen Ängsten fest.

> Rechthaberei wurzelt in Angst! Trainieren Sie sich darin, anderen Menschen das Recht auf eine eigene Meinung zu lassen – auch wenn Sie anderer Meinung sind.

Wir möchten Sie ermutigen, sich durch wachsendes Vertrauen von den oftmals völlig überflüssigen Ängsten Ihres archetypischen Gehirns zu befreien. Dafür müssen Sie verstehen, wie Ihr Unbewusstes arbeitet. Insbesondere die Funktion der Angst stellt eine mächtige Herausforderung für die Entwicklung Ihrer Persönlichkeit dar. Die

Recht haben ist langweilig - glücklich sein ist schön!

Angst ist der größte Feind des Menschen auf dem Weg zu einer wahrhaft intelligenten, glücklichen und würdevollen Zukunft. Die Überwindung der vielen kleinen und großen Ängste in uns erfordert sowohl Mut als auch den Willen zu wahrhaftiger Selbsterkenntnis.

> **Ihr Erkenntnisgewinn:**
> Um Ihre Ängste treffsicher zu diagnostizieren, müssen Sie beginnen, sich selbst mit einem wertschätzenden und zugleich kritischen Blick zu beobachten. Sie werden erkennen, dass viele Impulse Ihres in Millionen von Jahren entstandenen Organismus in der freien Wildbahn durchaus sinnvoll wären – jedoch nicht in unserer heutigen zivilisierten Welt! Glücklicherweise sind wir Menschen die lernfähigsten Lebewesen auf diesem Planeten. Durch bewusste Aufmerksamkeit und durch gezieltes Training können Sie alle nötigen Fähigkeiten erlernen, um ein Leben zu führen, das der Würde und der Intelligenz eines bewussten Menschen entspricht.

Autosuggestion

Ich verwandle Angst in Vertrauen!

Mein Vertrauen ist die unerschöpfliche Quelle meines Erfolges! Weil ich an meiner Persönlichkeit arbeite, spüre ich wachsendes Vertrauen in meine Zukunft und in meine Fähigkeiten.

Mein Vertrauen hilft mir, meine Angst zu besiegen.

Ich weiß, dass die Angst meinen Vorfahren gute Dienste geleistet hat – als nützliches Alarmsignal. Doch heutzutage brauchen wir die alten Ängste nicht mehr!

Immer, wenn ich Angst beobachte, frage ich mich: „Was könnte mir passieren? Lohnt sich die Angst?" Und dann frage ich: „Was kann ich tun, um mich durch mutige Taten zu schützen?"

Sobald ich getan habe, was getan werden musste, mache ich mir bewusst, dass ich in Sicherheit bin. Da keine Gefahr droht, bin ich bereit, die Angst loszulassen.

Ich atme tief durch und genieße das schöne Gefühl des Vertrauens.

Ich darf vertrauen! Meine Erfolge der Vergangenheit sind die Wurzeln meines starken Vertrauens. Wenn ich an meine Zukunft denke, empfinde ich Freude und Motivation.

Ich bin fest entschlossen, meine Angst zu besiegen, Mut zu beweisen und mein Leben im Vertrauen zu verankern.

Angst in Vertrauen verwandeln

Ich erinnere mich an die Macht des Vertrauens.	OOOOOOOOOO
Ich vertraue meinen Fähigkeiten.	OOOOOOOOOO
Ich beobachte meine inneren emotionalen Zustände.	OOOOOOOOOO
Ich bin fest entschlossen, meine Ängste zu besiegen.	OOOOOOOOOO
Ich bemerke meine Angst und stelle mich der Herausforderung.	OOOOOOOOOO
Ich trainiere meine Fähigkeit, Mut zu beweisen.	OOOOOOOOOO
Falls wirklich Gefahr droht, treffe ich Sicherheitsvorkehrungen.	OOOOOOOOOO
Ich trainiere mich, zu entspannen und meine Angst loszulassen.	OOOOOOOOOO
Ich stärke mein Vertrauen durch Erfolgserlebnisse.	OOOOOOOOOO
Ich realisiere eine positive Lebensführung.	OOOOOOOOOO
Ich ermutige und sorge für andere Menschen.	OOOOOOOOOO
Ich sage offen meine Meinung und beweise Zivilcourage.	OOOOOOOOOO
Ich vertraue der positiven Kraft des Lebens.	OOOOOOOOOO
Ich empfinde mein Leben als wunderbares Geschenk.	OOOOOOOOOO
Ich glaube an die kreative Kraft des Menschen.	OOOOOOOOOO

Die Entdeckung der Intuition

Schlüssel zum Vertrauen	82
Die Macht der Körpersprache: von Pferden lernen	84
Gewalt ist niemals eine Lösung!	86
Druck erzeugt Gegendruck	88
Führen Sie Ihre Mitmenschen in einen Zustand des Vertrauens!	90
Das magische Band des Vertrauens	91
Die Zunge kann lügen, der Körper nicht!	93
Übertragen Sie Ihre eigenen positiven Gefühle auf andere!	95
Erst verstehen, dann überzeugen!	97
Unterbrechen Sie das Streitprogramm!	99
Gemeinsamkeiten erzeugen Vertrauen	100
Das Prinzip des Feedback	103
Autosuggestion: Ich gewinne das Vertrauen meiner Mitmenschen!	110
Checkliste: Gewinnen von Vertrauen	111

Die Entdeckung der Intuition

Schlüssel zum Vertrauen

Kennen Sie Monty Roberts? Er gilt als der berühmteste lebende Cowboy der Welt. Man nennt ihn auch den „Horse Whisperer" oder „Pferde-Flüsterer". Monty Roberts hat eine sensationelle Methode entwickelt, um mit Pferden wirkungsvoll zu kommunizieren. Seine „Join-Up-Methode" fasziniert Millionen von Menschen, sowohl Reiter und Pferde-Experten als auch ganz normale Leute, die intuitiv spüren, dass sich Montys Weisheit im Kontakt mit den Pferden auch auf den Menschen übertragen lässt. Nachfolgend möchten wir Ihnen einen Eindruck von der genialen Arbeitsweise Monty Roberts vermitteln. Lassen Sie sich von der Kunst des Pferde-Flüsterers inspirieren, denn er ist ein echter Meister des Vertrauens.

Es ist unglaublich beeindruckend, wie souverän Monty Roberts mit Pferden kommuniziert. Seine Fähigkeit, das Vertrauen der Tiere zu gewinnen, ist so stark ausgeprägt, dass er selbst Pferde mit schweren psychischen Störungen innerhalb kürzester Zeit zur Kooperation bewegt.

Das Erstaunlichste an seiner Vorgehensweise besteht darin, dass Monty keinerlei Gewalt anwendet – im Gegenteil. Er lädt jedes Tier ein, ihm freiwillig zu folgen. Genau dies ist das Besondere an der „Join-Up-Methode": Sie verläuft absolut gewaltfrei. Die Magie des Pferde-Flüsterers basiert auf Freiwilligkeit, Sensibilität und Partnerschaft.

Auch unsere Erfolgs-Philosophie gründet sich auf gewaltfreie Werte. Niemand wird gezwungen, irgendetwas zu tun – die Grundlage des Vertrauens ist der freie Wille. Respekt vor den Bedürfnissen, Interessen und Werten des anderen kann sich nur im Klima von Freiwilligkeit entwickeln. Der Aufbau einer positiven Beziehungsebene ist der wichtigste Schlüssel zur erfolgreichen Kommunikation. Nur wer die Bedürfnisse seines Gegenübers in das eigene Führungsverhalten integriert, kann unnötige Reibungsverluste durch Widerstand, Misstrauen oder mangelnde Motivation vermeiden. Das Win-Win-Prinzip bildet die Leitlinie jeder nachhaltig erfolgreichen Kommunikation.

Freiwilligkeit ist ein wichtiger Schlüssel zum Vertrauen. Nur wer sich freiwillig entscheidet, ist bereit, die volle Verantwortung für sein Handeln zu übernehmen.

Schlüssel zum Vertrauen

Monty Roberts lernte bereits als Kind, mit wilden Pferden zu kommunizieren. Sein Vater war Rodeo-Reiter und Pferde-Trainer. Allerdings verwendete der Vater eine völlig andere Methode: Er schlug und peitschte die Pferde, um ihren Willen zu brechen und die Tiere zu unterwerfen. Ebenso erzog er seinen Sohn. Monty war als Kind ständig mit der Gewalttätigkeit seines Vaters konfrontiert. Er litt ebenso unter dieser Erziehungsmethode wie die Tiere. Deshalb schwor er sich, es besser zu machen und seine Tiere ohne Gewalt auszubilden.

1942 war der kleine Monty sieben Jahre alt. Damals gelang es ihm zum ersten Mal, das Vertrauen eines wilden Mustangs zu gewinnen und diesem ohne Widerstand einen Sattel aufzulegen. Als er seinem Vater begeistert von seinem gewaltfreien Erfolgserlebnis erzählte, wollte dieser ihm nicht glauben. Im Gegenteil: Er war derart verärgert über die „Lügen" seines missratenen Sohnes, dass er ihn mit einer schweren Eisenkette krankenhausreif schlug. Doch Monty ließ sich vom brutalen Verhalten seines Vaters nicht entmutigen und arbeitete weiter mit seiner gewaltfreien Methode.

1948, Monty war nun fast 14 Jahre alt, ritt er in die Wüste und beobachtete wilde Mustangs in freier Wildbahn. Dabei entdeckte er, dass die Tiere sehr sensibel und feinfühlig miteinander kommunizieren. Er studierte den Signalcode der Pferde und begann, mit den Tieren in deren eigener Sprache zu sprechen. Diese außergewöhnliche Fähigkeit bildet noch heute die Grundlage seines Erfolges.

In den folgenden Jahren betätigte sich Monty als Rodeo-Reiter, Cowboy und Stuntman für Western-Filme. In den 50er-Jahren doubelte er John Wayne, Robert Mitchum und James Dean. Heute lebt er mit über 300 Pferden, vielen Angestellten und einigen Pflegekindern auf seiner eigenen Farm.

Trotz seiner mehr als 70 Lebensjahre hält er regelmäßig Vorträge auf dem gesamten Erdball. Er wird nicht müde, möglichst vielen Menschen seine faszinierende Join-Up-Methode zu demonstrieren. Wurde sie ursprünglich entwickelt, um die Kommunikation mit Pferden zu verbessern, so wird sie inzwischen auch als ein überzeugendes Modell zur Führung von Menschen anerkannt.

Der Impuls für die große Popularität des „Pferde-Flüsterers" kam von der englischen Königin. 1989 wurde die Queen auf Monty aufmerksam. Sie lud ihn ein, mit einigen besonders wertvollen Pferden des königlichen Reitstalls zu arbeiten. Queen Elizabeth war von Montys Arbeit begeistert. Sie motivierte ihn, über seine Methode ein Buch zu schreiben und sein erstaunliches Wissen auf diese Weise allen Menschen zugänglich zu machen. Daraufhin erschien 1997 sein erstes Buch „Der mit den Pferden spricht". Es wurde in 17 Sprachen übersetzt und als internationaler Bestseller weltweit millionenfach verkauft; ebenso sein zweites Buch „Shy Boy – Gespräche mit einem Mustang". Immer mehr Menschen interessieren sich für die gewaltfreie Methode, weil sie intuitiv verstehen, dass Montys Kunst, Vertrauen zu gewinnen, auch für uns Menschen eine wertvolle Inspiration bietet.

Die Macht der Körpersprache: von Pferden lernen

Monty erkannte schon früh, dass die Trense des gängigen Pferdehalfters den Pferden ständig Schmerzen zufügt. Jeder Zug an der Leine drückt auf den empfindlichen Mundbereich des Pferdes. Um die Leine als sinnvolles Kommunikationsmittel nicht zu verlieren, entwickelte Monty sein eigenes Halfter, das nur einen sanften Druck auf den unempfindlichen Nasenrücken des Pferdes ausübt. Monty kann dem Tier vermitteln, dass er es nicht beherrschen will, sondern lediglich sinnvolle Signale zur besseren Verständigung sendet. Er interessiert sich für die Befindlichkeit des Pferdes und achtet darauf, ein Kommunikationsangebot zu machen, auf das sich der Vierbeiner mit einem guten Gefühl einlassen kann.

Wir sind davon überzeugt, dass Montys Erkenntnisse aus der Welt der Pferde einen außerordentlichen nützlichen Schlüssel darstellen, um auch den zwischenmenschlichen Kontakt positiv zu gestalten.

Grundsätzlich geht es darum, seinem Gegenüber die Angst zu nehmen. Dafür ist es notwendig, die Signale des Gesprächspartners aufmerksam wahrzunehmen und anschließend in der Sprache des anderen auf dessen Botschaften zu reagieren. Ein kompetenter Kommunikator arbeitet nicht mit Drohung oder Einschüchterung, er greift nicht an und erzeugt keine unnötigen Schmerzen.

> Respektieren Sie die Befindlichkeit Ihres Gesprächspartners. Machen Sie ein Kommunikationsangebot, auf das er sich mit einem guten Gefühl einlassen kann.

Eine positive Beziehungsebene ist der wichtigste Schlüssel zur erfolgreichen Kommunikation. Trainieren Sie Ihr Einfühlungsvermögen und Ihre Fähigkeit, Wertschätzung auszudrücken.

Auch im Berufsleben gilt das Vertrauensprinzip. Viele Chefs könnten einiges von Monty lernen:

- Für eine erfolgreiche Führungskraft kommt es darauf an, eine Atmosphäre zu schaffen, in der Menschen gern zusammenarbeiten, sich gegenseitig respektieren und effektiv miteinander kommunizieren.
- Daraus resultiert ein souveräner und motivierender Führungsstil. Wer würde schon bereitwillig einem Anführer folgen, dem er nicht vertrauen kann?
- Eine wirklich intelligente Führungskraft weiß, dass man Mitarbeiter so behandeln muss, wie man selbst behandelt werden möchte. Wer arbeitet schon gern unter Androhung von Strafe?
- Ein kluger Chef weiß, dass es für eine vertrauensvolle Kooperation nicht besonders sinnvoll ist, seine Aufmerksamkeit darauf zu richten, Fehler zu entdecken und dann zu bestrafen. Druck erzeugt Gegendruck, schmerzhafter Druck erzeugt garantiert Widerstände.
- Ein intelligenter Chef achtet darauf, positive Aspekte wahrzunehmen und die Mitarbeiter zu belohnen. So entsteht Eigenmotivation, die Mitarbeiter stärken ihr Selbstwertgefühl und entwickeln Lust auf Leistung.
- Wer nachhaltig motivierte Mitarbeiter in seinem Team braucht, tut gut daran, die Persönlichkeit des Einzelnen zu respektieren und Anerkennung für erbrachte Leistungen auszusprechen.

Ihr Erkenntnisgewinn:

Sowohl Menschen als auch Pferde sind soziale Wesen. Der soziale Verbund gibt uns Sicherheit und Schutz. Wer die Herde oder das Team anführen will, muss die anderen davon überzeugen, seinen Führungsanspruch im Interesse aller Beteiligten zu realisieren. Kurzsichtiger Egoismus, destruktiver Druck und soziale Gewalt bewirken Vertrauensverluste und unterschwellige Aggressionen. Jede Form von Machtmissbrauch belastet sowohl die Arbeit im Team als auch die Lebensqualität.

Gewalt ist niemals eine Lösung!

Viele unerwünschte Verhaltensweisen von Mitarbeitern oder Arbeitskollegen sind Ausdruck passiven Widerstands gegenüber Machtmissbrauch. Wenn Mitarbeiter Fehler machen oder Schwächen aufweisen, ist es wenig hilfreich, durch Androhung von harten Strafen zusätzlich Angst auszulösen. Angst hemmt die Kreativität. Angst verhindert Eigenmotivation und beeinträchtigt unsere Lernfähigkeit.

Wer würde einem Anführer folgen, dem man nicht vertrauen kann? Eine gute Führungskraft weiß, dass man Mitmenschen so behandeln muss, wie man selbst behandelt werden möchte.

Monty Roberts lehnt jede Form von Gewalt ganz entschieden ab: „Gewalt ist niemals eine Lösung!" Keiner wird mit dem Recht geboren, einem Menschen oder einem Tier zu signalisieren: „Du machst, was ich dir sage, oder ich werde dir Schmerz zufügen."

Für den Pferde-Flüsterer gilt die Maxime: „In der Ruhe liegt die Kraft." Sie ist für ihn ein unschätzbar wertvolles Prinzip, sowohl bei der Arbeit mit Pferden als auch mit Menschen. Er ist davon überzeugt, dass die Zeit, die er in das Gewinnen von Vertrauen investiert, sich im Nachhinein um ein Vielfaches auszahlen wird. Jeder Lernprozess, der im Klima von Ruhe und Vertrauen stattfindet, gelingt merklich schneller und nachhaltiger.

Auch die moderne Lernpsychologie hat herausgefunden, dass der Mensch am besten in einem entspannten Zustand lernt – dem sogenannten „Alpha-Zustand". Wir nutzen diesen Zustand in unseren Seminaren, um die Teilnehmer in kürzester Zeit durch intensive Lernprozesse zu führen.

Monty nutzt seine Körpersprache sehr bewusst. Er achtet darauf, dass sein Verhalten von seinem Gegenüber nicht als Bedrohung erlebt wird, sondern als Signal für Sicherheit und Respekt. Und er vertraut dem natürlichen Impuls zur Kooperation, den jedes soziale Lebewesen in sich trägt.

> Wenn Ihre körpersprachlichen Signale mit der Bedeutung Ihrer Worte übereinstimmen, erzeugen Sie Vertrauen!

Wir alle haben das Bedürfnis nach Harmonie und Zusammenarbeit. Wir wollen uns der Herde anschließen und als wertvoller Teil des

Gewalt ist niemals eine Lösung

Teams anerkannt sein. Wenn unser Gegenüber Widerstand leistet, egal ob Mensch oder Tier, dann deshalb, weil er negative Gefühle befürchtet und glaubt, sich dagegen schützen zu müssen.

Monty reagiert auf das anfängliche Misstrauen der Pferde, indem er über die schmerzfreie Leine eine positive Verbindung herstellt und körperliche Nähe erzeugt. An der kurzen lockeren Leine führt er das Pferd hinter sich her, um dann im richtigen Moment stehen zu bleiben. Das Tier kann dieses „pferdesprachliche" Kommunikationsangebot schnell verstehen. Es entscheidet sich für eine positive Reaktion und synchronisiert seine eigenen Bewegungen mit Montys Vorgaben. Wenn Monty rückwärts geht, geht auch das Pferd rückwärts. Durch diesen Gleichschritt entsteht Vertrauen, weil die Pferde erfahren, dass von dem dominanten Menschen selbst in nächster Nähe keine Gefahr ausgeht. Monty kommuniziert kongruent – einerseits fungiert er als positives Vorbild, andererseits fordert er auch von den Pferden Respekt und Aufmerksamkeit, damit sie ihn als führendes Mitglied der Herde erkennen können. Wenn das zunächst noch misstrauische Pferd beginnt, ihm offensichtlich zu vertrauen, geht er behutsam auf Distanz, so dass das Tier sich freiwillig dafür entscheiden kann, ihm zu folgen – sei es auf die grüne Wiese oder auch in den engen Pferdeanhänger.

Doch wie reagieren viele Führungskräfte auf misstrauische Mitarbeiter? Oft mit Unverständnis und Sanktionen. Der Mitarbeiter soll sich fügen – von Freiwilligkeit keine Spur. Wenn Führungskräfte in Krisensituationen den Druck auf ihre Mitarbeiter verstärken, erhöht sich auch die Wahrscheinlichkeit, dass diese glauben, sich verstärkt dagegen wehren zu müssen – so schaukeln sich Konflikte hoch, Reibungsverluste sind programmiert.

> **Ihr Erkenntnisgewinn:**
> Nur wer sich freiwillig für eine bestimmte Aktivität entscheidet, ist bereit, die Verantwortung für sein Handeln zu übernehmen. Das positive Gefühl der Verantwortung kann sich nicht entfalten, wenn man dazu gezwungen wird.

Druck erzeugt Gegendruck

Jede Form von Zwang provoziert den Gesprächspartner zum Widerstand. Je nach Situation, Machtverhältnis und Charakterstruktur der Beteiligten zeigt sich der Widerstand in unterschiedlichen Formen. Manchmal wird der Widerstand offen demonstriert, der unterdrückte Mensch aktiviert sein „Kampf-Programm". Das Hormonsystem schüttet Adrenalin aus, die Stimme wird lauter, er spricht schneller, Emotionen kochen hoch, der denkende Teil des Gehirns schaltet sich ab. Der erregte Mensch glaubt, sich verteidigen zu müssen und geht in die Offensive.

Das feindselige Verhalten provoziert wiederum die andere Seite, noch mehr Druck aufzubauen. Dadurch verschärft sich das Kommunikationsklima, die Gemüter erhitzen sich, der Streit spitzt sich zu, plötzlich beherrscht die Aggression das gemeinsame Feld. So entsteht ein sich selbst verstärkender Teufelskreis. Beim nächsten Kontakt werden vermutlich beide mit einer negativen Einstellung in das Gespräch gehen. Jeder glaubt, sich gegen den anderen schützen zu müssen – weiterer Streit droht.

Eine andere Form von Widerstand verläuft scheinbar passiv. Der unterdrückte Mitarbeiter macht „gute Miene zum bösen Spiel". Aus Angst vor negativen Konsequenzen wird er auf einer formalen Ebene nachgeben, doch innerlich verweigert sich der Unterlegene, er fühlt sich seiner Entscheidungsfreiheit beraubt und empfindet Demütigung. Obwohl er seine innere Befindlichkeit nicht offen zeigt, wird er negative Gefühle gegenüber dem Unterdrücker entwickeln.

> Unterdrückte Menschen verwandeln sich nicht selten in heimliche Saboteure. Nur im Zustand des Vertrauens kann Druck als positiver Impuls erlebt werden.

Auf welche Art wird er die im Gespräch halbherzig vereinbarten Ergebnisse umsetzen? Wird er sich damit identifizieren und voll motiviert an die Arbeit gehen? Nein, das wird er nicht. Er wird nur so viel leisten, wie er gerade eben leisten muss, um der angedrohten Strafe zu entgehen. So entsteht das Phänomen „Dienst nach Vorschrift". Mitarbeiter, die durch sozialen Druck genötigt werden, arbeiten in erster Linie, um den unangenehmen Druck auf eine möglichst schmerzfreie Weise auszugleichen. Sie werden niemals ihr

Druck erzeugt Gegendruck

volles Potenzial ausschöpfen, sie werden große Herausforderungen meiden und kaum eigene Motivation entwickeln.

Die Folge: Der „Unterdrücker" muss ständig kontrollieren und weiteren Druck erzeugen, um ein mittelmäßiges Leistungsniveau aufrechtzuerhalten. Außerdem suchen unterdrückte Mitarbeiter ständig nach Gelegenheiten, um es dem Aggressor „heimzuzahlen" und das energetische Ungleichgewicht auf diese Weise wieder auszugleichen. Der Unterdrücker muss somit immer auf der Hut sein. Er ist von „Feinden" umgeben. Er hat wesentlich mehr Stress als nötig und erzielt mit seinem Team trotzdem keine optimalen Leistungen. Zudem sinken Job-Zufriedenheit und Motivation. Das Arbeitsklima ist extrem störanfällig, weil frustrierte Mitarbeiter dazu neigen, „krank zu feiern" und verdeckte Konflikte auf Nebenschauplätzen auszutragen.

Wer andere Lebewesen – seien es Pferde oder Menschen – souverän führen will, muss sensibel und bewusst mit Druck umgehen können. Nur im Zustand des Vertrauens kann Druck konstruktiv, im Sinne eines Wachstums erlebt werden. In jedem Beruf gibt es Faktoren, die Leistungsdruck erzeugen. Doch eine kompetente Führungskraft versteht es, diesen äußeren Druck nicht unreflektiert an die Mitarbeiter weiterzuleiten.

Natürlich muss der Chef seine Mitarbeiter auf die Unternehmensziele einschwören und beste Leistungen fordern. Doch er wird dabei wesentlich erfolgreicher sein, wenn er Kooperation vorlebt und die Entscheidungsfreiheit seiner Mitarbeiter respektiert. Im Wissen um diese komplexen Zusammenhänge des Führungsalltags haben wir unsere Methode entwickelt, die auf Offenheit, Vertrauen und Wertschätzung basiert. Sie wurzelt im Gewinner-Gewinner-Modell und befindet sich im Einklang mit den Naturgesetzen.

> **Ihr Erkenntnisgewinn:**
> Gegenseitiges Vertrauen ist eine notwendige Voraussetzung, um ein erfolgreiches Team zu führen. Eine positive Vertrauenskultur bildet den idealen Nährboden für nachhaltigen Erfolg – sie ist ein wesentlicher Schlüssel, um dauerhaft exzellente Leistungen zu realisieren. Wer diese Kunst beherrscht, kann wahre Wunder vollbringen.

Die Entdeckung der Intuition

Führen Sie Ihre Mitmenschen in einen Zustand des Vertrauens!

Haben Sie jemals eine Katze gebürstet? Wie würden Sie die Katze bürsten? Richtig – mit dem Strich! Indem Sie die natürliche Beschaffenheit des Tieres respektieren, erzeugen Sie Harmonie. Die Katze entwickelt positive Empfindungen und lernt Sie als angenehmen Kommunikationspartner kennen. Der Kontakt mit Ihnen fühlt sich gut an. Das zeigt sie Ihnen, indem sie beginnt, leise zu schnurren. Wenn dieser positive Zustand länger andauert, entsteht Vertrauen. Die Katze lernt, dass sie keine Angst vor Ihnen haben muss und betrachtet Sie nicht als Feind, sondern als Freund. So entsteht ein Gewinner-Gewinner-Modell. Die Katze genießt Ihre Zuwendung und Sie können sich an einer wundervoll schnurrenden Katze erfreuen. Alle Beteiligten haben Vorteile von der gemeinsamen Interaktion, das Klima ist durch Freude, Vertrauen und Kooperation geprägt.

Was würde geschehen, wenn Sie versuchen würden, die Katze gegen den Strich, gegen ihre natürliche Beschaffenheit zu bürsten? Würde die Katze zufrieden schnurren? Sicherlich nicht, sondern sie würde sich empört abwenden oder Sie anfauchen. Vielleicht würde sie sogar ihre Krallen ausfahren und Sie bedrohen oder gar verletzen.

Katzen sind sensible Tiere. Auch das Gehirn einer Katze verfügt über das Programm von Kampf oder Flucht. Solange ein Klima des Vertrauens herrscht, gibt es für das unbewusste Katzenhirn keinen Grund, das energetisch aufwendige Kampf- oder Fluchtprogramm zu aktivieren. Doch Katzen sind wachsam. Sobald auch nur der Anschein einer Bedrohung auftaucht, verändert sich das Verhalten des Tieres augenblicklich. Die Wahrnehmung einer Katze, die sich vermeintlich bedroht fühlt, wird plötzlich durch ganz andere Filter gesteuert: erhöhte Wachsamkeit, innere Spannung und Krallen ausfahren!

Das Gehirn des Menschen funktioniert ähnlich. Solange Sie Ihre Mitmenschen gut behandeln, werden die anderen positiv auf Ihren Einfluss reagieren. Vertrauen kann wachsen. Doch sobald Ihr Gegenüber negative Empfindungen verspürt, filtert er die Wahrnehmung der aktuellen Situation durch kritische Einstellungen. Sein Unbewusstes reagiert misstrauisch, plötzlich sucht er nach unterschwelligen Signalen, die ihn so früh wie möglich erkennen lassen, wann es an der Zeit ist, zu kämpfen oder zu flüchten. Wenn Sie wirkungsvoll kommunizieren wollen, tun Sie gut daran, die natürliche Programmierung Ihrer Gesprächspartner zu respektieren und zunächst darauf zu achten, Ihr Gegenüber in einen Zustand des Vertrauens zu führen.

> **Ihr Erkenntnisgewinn:**
> Ebenso wie Katzen reagieren auch Ihre Mitmenschen auf das Prinzip von Lust und Unlust. Wenn Sie Ihrem Gegenüber positive Empfindungen schenken, wird er sich öffnen und Ihnen Vertrauen entgegenbringen. Verursachen Sie (bewusst oder unbewusst) im Erleben des anderen negative Gefühle, wird er sich verschließen und sich gegen Sie schützen. Deshalb empfehlen wir Ihnen, Ihr Einfühlungsvermögen zu trainieren. Damit Sie ein Meister im Vertrauen werden, müssen Sie ein Gefühl dafür entwickeln, wie andere Menschen den Kontakt mit Ihnen erleben.

Das magische Band des Vertrauens

Wenn Menschen miteinander kommunizieren, prallen Welten aufeinander. Durch aufmerksame Beobachtung des Gesprächsverhaltens können Sie sehr viel über den Charakter und die Lebenseinstellung Ihrer Mitmenschen erfahren. Einige Persönlichkeiten sind durch ihre vertrauensvolle Ausstrahlung schnell in der Lage, die Sympathien der Mitmenschen zu gewinnen. Andere Zeitgenossen signalisieren Misstrauen und Ablehnung und schränken dadurch ihre Möglichkeiten im zwischenmenschlichen Kontakt unnötig ein.

Die Notwendigkeit des gegenseitigen Vertrauens gilt in vielen Lebensbereichen, sowohl am Arbeitsplatz als auch im Privatleben. Verkäufer müssen das Vertrauen ihrer Kunden gewinnen, Chefs brauchen das Vertrauen ihrer Mitarbeiter und Kinder sind darauf angewiesen, ihren Eltern zu vertrauen. Harmonisches Zusammenleben basiert auf gegenseitigem Vertrauen. Doch zwischenmenschliche Kommunikation ist, genau beobachtet, mehr als nur Worte, die ausgetauscht werden.

Jede Kommunikation ist ein ganzheitlicher Prozess, der uns auf tieferen Ebenen beeinflusst. In jedem Gespräch werden Energien

Die Entdeckung der Intuition

ausgetauscht, die sich wechselseitig beeinflussen. Interagierende Menschen unterliegen ähnlichen Gesetzen wie schwingende Stimmgabeln. Wir reagieren emotional auf die Stimmung unserer Mitmenschen. Gute Laune kann ebenso ansteckend wirken wie Langeweile. Wir Menschen sind umgeben von einem sehr feinen Schwingungsfeld. Diese Schwingungen prägen unsere Ausstrahlung und bewirken Sympathie oder Antipathie. Jeder Moment unseres Lebens wird bestimmt durch die Frequenz, auf der wir schwingen.

Bei wissenschaftlichen Untersuchungen mit hochempfindlichen Videokameras wurde festgestellt, dass die Bewegungen der Gesprächspartner im Zustand des Vertrauens tatsächlich hochgradig synchron verlaufen. Selbst wenn gewöhnliche Videoaufzeichnungen im Zeitraffer abgespielt werden, ist deutlich zu erkennen, wie die Bewegungen von Partnern, die sich vertrauen, aufeinander harmonisch abgestimmt sind. Selbst kleine unwillkürliche Bewegungen wie Lachen, Gähnen, sich Strecken, der spontane Griff zur Kaffeetasse sind im Klima des Vertrauens oftmals stark synchronisiert.

Auf einen außenstehenden Beobachter kann es wirken, als ob die Körper der Gesprächspartner durch unsichtbare Fäden verbunden wären. Die körperliche Verbindung überträgt sich auch auf die Beziehungsebene. Das emotionale Klima zwischen den Kommunikationspartnern ist durch Offenheit und gegenseitigen Respekt geprägt. Keiner hat das Gefühl, sich gegenüber dem anderen schützen zu müssen. Dieses offensichtliche Vertrauen ermöglicht einen vollständigen und lebendigen Fluss von Informationen. Dadurch verläuft die Kommunikation effektiv und angenehm zugleich.

Ihr Erkenntnisgewinn:
Wir sind niemals wirklich in Ruhe. Selbst wenn wir schlafen, bewegt uns unser Atem, Stoffwechsel findet statt, das Herz schlägt und das Blut fließt. Menschen sind pulsierende Wesen. Unsere Energie schwingt und die Schwingung unserer Mitmenschen beeinflusst den eigenen Zustand ebenso, wie wir selbst die anderen beeinflussen. Die Frequenz des Vertrauens bewirkt eine angenehme Schwingung, während die Angst eine Frequenz erzeugt, die wir als abstoßend und unattraktiv empfinden.

Die Zunge kann lügen, der Körper nicht!

Hatten Sie auch schon einmal den Wunsch, die Gedanken Ihrer Mitmenschen lesen zu können und so das tatsächliche Erleben der anderen zu erkennen? Diesen Wunsch können Sie sich mehr und mehr erfüllen, indem Sie sich darin trainieren, die Körpersprache der anderen genau zu beobachten.

Die Zunge kann lügen, der Körper nicht! Auch in der Kommunikation gilt das kosmische Gesetz: Wie oben, so unten – wie innen, so außen. Die Sprache des Körpers ist die universelle Sprache der Menschheit. In jedem Kulturkreis ist ein weinendes Gesicht ein Zeichen für Schmerz oder Trauer, ein lachendes Gesicht ein Zeichen von Glück und Freude. Kein Mensch kann dauerhaft verhindern, dass sein Gesichtsausdruck sein Gefühlsleben widerspiegelt.

Wie kalt oder fröhlich können die Augen leuchten! Wie weich und offen oder verbissen und hart können sich Mund und Lippen eines Menschen zeigen! Was der Mund verschweigt, verraten die Hände. Ebenso, wie die Stimme eines jeden Menschen unterschiedlich ist, so sind auch die Bewegungen seiner Hände einzigartig und aufschlussreich. Hände sind Signalgeber. Eine offene Hand vermittelt eine ganz andere Botschaft als eine geballte Faust.

Unsere Körpersprache können wir nicht kontrollieren. Wir haben einen gewissen Einfluss, wir können uns bemühen, einen guten Eindruck zu hinterlassen, doch je stärker der Mensch seinen Ausdruck kontrollieren will, desto steifer und verkrampfter wirkt er auf andere. Sobald Sie einen Mensch unter Druck setzen, kann er sich bemühen, seine Gesichtszüge, seine Hände und seine Worte zu beherrschen, aber plötzlich brechen seine Füße aus.

> Beobachten Sie die Körpersprache Ihrer Mitmenschen genau. Wenn Sie lernen, in Gesichtern zu lesen, lernen Sie, im Buch des Lebens zu lesen.

Die Füße sind unsere Wurzeln – sie symbolisieren unser Unbewusstes. Wollen Sie davonlaufen? Geht es in Ihrem Leben voran oder sind Sie auf dem Rückzug? Wechseln Sie von einem Standpunkt zum anderen oder sind Sie standfest? Das körpersprachliche Verhalten ist das entscheidende Medium für den zwischenmenschlichen Kontakt, denn der Körper spiegelt unseren inneren Zustand in all seinen feinen Ausprägungen sehr authentisch wider.

Die Entdeckung der Intuition

Die Ausstrahlung, die Sie bei Ihren Mitmenschen spüren, nehmen die anderen auch von Ihnen wahr. Über den Körper sind wir erlebbar, erfassbar, begreifbar. Das Unbewusste versteht sofort, innerhalb weniger Sekunden, mit welcher Energie Sie dem anderen begegnen. Unsere Emotionen sind innere Energien, die sich ausdrücken wollen. Emotionen wollen fließen! Bereits der Versuch von Kontrolle stört diesen feinstofflichen Prozess, beeinträchtigt unsere natürliche Ausstrahlung und lässt uns irgendwie „verdächtig" erscheinen. Ihr Gegenüber spürt: Hier wird versucht, etwas zu verstecken! Je mehr Sie versuchen, Ihre Emotionen zu kontrollieren, desto geringer werden Ihre Chancen, das spontane Vertrauen Ihrer Gesprächspartner zu gewinnen.

Evolutionsgeschichtlich ist die Körpersprache sehr viel älter als die Verbalsprache. Bei der Verständigung unserer Vorfahren spielten körpersprachliche Signale eine noch wichtigere Rolle als in der heutigen Zeit, da die Verbalsprache bei Weitem nicht so kultiviert war. Unsere Zivilisation trainiert die Kinder von klein auf zum Gebrauch der Verbalsprache. Dadurch wachsen unsere Möglichkeiten zur differenzierten Darstellung von Sachverhalten, inneren Befindlichkeiten. Trotzdem bestimmt die Körpersprache nach wie vor einen wesentlichen Teil unserer zwischenmenschlichen Beziehungen, denn sie zeigt die direkte Befindlichkeit unserer inneren Verfassung.

> Zeigen Sie Ihre Emotionen offen. Bereits der Versuch der Unterdrückung macht Sie in der Wahrnehmung Ihrer Mitmenschen verdächtig.

Deshalb empfehlen wir Ihnen, den körpersprachlichen Austausch Ihrer Mitmenschen bewusst zu beobachten und Ihre feinen Sinnesorgane beständig zu trainieren. Dabei werden Sie mehr und mehr erkennen, wie wichtig ein wahrhaft positiver innerer Zustand ist, damit Sie Ihre eigenen Emotionen offen zeigen können und dadurch schnell das Vertrauen Ihrer Gesprächspartner gewinnen.

Ihr Erkenntnisgewinn:
Ein geübter Beobachter kann anhand der Mimik und Gestik ziemlich verlässliche Aussagen über die Qualität der Kommunikation von interagierenden Menschen machen. Psychologische Untersuchungen zeigen, dass körpersprachliche Signale wesent-

> lich wichtiger als gesprochene Worte sind, wenn es darum geht, die Sympathie und das Vertrauen von anderen Menschen zu gewinnen.

Übertragen Sie Ihre eigenen positiven Gefühle auf andere!

Vertrauen wirkt wie ein magisches Band zwischen Menschen. Wenn das Vertrauen verloren geht, reißt auch das feinstoffliche Band Ihrer positiven Beziehungsebene. Falls Sie dies nicht rechtzeitig bemerken und einfach weiter argumentieren, wird der andere Ihnen plötzlich Widerstand leisten. In diesem Fall sollten Sie Ihre Energie nicht in vergebliche Überzeugungsarbeit oder gar in kraftraubende Gewaltakte investieren. Eine Störung auf der Beziehungsebene bedeutet, dass das gegenseitige Vertrauen neu gewonnen werden muss. Wer versucht, andere zu überzeugen, ohne für das nötige Vertrauen zu sorgen, verschwendet seine Zeit.

> Im Fall einer Beziehungsstörung sollten Sie nicht weiter argumentieren. Signalisieren Sie Ihrem Gesprächspartner, dass auch Ihnen das vertrauensvolle Verhältnis am Herzen liegt.

Auch wenn es manchmal schwer fällt, denken Sie daran: Der Klügere ist fähig, sich aktiv auf seinen Gesprächspartner einzustellen! Flexibilität gewinnt! Kommunikation ist ein ganzheitlicher Prozess, sie geschieht auf allen zur Verfügung stehenden Sinneskanälen – Sehen, Hören, Fühlen – und das Unbewusste reagiert ebenso auf Gefühle und entwickelt einen Geschmack für das Gegenüber.

Häufig fixiert sich das Bewusstsein eines Menschen jedoch auf den eigenen bevorzugten Kanal und vergisst dabei die anderen Kanäle. Diese Tendenz kann Schwierigkeiten erzeugen, wenn der Gesprächspartner einen anderen Kanal bevorzugt. Um verschiedene Menschen in unterschiedlichen Situationen erreichen zu können, brauchen Sie eine möglichst hohe Flexibilität im Einsatz Ihrer Sinnessysteme:

- Trainieren Sie sich darin, auf die Gemeinsamkeiten zu achten und diese aktiv zu verstärken.

- Fühlen Sie sich aktiv in den anderen ein und signalisieren Sie ihm, dass Sie ihn wirklich verstehen wollen und seine Einzigartigkeit respektieren.
- Zeigen Sie dem anderen, dass Sie ihm vertrauen, und übertragen Sie Ihre eigenen positiven Gefühle auf Ihr Gegenüber, bis der magische Funke überspringt und der andere Ihnen ebenfalls wieder vertraut.

4 Wissenschaftliche Untersuchungen haben gezeigt, dass besonders erfolgreiche Psychotherapeuten die gleiche Kommunikationsstrategie anwenden, um schwierige Klienten zu behandeln: Zunächst nehmen sie mit der aktuellen Welt des Klienten Kontakt auf, bevor sie aktiv und gezielt auf ihn einwirken. Sie holen ihren Klienten genau dort ab, wo er sich gerade befindet, und helfen ihm, in einen besseren Zustand zu gelangen. Mit anderen Worten: Sie stellen sich gezielt auf den anderen ein, um sein Vertrauen zu gewinnen. Zunächst wollen sie die subjektive Erfahrungswelt ihres Klienten verstehen, bevor sie anschließend maßgeschneidert intervenieren und so die gewünschten Veränderungen herbeiführen.

Carl Rogers, der legendäre Begründer der Gesprächs-Psychotherapie, war ein Meister im Gewinnen von Vertrauen. Er konnte sich perfekt in die Realitäten seiner Klienten einfühlen und entwickelte eine Therapieform, die zum größten Teil aus emotionalem Verstehen besteht. Seine Gesprächs-Psychotherapie basiert im Wesentlichen auf drei einfachen Grundhaltungen: Wertschätzung, Authentizität und Einfühlungsvermögen. Diese inneren Haltungen schaffen beste Voraussetzungen, um eine positive Beziehungsebene zu erzeugen.

> **Ihr Erkenntnisgewinn:**
> Beweisen Sie Ihren guten Willen durch echte Flexibilität! Falls das, was Sie bisher getan haben, nicht funktioniert, dann tun Sie jetzt etwas anderes! Anstatt sich über die mangelnde Empfangsbereitschaft des anderen zu beschweren, sammeln Sie neue Informationen und probieren eine andere Verhaltensweise. In der Kommunikation gibt es kein Versagen und keine Fehler! Jede Reaktion Ihres Gesprächspartners ist ein Feedback und gibt Ihnen nützliche Informationen, um sein Innenleben noch besser zu verstehen und ihn von dort abzuholen, wo er sich befindet.

Erst verstehen, dann überzeugen!

Lernen Sie von den Therapeuten und setzen Sie dieses Know-how zur Gewinnung von Vertrauen ebenfalls ein. Arbeiten Sie daran, alle wichtigen Gespräche durch eine bewusste Phase des Verstehens einzuleiten.

Wenn Sie während eines Gespräches auf die Beziehungsebene achten und Ihrem Gesprächspartner in kritischen Phasen immer wieder zeigen, dass Sie ihn verstehen, wird sein Vertrauen wachsen. Er wird sich Ihnen mehr und mehr öffnen. Anschließend können Sie ihn gezielt ansprechen und in eine gewünschte Richtung führen.

Sobald Ihr Gegenüber das Gefühl entwickelt, dass Sie verstehen, betrachtet er Sie als angenehmen Gesprächspartner. Solange er sich jedoch unverstanden fühlt, glaubt er, mit Ihnen argumentieren zu müssen, da Sie seine Situation noch nicht erkannt haben. Oder er beschließt, dass Sie ihn ohnehin nicht verstehen und zieht sich zurück. Deshalb ist es so wichtig, dass Sie Ihren Gesprächspartner nicht nur mental und emotional verstehen, sondern ihm dieses neu gewonnene Verständnis auch aktiv signalisieren. Zum Beispiel, indem Sie ihm Recht geben: „Ja, ich verstehe Ihren Standpunkt. Ich kann sehr gut nachvollziehen, wie Sie sich fühlen. In Ihrer Situation würde ich mich ähnlich fühlen."

Dem anderen Recht zu geben, ist ein gesellschaftliches Ritual. Mit dieser aktiven Bestätigung zeigen Sie Ihrem Gesprächspartner, dass Sie sein geistiges Territorium respektieren. Seine Souveränität wird nicht bedroht, er braucht nicht zu kämpfen.

> Geben Sie dem anderen Recht! Das Ritual des Rechtgebens führt zur Entspannung, zu Vertrauen und Kooperation.

Alle Menschen suchen Bestätigung, weil wir uns sicher fühlen möchten. Wie können Sie andere bestätigen? Wie können Sie ihnen dieses Gefühl von Sicherheit vermitteln? Trainieren Sie Ihre Fähigkeit, anderen Menschen glaubhaft zu signalisieren: „Ja, du bist in Ordnung. Deine Art, dein Leben zu führen und die Welt zu betrachten, gefällt mir. Ich interessiere mich für deine Meinung und bin bereit, von dir etwas zu lernen!"

Diese positive Einstellung öffnet Ihr Gegenüber. Der andere fühlt sich aufgewertet und entwickelt Lust, mit Ihnen zu kooperieren, denn er vertraut darauf, dass er sich ausdrücken darf und dafür

Anerkennung erhält. Das Unbewusste strebt danach, die eigene Sicht der Dinge immer wieder aufs Neue bestätigen zu wollen. Frisch bestätigte Wahrnehmungen stärken unser Selbstvertrauen.

In zwischenmenschlichen Beziehungen können enorme Schwierigkeiten entstehen, falls die Partner nicht bereit sind, die Realität des anderen zu bestätigen. Ehestreitigkeiten drehen sich häufig um die Bestätigung der „inneren Landkarte". Viele Menschen empfinden es sogar als Provokation, wenn ihre Realität nicht aktiv bestätigt wird. Sie entwickeln dabei das Gefühl, der andere würde glauben, sie seien im Unrecht. Dieses Missverständnis resultiert aus der unbewussten Verwechslung der eigenen Wahrnehmung mit der Wirklichkeit.

Konflikte sind vorprogrammiert, wenn die Partner auf ihren inneren Landkarten ein Bild des anderen geschaffen haben, das mit dessen eigenem Selbstkonzept kollidiert. Unterschwellige Urteile, Anklagen oder Beschuldigungen werden meist sehr genau wahrgenommen. Das Unbewusste achtet gewissenhaft darauf, wie andere Menschen unsere Person bewerten. Im Falle mangelnder Bestätigung wird nicht selten die erstbeste Gelegenheit gesucht, um seinen Unmut auszudrücken. Irgendein Nebenschauplatz wird eröffnet und muss als Ventil für angestaute Frustration herhalten.

> **Ihr Erkenntnisgewinn:**
> Die meisten Menschen sehen und hören in erster Linie das, was sie sehen und hören möchten. Sie nehmen wahr, was sie bereits kennen und was zu ihren bewährten Konzepten passt. Gleichzeitig verlangen sie von anderen, dass diese ihre Wahrnehmungen teilen, bestätigen und anerkennen. Durch eine gemeinsame Wahrnehmung entsteht eine harmonische Schwingung, die Gesprächspartner verstehen einander, weil sie die gleiche „Wellenlänge" haben. Um jemanden zu überzeugen, müssen Sie sich zunächst auf die Wellenlänge Ihres Gesprächspartners einschwingen.

Unterbrechen Sie das Streitprogramm!

Da die meisten Menschen nicht darin geübt sind, Verletzungen auf der Beziehungsebene offen zu thematisieren, werden Konflikte häufig unter dem Deckmantel der Sachlichkeit ausgetragen. Auf Nebenkriegsschauplätzen wird plötzlich um Belanglosigkeiten gestritten und gekämpft. Notfalls ist man sogar bereit, über die Art und Weise zu streiten, wie Zahnpastatuben ausgedrückt werden. Dieses unterschwellig aggressive Verhalten kann sich hochschaukeln und zu einer Generalisierung des verdeckten Konfliktes führen.

Schließlich wird der andere emotional als Feind erlebt. Alle Beteiligten haben das Gefühl, sich schützen zu müssen und verharren in ihren „emotionalen Rüstungen". Ein Klima des Misstrauens breitet sich aus. Die Partner sind dann prinzipiell nicht mehr bereit, sich ihre Wahrnehmung der Welt gegenseitig zu bestätigen. Um jeden Zentimeter des geistigen Territoriums wird erbittert gekämpft. Wird die Tube nun in der Mitte oder am hinteren Ende ausgedrückt?

> Sprechen Sie Verletzungen auf Beziehungsebene offen an – so vermeiden Sie eine unnötige Generalisierung des Konfliktes.

Vielleicht fragen Sie sich im Laufe Ihres nächsten Streitgesprächs innerlich, ob es bei diesem Konflikt tatsächlich um die Sache geht, oder ob es sich dabei um ein bisher unbemerktes Problem auf der Beziehungsebene handeln könnte. In diesem Fall möchten wir Ihnen vorschlagen, das eingefahrene Streitprogramm zu unterbrechen und stattdessen etwas Neues zu probieren.

Wechseln Sie für einen Moment die Wahrnehmungsposition, indem Sie sich in die Lage eines nicht-betroffenen Zuschauers versetzen. Ist der strittige Punkt es tatsächlich wert, einen emotionalen Krieg zu beginnen? Falls ja, dann kämpfen Sie! In den meisten Fällen wird Sie dieser kurze Moment der Distanzierung jedoch zu der Erkenntnis bringen, dass es besser ist, Zeit und Energie zu sparen, sich mit dem anderen zu versöhnen und wieder ins Klima des Vertrauens zu gelangen.

Schon bald, nachdem Sie Ihre emotionale Rüstung abgelegt haben, wird auch Ihr Gegenüber nicht mehr weiterkämpfen wollen. Sein Unbewusstes erkennt, dass er das Aggressionsprogramm nicht mehr benötigt. Das ist auch für ihn von Vorteil, denn nun kann er den

Die Entdeckung der Intuition

damit verbundenen „Extra-Energieverbrauch" wieder abschalten. Die Situation kann sich entspannen, das Gesprächsklima klärt auf.

> **Ihr Erkenntnisgewinn:**
> Sie können aktiv durch einfühlsames Verstehen Vertrauen gewinnen, indem Sie Verständnis für die Reaktion des anderen zeigen und beginnen, seine Wahrnehmungen zu bestätigen. Achten Sie darauf, dass Sie sich emotional wirklich auf die Realität Ihres Partners einlassen, sonst wird der andere Ihr Verhalten als opportunistisches Manöver erleben und sich noch stärker zur Wehr setzen. Schauspielerei oder Lippenbekenntnisse erzeugen meist einen gegenteiligen Effekt, wenn es darum geht, das Vertrauen emotional betroffener Menschen zurückzugewinnen.

Gemeinsamkeiten erzeugen Vertrauen

Sie können die Beziehungsebene zu anderen Menschen gezielt verbessern, indem Sie vorhandene Gemeinsamkeiten wahrnehmen und aktiv verstärken. Je mehr Gemeinsamkeiten in der Kommunikation bestehen, desto einfacher und angenehmer gestaltet sich die Beziehungsebene.

Gemeinsamkeiten erzeugen Vertrauen und Sympathie, während Unterschiede nicht selten Misstrauen und Antipathie bewirken. Dies gilt nicht nur für offensichtliche Merkmale, sondern auch für komplexe Kriterien wie Glaubenssysteme, Überzeugungen, politische Einstellungen oder persönliche Werte. Das Herz eines Menschen gewinnen Sie, wenn es Ihnen gelingt, die inneren Werte des anderen zu bestätigen und gleichzeitig Ihre eigene Erfahrung auf authentische Weise auszudrücken.

Sprechen Sie Ihrem Gesprächspartner aus der Seele. Wohlgemerkt: Es geht nicht darum, die eigenen Werte zu verleugnen, sondern darum, eine gemeinsame Basis zu finden und diese in der beiderseitigen Wahrnehmung in den Vordergrund zu stellen.

Im täglichen Leben begegnen uns viele Beispiele für die erfolgreiche Suche nach Gemeinsamkeiten. Durch harmonische Schwingungszustände entsteht gute Stimmung. Verhaltensweisen, die synchroni-

Gemeinsamkeiten erzeugen Vertrauen

sierte Handlungen erfordern, werden nicht selten als soziales Ritual praktiziert, wie zum Beispiel das gegenseitige Zuprosten beim geselligen Miteinander. Hier bekräftigen die Trinkenden durch das gemeinsame Anstoßen ihre emotionale Verbindung, wobei das Klingen der Gläser den momentanen Einklang symbolisiert.

Partys sind ein idealer Anlass, um die Mitmenschen beim Suchen nach Gemeinsamkeiten zu beobachten. Feiern bringt nur dann richtig Spaß, wenn die Feiernden irgendetwas Positives verbindet. Gemeinsamkeiten steuern unsere sozialen Beziehungen auf scheinbar magische Weise. Sobald sich zwei Menschen einander sympathisch sind, beginnt das Unbewusste, das gemeinsame Kommunikationsverhalten aufeinander abzustimmen und plötzlich, ohne dass es jemand bewusst wahrnimmt, befinden sich die Gesprächspartner in einem positiven Klima des gegenseitigen Vertrauens.

> Trainieren Sie, Gemeinsamkeiten zu entdecken und zu verstärken. Je mehr Gemeinsamkeiten spürbar sind, desto schneller kann sich Vertrauen entwickeln.

Das Prinzip der Verbundenheit durch Gemeinsamkeiten erklärt viele Phänomene der Massenpsychologie, sowohl im Reich der Tiere als auch innerhalb der menschlichen Gesellschaft. Haben Sie schon einmal das Verhalten von Fisch- oder Vögelschwärmen beobachtet? Die einzelnen Tiere bestätigen immer wieder die Verbundenheit des gesamten Schwarmes durch eine Vielzahl von gemeinsamen Verhaltensweisen. Dadurch sichern sie das Funktionieren der sozialen Gemeinschaft.

Nicht viel anders ist es bei den Menschen. Zogen Soldaten in die Schlacht, marschierten sie im Gleichschritt und sangen gemeinsam Lieder. Alle trugen die gleiche Uniform, den gleichen Haarschnitt und ein gemeinsames Feindbild im Kopf. Eine Menschenmenge im gemeinsamen Schwingungsfeld unterliegt anderen Gesetzen als eine einzelne Person: Man fühlt sich stark, Hemmschwellen sinken, man vergisst die individuellen Werte und schließt sich der emotionalen Dynamik der Masse an. Auch bei großen Sportereignissen können Sie viele klassische Beispiele für die Macht der Gemeinsamkeiten entdecken. Singende Fans schwingen gemeinsam in einem homogenen Farbenmeer. Gemeinsamkeiten verbinden, egal ob sie unbemerkt bleiben oder bewusst wahrgenommen werden.

Die Entdeckung der Intuition

Gemeinsamkeiten können auf unterschiedlichen Ebenen entdeckt werden: Meinungen und Ansichten, Geschmack und Mode, berufliche Erfahrung, körperliche Merkmale, Mimik und Gestik, Gangart, Atemrhythmus, Augenbewegungen, Sprechweise, Stimmlage, Dialekt, Lachen, Gewohnheiten oder persönliche Vorlieben – die Vielfalt des Ausdrucks bietet unzählige Möglichkeiten, um Ähnlichkeiten zu entdecken und zu verstärken.

Die verschiedenen Ebenen, auf denen Sie Ihren Gesprächspartnern entgegenkommen, sind unterschiedlich bedeutungsvoll. Wenn Sie grundlegende Glaubenssätze teilen, führt dies vermutlich zu stärkerer Übereinstimmung, als wenn Sie sich darauf beschränken, die Körperhaltung des anderen widerzuspiegeln.

Unsere Empfehlung, Gemeinsamkeiten zu betonen, meint jedoch weder „Anbiederei" noch pures „Nachäffen". Wer den anderen nach dem Mund redet, weil er sich davon persönliche Vorteile verspricht, hat dieses Vertrauen spendende Prinzip nicht verstanden. Ohne das Win-Win-Prinzip verkommt dieses wertvolle Wissen zu einer rein mechanischen Waffe, um andere Menschen auf billige Weise zu manipulieren. Derartige Ambitionen werden Ihnen auf Dauer nur Nachteile bringen. Sie führen in die soziale Isolation.

> Wer erfolgreich kommunizieren will, muss andere Menschen mögen! Verankern Sie das Win-Win-Prinzip in Ihrem Herzen.

Manipulative Absichten verhindern Vertrauen. Das menschliche Unbewusste ist nur sehr schwer zu täuschen. Es spürt genau, ob ein anderer Mensch ihm tatsächlich wohlgesonnen ist oder dies nur vorgibt. Das Angleichen von körperlichen Verhaltensweisen geschieht nahezu automatisch, wenn es Ihnen wirklich gelingt, sich in die Welt des anderen einzufühlen.

> **Ihr Erkenntnisgewinn:**
> Ihre positive innere Grundhaltung ist der wesentliche Faktor für eine erfolgreiche Kommunikation. Das Klima echten Vertrauens kann nur entstehen, wenn Sie Ihren Mitmenschen Sympathie und Respekt entgegenbringen. Langfristige Erfolge werden nur dann eintreten, wenn Sie aus vollem Herzen beabsichtigen, echte Gewinner-Gewinner-Modelle zu realisieren.

Das Prinzip des Feedback

Vertrauen gewinnen mit positivem Feedback

Unsere Sinnesorgane vermitteln uns in jedem Moment unseres Lebens eine sehr subjektive Standortbestimmung über unsere aktuelle Position in dieser Welt. Die einkommenden Sinnesreize werden sortiert, verarbeitet und bewertet. Fällt die Bewertung positiv aus, gibt unser Gehirn Entwarnung – wir dürfen uns entspannen, tief durchatmen und das Leben genießen.

Fällt die Bewertung jedoch negativ aus, schlägt unser Gehirn Alarm – innere Spannung entsteht, wir achten auf mögliche Gefahren und die psychische Abwehr wird hochgefahren. Gleichzeitig verlieren wir den Sinn für die schönen Seiten des Lebens. Stattdessen machen wir uns Sorgen um unsere Sicherheit. Wenn das negative Feedback unsere neuralgischen Stellen trifft, wird oftmals sehr vehement das Kampf- oder Flucht-Programm aktiviert – viele Zeitgenossen können nur schwer mit kritischen Rückmeldungen umgehen.

Das aktuelle Feedback, das wir vom Leben bekommen, entscheidet über unseren inneren Zustand. Positives Feedback verwandelt uns in angenehme, freundliche und sympathische Zeitgenossen. Negatives Feedback bewirkt, dass wir innerlich aufrüsten und in einen Zustand von Abwehr und Rechtfertigung geraten.

Sie gewinnen das Vertrauen Ihrer Gesprächspartner, indem Sie dafür sorgen, dass die anderen Ihre kommunikativen Signale als positives Feedback empfinden. Sobald Ihre Botschaften auf der Beziehungsebene negativ bewertet werden, schwindet das gefühlte Vertrauen und Sie müssen damit rechnen, als potenzieller Angreifer betrachtet zu werden.

Die gesendeten Botschaften werden nicht nur auf der Sachebene interpretiert, sondern auch auf der Beziehungsebene. Die Bereitschaft eines Menschen, kritisches Feedback konstruktiv zu interpretieren, wächst in dem Maße, wie er vorab mit positiven Botschaften zu seiner Person versorgt wurde. Das positive Feedback signalisiert ihm: „Du bist okay! Ich mag dich, wir sind Verbündete. Du brauchst nicht um meine Anerkennung zu kämpfen, denn ich gebe sie dir freiwillig!"

Sobald diese Botschaft im Herzen Ihres Gegenübers angekommen ist, entsteht Vertrauen. Der andere kann sich öffnen und auch kritische Botschaften annehmen, weil er sie durch konstruktive Filter erlebt.

> **Ihr Erkenntnisgewinn:**
> Wenn Sie Ihren Mitmenschen genug positives Feedback vermitteln, erwerben Sie gleichzeitig die „Erlaubnis", sie zu kritisieren – sofern Sie dabei konstruktiv und wertschätzend vorgehen.

Trainieren Sie Ihre Feedback-Fähigkeiten!
Feedback gibt uns wertvolle Orientierung. Ohne Orientierung wüssten wir nicht, wo wir stehen in dieser Welt – wir würden im Dunkeln tappen. Nur durch Feedback können wir erfahren, wie wir auf andere wirken.

Feedback heißt wörtlich übersetzt „Zurück-Füttern". Dabei wird ein Mensch mit Informationen über seine Außenwirkung versorgt. Feedback gibt uns Rückmeldung zum eigenen Verhalten. Jeder Mensch braucht ständig Feedback, um sein Verhalten auf die Umwelt abzustimmen.

Wenn Sie beim Autofahren auf den Tacho blicken, bekommen Sie Feedback zur Geschwindigkeit des Autos. Auf diese Weise können Sie das angemessene Tempo wählen und bei Bedarf entweder beschleunigen oder bremsen. Haben Sie schon einmal versucht, mit iPod und Kopfhörern in den Ohren auf einer verkehrsreichen Straße Auto zu fahren? Wir möchten es Ihnen nicht empfehlen, denn dabei fehlt Ihnen das auditive Feedback – Sie hören weder das Motorengeräusch noch die Geräusche der anderen Verkehrsteilnehmer. Dadurch wird Ihre gewohnte Orientierung drastisch beeinträchtigt, die Fahrt wird zum Risiko. Natürlich wäre es noch fataler, wenn Sie mit geschlossenen Augen fahren würden – dann fehlt Ihnen das Feedback im visuellen Kanal.

Auch in der Kommunikation sind „Feedback-Schleifen" unerlässlich. Im Gespräch mit einem anderen Menschen orientieren Sie sich am Blickkontakt und an der Mimik Ihres Gegenübers. Sie freuen sich, wenn der andere Ihnen zulächelt. Sie interpretieren sein Lächeln als positives Signal. Sie fühlen sich ermutigt, wenn er zustimmend nickt und Ihre Ausführungen durch positive Worte bestätigt. Würde der andere mit einem Pokerface zuhören, würde er Sie verunsichern. Ihr

Das Prinzip des Feedback

Redefluss würde ins Stocken geraten und Sie bekämen ein unbehagliches Gefühl. Sie wüssten nicht, ob Sie dem anderen trauen können.

Wer schon einmal in eine Fernsehkamera gesprochen hat, weiß, wie schwierig es ist, ohne unmittelbares Feedback auf souveräne Weise Informationen zu vermitteln. Die Kamera ist eine leblose Maschine, die uns kein Feedback und somit keine positive Bestätigung gibt. Im Gegenteil: Eine Live-Kamera erzeugt Aktivitätsdruck und verstärkt jede noch so kleine Schwäche erbarmungslos. Nur wer guten Kontakt zu seinen inneren Feedback-Schleifen hat, kann die eigene Souveränität auch jenseits des Lampenfiebers bewahren.

Der Wunsch nach positivem Feedback ist eine mächtige Motivation für das Verhalten von Menschen. Positives Feedback bestätigt uns in unserer Existenz, es bestätigt unsere subjektive Wirklichkeit. Kritisches Feedback hingegen stellt unsere Welt infrage. Wer sich nicht sicher fühlt, versucht negatives Feedback abzuwehren. Dabei erwacht der Impuls, sich zu rechtfertigen. Reflexartig fühlt man sich alarmiert und beginnt zu argumentieren, um dem anderen zu beweisen, dass er sich irrt und sich mit seiner Kritik im Unrecht befindet.

> Können Sie Feedback annehmen? Trainieren Sie, die wertvollen Botschaften Ihrer Mitmenschen zu würdigen und daraus zu lernen.

Die wenigsten Menschen sind fähig, kritisches Feedback auf eine intelligente Weise anzunehmen. In der Praxis bringen uns jedoch gerade die kritischen Rückmeldungen weiter. Echte Freundschaften zeichnen sich dadurch aus, dass man sich gegenseitig offen und ehrlich Feedback gibt, auch wenn die kritischen Anteile das Selbstkonzept des anderen infrage stellen oder seine Eitelkeit kränken. Konstruktive Kritik zeigt uns, wo wir etwas lernen können. Sie beleuchtet unsere blinden Flecken und gibt uns Impulse für unsere persönliche Entwicklung.

Kennen Sie die Geschichte von Loriot, in der er mit der Nudel auf der Nase versucht, der Dame seines Herzens einen Heiratsantrag zu machen? Hätte sie ihm rechtzeitig Feedback gegeben, wären beiden einige Peinlichkeiten erspart geblieben. Ehrliches Feedback ist ein nahezu unbezahlbares Gut. Einerseits wünschen sich alle Menschen möglichst viel positives Feedback, andererseits verabscheuen wir

Die Entdeckung der Intuition

Heuchelei und Anbiederei. Wir erwarten ein ehrliches Feedback, das uns allerdings gleichzeitig bestätigen und ermutigen soll.

Viele Zeitgenossen haben jedoch nicht gelernt, diese anspruchsvollen Kriterien zu erfüllen. Ihr Feedback erinnert nicht selten an den Elefanten im Porzellanladen. Ohne jegliche Sensibilität werden den Mitmenschen unreflektierte Botschaften auf der Beziehungsebene um die Ohren geknallt. Andererseits sind die meisten Mitmenschen sehr empfindlich bezüglich Botschaften zu ihrer Person. Konflikte sind programmiert. Manchmal erscheint es geradezu tragisch, wie Mitmenschen sich gegenseitig das Selbstwertgefühl zerstören, indem sie sich immer wieder zu einer unbewussten, herzergreifend negativen Feedback-Schlacht provozieren.

Ihr Erkenntnisgewinn:
Der Austausch von Feedback ist ein sehr sensibles Thema, das Fingerspitzengefühl und Einfühlungsvermögen erfordert. Gleichzeitig ist es ein zentraler Schlüssel für das gefühlte Vertrauen innerhalb einer jeden Beziehung. Wir alle brauchen eine positive und konstruktive Feedback-Kultur, in der wir uns gegenseitig ermutigen und die es gleichzeitig erlaubt, wertvolle Hinweise für die zukünftige Entwicklung in einem Klima des Vertrauens auf respektvolle Weise auszutauschen.

Achten Sie bei Ihren Mitmenschen auf die Pluspunkte!

Sie können das Gesprächsklima und das gefühlte Vertrauen entscheidend beeinflussen, indem Sie sich bei der Wahrnehmung Ihrer Mitmenschen zunächst auf die Stärken, Talente und Fähigkeiten konzentrieren.

Fragen Sie sich zum Beispiel regelmäßig, was Ihnen an Ihrer Familie, Ihren Freunden und Ihren Kollegen gut gefällt. Achten Sie auf die Pluspunkte! Falls Sie als Führungskraft tätig sind, ist es besonders wichtig, Wertschätzung und Anerkennung offen auszudrücken. Das positive Feedback vom Chef ist ein Erfolgserlebnis für jeden Mitarbeiter: „Ja, das haben Sie wirklich ganz hervorragend gelöst! Ich bin stolz auf Sie."

Motivieren Sie Ihre Mitarbeiter, indem Sie ihnen zeigen, dass Sie gerne mit ihnen arbeiten. Sagen Sie jedem einzelnen Mitarbeiter

Das Prinzip des Feedback

genau, was Sie an ihm schätzen. Lassen Sie ihn wissen, dass er als wertvolles Mitglied des Teams anerkannt ist. Durch offene Anerkennung spürt er, dass er sich Ihnen gegenüber nicht verteidigen muss, sondern als Person geschätzt wird. Er kann Vertrauen entwickeln.

Nachdem Sie das Vertrauen eines Mitarbeiters gewonnen haben, können Sie auf seine Unzulänglichkeiten eingehen. Wenn Sie versuchen würden, jemanden zu kritisieren, bevor Sie sein Vertrauen gewonnen haben, werden Sie lediglich Stress, Abwehr und Rechtfertigungs-Arien hervorrufen. Kein normaler Mensch lässt sich mit offenem Herzen, ohne mobilisierte Abwehrsysteme von jemandem kritisieren, dem er nicht vertraut.

> Viele Menschen reagieren auf Kritik mit Abwehr. Sprechen Sie weniger über das, was Ihnen am anderen nicht gefällt, sondern darüber, was Sie sich in Zukunft von ihm wünschen.

Machen Sie Ihrem Mitarbeiter zuerst verständlich, dass Sie ihn nicht kritisieren, um ihn anzugreifen, zu verletzen, zu entwerten oder gar zu demütigen, sondern weil Sie ihm wertvolles Entwicklungs-Feedback geben wollen. Sobald er sicher ist, dass Sie ihn als Mensch wertschätzen und respektieren, wird er bereit sein, Ihnen wirklich zuzuhören. Im Klima des Vertrauens wecken Sie seine natürliche Neugier – natürlich interessiert er sich für Ihre Rückmeldung zu seiner Person.

Nun können Sie die beobachteten Schwachpunkte durch ein konstruktives Feedback in Lernaufgaben verwandeln:

- Was müsste der Mitarbeiter lernen, um seinen Job noch besser zu erfüllen?
- Was sind seine Entwicklungsziele?
- Welche Vorteile hat er davon, wenn er Ihre Anregungen aufnimmt und daraus lernt?
- Was genau soll der Mitarbeiter verändern?
- Wie soll er sich zukünftig verhalten?

Ihr Erkenntnisgewinn:
Beim Formulieren von kritischen Rückmeldungen ist es wichtig, nicht unnötig lange auf den Schwächen „rumzureiten", sondern in die Zukunft zu denken. Verwandeln Sie Probleme in Ziele! Mit einer ziel-orientierten Ansprache geben Sie Ihrem Feedback eine

positive Richtung. Sie formulieren Wünsche an den Mitarbeiter. Anstatt ihm lang und breit zu kritisieren, lenken Sie den Fokus seiner Aufmerksamkeit auf ein motivierendes Ziel.

Mit gutem Beispiel vorangehen

Wenn wir Ihnen empfehlen, Ihre Feedback-Fähigkeit zu stärken, meinen wir einerseits, dass Sie anderen Menschen Ihr Feedback so präsentieren sollten, dass der andere es tatsächlich annehmen kann. Andererseits sollten Sie sich des Feedbacks Ihrer Mitmenschen auf eine konstruktive Weise annehmen.

Insbesondere als Führungskraft müssen Sie mit gutem Beispiel vorangehen. Als Chef stärken Sie Ihre Vorbildfunktion und Ihre Glaubwürdigkeit, wenn Sie Ihre Mitarbeiter aktiv um Feedback bitten; zumindest in Gesprächen unter vier Augen. Laden Sie Ihre Mitarbeiter ein, Sie darüber zu informieren, wie Sie von den anderen erlebt werden. Wenn Sie als Chef das Feedback Ihrer Mitarbeiter nicht begrüßen oder sogar unterdrücken, erzeugen Sie einen doppelten Negativ-Effekt: Einerseits werden Ihre Mitarbeiter es Ihnen gleichtun und Ihre Feedback-Impulse ebenfalls abwehren, selbst wenn sie auf der Sachebene noch so nützlich sein mögen. Andererseits werden die Mitarbeiter Ihnen in Zukunft wertvolle Informationen vorenthalten, weil sie keinen Sinn darin sehen, Ihnen kritische Botschaften zu übermitteln.

Das Geben von Feedback ist für die meisten Zeitgenossen eine heikle und oftmals undankbare Angelegenheit. Die Hemmschwelle, einen anderen Menschen offen über seine Außenwirkung zu informieren, ist erstaunlich hoch. Deshalb vermeidet man es lieber, kritische Punkte offen anzusprechen. Stattdessen wird hinter dem Rücken über die betreffende Person gelästert. Das erscheint sicherer. Nur wer andere Menschen aktiv ermutigt, auch kritische Rückmeldungen offen anzusprechen, darf davon ausgehen, dass er ausreichend mit Informationen zu seiner Außenwirkung versorgt wird.

Feedback ist notwendig, um die eigene Außenwirkung realistisch einschätzen zu können. Denken Sie hin und wieder an die Nudel auf der Nase von Loriot! Jeder Mensch hat blinde Flecken. Es ist wesentlich intelligenter, sich seine Außenwirkung bewusst zu machen, als einfach den Kopf in den Sand zu stecken und kritische Rückmeldungen reflexartig abzuwehren.

Für eine bewusste Persönlichkeitsentwicklung brauchen wir andere Menschen als Spiegel. Wenn wir zu wenig Feedback bekommen, wird der Spiegel stumpf. Dann verlieren wir an Orientierung, Fehler werden nicht erkannt, die Nudel bleibt auf der Nase.

Ihr Erkenntnisgewinn:
Werden Sie ausreichend mit Informationen zu Ihrer Außenwirkung versorgt? Ermutigen Sie andere Menschen, auch kritische Rückmeldungen offen auszusprechen.

Kommunikation in einer offenen Feedback-Kultur ist ein Gewinner-Gewinner-Modell. Wenn alle Beteiligten sich gegenseitig motivieren und sich gleichzeitig mit nützlichen Informationen zur Weiterentwicklung versorgen, entstehen Synergie-Effekte. Der intelligente Umgang mit Feedback ist eine Schlüsselkomponente bei der Gewinnung von Vertrauen. Wenn Sie Ihre Feedback-Fähigkeit regelmäßig trainieren, werden Sie feststellen, dass Ihre sozialen Kontakte erheblich an Qualität gewinnen.

Autosuggestion

Ich gewinne das Vertrauen meiner Mitmenschen!

Nur im Klima des Vertrauens kann sich eine positive Kommunikation entfalten. Deshalb trainiere ich täglich, das Vertrauen meiner Mitmenschen schnell und nachhaltig zu gewinnen.

Ich sende positive Botschaften und ich ermutige meine Gesprächspartner.

Ich achte auf die Signale des Körpers und ich bin bereit, durch positives Feedback die Herzen der Menschen zu öffnen.

Recht haben ist langweilig, glücklich sein ist schön!

Ich respektiere die Emotionen, Bedürfnisse und Meinungen meiner Mitmenschen – großzügig verteile ich Bestätigung und Anerkennung.

Wenn ich selbst vertraue, werden meine Mitmenschen auch mir vertrauen. Fremde sind Freunde, die ich noch nicht kenne!

Das Vertrauen, das ich der Welt schenke, kommt tausendfach zu mir zurück.

Gewinnen von Vertrauen

Ich trainiere meine Fähigkeit, gezielt Vertrauen zu erzeugen.	OOOOOOOOOO
Ich erinnere: „Fremde sind Freunde, die ich noch nicht kenne!"	OOOOOOOOOO
Ich realisiere das Win-Win-Prinzip.	OOOOOOOOOO
Ich erzeuge und verstärke Gemeinsamkeiten.	OOOOOOOOOO
Ich achte darauf, meine Mitmenschen nicht zu frustrieren.	OOOOOOOOOO
Ich gebe anderen Menschen einen Vertrauensvorschuss.	OOOOOOOOOO
Ich mache attraktive Kommunikationsangebote.	OOOOOOOOOO
Ich helfe anderen Menschen.	OOOOOOOOOO
Ich trainiere mein Einfühlungsvermögen.	OOOOOOOOOO
Ich spreche Anerkennung und positives Feedback offen aus.	OOOOOOOOOO
Ich lasse anderen Menschen die nötigen Freiräume.	OOOOOOOOOO
Ich zeige meinen Mitmenschen, dass ich ihnen vertraue.	OOOOOOOOOO
Ich frage andere Menschen nach ihrer Meinung.	OOOOOOOOOO
Ich gestalte die Beziehungsebene bewusst positiv.	OOOOOOOOOO
Ich bedanke mich bei meinen Mitmenschen mit einem Lächeln.	OOOOOOOOOO

Motivierende Kommunikation

Ein vertrauensvolles Gesprächsklima ist ein Stück
Lebensqualität 114
Entwickeln Sie Ihren individuellen Kommunikationsstil 115
Exkurs: Was bedeutet Erfolg?.. 116
Ziele setzen und erreichen 119

Autosuggestion: Ich kann erfolgreich kommunizieren! 139
Checkliste: Erfolgreich kommunizieren..................................... 140

Ein vertrauensvolles Gesprächsklima ist ein Stück Lebensqualität

Kennen Sie einen erfolgreichen Menschen, der seinen Erfolg ganz allein – nur auf sich selbst gestellt – ohne die Unterstützung oder Hilfe anderer Menschen erreicht hat? Vermutlich nicht.
Wenn Sie sich mit den Lebensgeschichten erfolgreicher Menschen beschäftigen, werden Sie feststellen, dass die Kommunikation mit anderen eine entscheidende Rolle spielt:

- Erfolgreiche Unternehmer sind darauf angewiesen, mit ihren Mitarbeitern und Kunden auf eine motivierende Weise zu kommunizieren.
- Erfolgreiche Künstler kommunizieren mit ihrem Publikum.
- Erfolgreiche Sportler sind Teil eines leistungsstarken Teams.
- Erfolgreiche Politiker müssen sowohl ihre Partei als auch ihre Wähler überzeugen.

Erfolg wurzelt in der Fähigkeit, andere Menschen anzusprechen und zu überzeugen. In der Kommunikation spielt das Vertrauen eine wesentliche Rolle. Wenn Sie sich mit Menschen austauschen müssen, denen Sie misstrauen, gestalten sich die Gespräche anstrengend, zäh und wenig erfreulich. Führen Sie hingegen Gespräche in einem Klima des Vertrauens, können Sie andere nicht nur viel schneller verstehen und überzeugen – auch Ihr Lebensgefühl während der Kommunikation verwandelt sich wie auf magische Weise.

Ein vertrauensvolles Gesprächsklima ist ein Stück Lebensqualität – alle Beteiligten können die gemeinsam verbrachte Zeit genießen und sich an der Win-Win-Kooperation erfreuen. Zwischenmenschliches Vertrauen führt nicht nur dazu, dass Sie mit Ihrer Kommunikation wesentlich effizienter und nachhaltig erfolgreicher sind – es ist ein Selbstzweck an sich.

„Geteiltes Leid ist halbes Leid, geteilte Freude ist doppelte Freude!" Der Volksmund drückt aus, was wir alle mehr oder weniger bewusst empfinden. Wir Menschen sind soziale Wesen und brauchen den positiven Austausch mit unseren Artgenossen, um ein glückliches und erfülltes Leben zu führen.

Das gesamte menschliche Leben ist ein Prozess der wechselseitigen Beeinflussung. Die wahren Gewinner des Lebens, die Menschen auf der Sonnenseite, sind fähig, diesen kommunikativen Prozess für alle Beteiligten positiv zu gestalten.

Entwickeln Sie Ihren individuellen Kommunikationsstil

Vielleicht haben Sie sich auch schon einmal gefragt, wie Sie Ihre Gesprächsführung und Ihre sozialen Fähigkeiten gezielt optimieren können. Zunächst ist es wichtig, sich bewusst zu machen, dass Sie im Laufe Ihres Lebens Kommunikationsgewohnheiten entwickelt haben. Diese Gewohnheiten prägen Ihren individuellen Kommunikationsstil.

> Trainieren Sie Ihre Fähigkeit, sich möglichst objektiv zu beobachten. Trennen Sie sich von negativen Mustern und entwickeln Sie positive Gewohnheiten.

Wir möchten Ihnen nun die wichtigsten Regeln vorstellen und Ihnen die Möglichkeit geben, die dafür notwendigen Fähigkeiten gezielt zu erlernen.

Entwickeln Sie Ihren individuellen Kommunikationsstil

Analysieren Sie zunächst, über welche Fähigkeiten Sie bereits verfügen und welche Sie noch erwerben müssen. Ihre bereits vorhandenen Fähigkeiten bilden die positive Grundlage Ihres persönlichen Kommunikationsstils. Wenn Sie sich Ihrer besonderen Fähigkeiten bewusst werden, führt dies zu einer Konzentration auf Ihre Stärken. Ihre noch nicht so stark ausgebildeten Fähigkeiten zeigen Ihre zukünftigen Lernaufgaben.

Je mehr Fähigkeiten Sie ausbilden, desto höher wird Ihre Flexibilität im Kontakt mit Ihren Gesprächspartnern. Die Wissenschaft der Kybernetik erinnert uns daran, dass in einem System immer das Element die Führung übernehmen wird, das über die höchste Flexibilität verfügt. Flexibilität ist ein wichtiger Schlüssel, um das Vertrauen der unterschiedlichsten Menschen gewinnen zu können.

> Erfolg resultiert aus Flexibilität! Holen Sie Ihren Gesprächspartner dort ab, wo er sich befindet. Kommunizieren Sie empfängerorientiert!

In diesem Kapitel werden wir Ihnen die Prinzipien der souveränen Gesprächsführung aufzeigen. Wir möchten Sie für die Kunst der zielorientierten Kommunikation begeistern und konkrete Anreize schaffen, um Schritt für Schritt an Ihrer Gesprächsführung zu arbeiten.

Motivierende Kommunikation

Bei der Arbeit an der eigenen Persönlichkeit lassen wir uns gerne von außerordentlich erfolgreichen Persönlichkeiten inspirieren. Jeder wirklich erfolgreiche Mensch konnte seine Leistungen nur deshalb vollbringen, weil er zuvor einen langen Weg der Übung beschritten hatte. Erinnern Sie sich an das Beispiel des Golfers Bernhard Langer? „Je mehr ich übe, desto mehr Glück habe ich!" Übung ist die unentbehrliche Grundlage des Erfolgs. Übung macht den Meister. Vielleicht fragen Sie sich dabei allerdings: „Ja, ich weiß, dass ich üben muss, um Fähigkeiten zu erlernen – doch woher soll ich die dafür nötige Zeit nehmen?"

Der besondere Vorteil beim Optimieren Ihrer Kommunikation besteht darin, dass Sie alle benötigten Fähigkeiten während Ihrer alltäglichen Gespräche trainieren können. Da Sie sich ohnehin im ständigen Austausch mit Ihren Mitmenschen befinden, müssen Sie keine Extra-Zeit aufwenden! Nutzen Sie Ihre Alltagsgespräche, um die von uns dargestellten Prinzipien spielerisch, mit Inspiration und Freude zu trainieren. Wenn Sie unser Wissen aktiv anwenden, es im Alltag ausprobieren und damit eigene Erfahrungen sammeln, kann es sich in einen dauerhaften Bestandteil Ihrer eigenen Persönlichkeit verwandeln. Mit jeder weiteren positiven Erfahrung stärken Sie das Vertrauen Ihres Unbewussten in Ihre persönliche Gestaltungskraft.

> **Ihr Erkenntnisgewinn:**
> Wenn Sie in sich hineinhorchen, können Sie spüren, wie Ihr Unbewusstes Ihre Erfolgserlebnisse beim Trainieren verarbeitet: „Ja, ich befinde mich auf dem Weg des Vertrauens. Täglich wachsen meine Fähigkeiten und ich kann mein Vertrauen mehr und mehr auf andere Menschen übertragen. Schritt für Schritt entwickle ich mich zu einer vertrauenswürdigen und charismatischen Persönlichkeit."

Exkurs: Was bedeutet Erfolg?

In der Natur gilt: „Erfolg = Überleben". Erfolgreiche Lebewesen sind fähig, Nahrung zu erbeuten, ein Territorium zu erobern, sich fortzupflanzen, die Nachkommen großzuziehen und gegen Fressfeinde zu verteidigen. Wir Menschen haben nur deshalb überlebt, weil

Exkurs: Was bedeutet Erfolg?

unsere Art erfolgreich gelernt hat, sich an die Bedingungen der Umwelt anzupassen.

Alle Lebewesen brauchen Erfolg, heute ebenso wie in vergangenen Zeiten. Erfolglosigkeit in der Natur führt ebenso zum Aussterben von Tieren und Pflanzen wie Erfolglosigkeit in der heutigen Wirtschaft zu Unternehmenskonkursen und Bankenpleiten führt. Erfolg bedeutet, zu wachsen, zu lernen, zu optimieren, Zukunft zu gestalten, die richtigen Entscheidungen zu treffen, mit anderen Artgenossen zu kooperieren und Lebensqualität zu gewinnen.

Doch was bedeutet „Erfolg" in der Kommunikation? Wann sind Sie ein erfolgreicher Kommunikator?

Nehmen wir einmal an, Sie möchten einen anderen Menschen von etwas überzeugen. Vielleicht möchten Sie ihn motivieren, mit Ihnen ins Kino zu gehen? Vielleicht möchten Sie ihn für ein neues Projekt begeistern oder ihn überzeugen, einen wichtigen Vertrag zu unterschreiben? Was Sie auch beabsichtigen – „Erfolg" in der Kommunikation bedeutet, dass Sie sich Ziele setzen und diese durch Ihr Handeln erreichen. Die Zielerreichung „erfolgt" aufgrund Ihres Verhaltens – Erfolgserlebnisse führen zu der Erkenntnis, dass Sie durch gezieltes Kommunizieren die beabsichtigten Wirkungen realisieren können.

> Erfolg resultiert aus Zielerreichung! Setzen Sie sich attraktive Ziele und sorgen Sie für Erfolgs-Erlebnisse! So stärken Sie Ihr Selbstvertrauen.

Ein erfolgreicher Mensch bestätigt sein Selbstwertgefühl, indem er fähig ist – auch gegen Widerstände –, die gesetzten Ziele zu erreichen. Wer keine Ziele hat, kennt keinen Erfolg und wer keinen Erfolg hat, irrt frustriert durchs Leben. Wir alle brauchen unsere Erfolge und haben ein Recht auf Erfolg. Mit jedem Erfolg wächst unser Selbstvertrauen auf natürliche und gesunde Weise. Machen Sie sich Ihre Erfolge immer wieder bewusst! Schaffen Sie sich Ihre persönlichen Erfolgserlebnisse, indem Sie sich den Prozess von der bewussten Zielsetzung bis zur Zielerreichung in allen Einzelheiten vor Augen führen!

> Bereiten Sie sich auf wichtige Gespräche vor, indem Sie sich Ihre Ziele bewusst machen! Je genauer Sie Ihre Ziele kennen, desto einfacher kann Ihr Unbewusstes Ihnen zum Erfolg verhelfen. Formulieren Sie klare Zielerkennungskriterien!

Motivierende Kommunikation

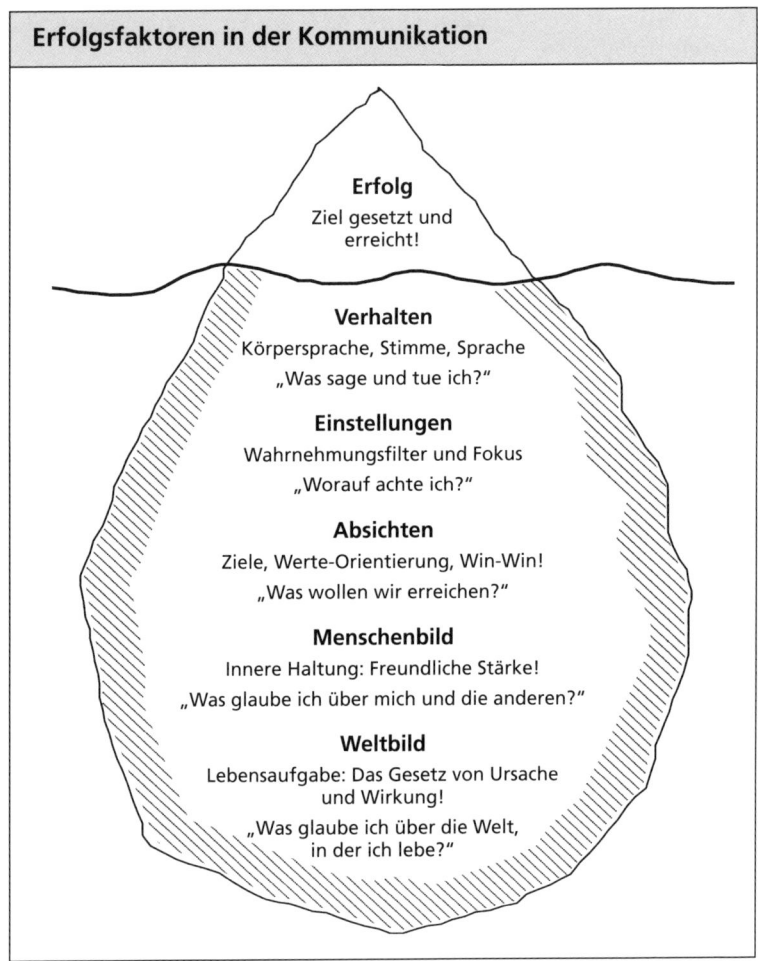

Sobald Sie diese Kriterien erfüllen, wissen Sie: „Ja, ich bin erfolgreich! Es ist mir gelungen, mein Ziel zu erreichen. Deshalb habe ich ein Recht, stolz auf mich zu sein! Erfolg fühlt sich wirklich gut an!"

Für Ihre zukünftige Kommunikation bedeutet dieses Wissen, dass Sie sich vorab auf Ihre Gespräche vorbereiten und dabei Ihre persönlichen Zielerkennungskriterien ganz klar formulieren. Was genau wollen Sie im Kopf und im Herzen Ihrer Gesprächspartner erreichen? Je besser Sie Ihre Erfolgskriterien kennen, desto genauer signalisieren Sie Ihrem Unbewussten, wonach es streben soll, um Ihren Erfolg zu realisieren.

Machen Sie zudem deutlich, bis wann Ihr kommuniziertes Ziel erreicht werden soll. Ein klar formulierter Zeitrahmen erzeugt in Ihrem Unbewussten einen unwiderstehlichen Sog zur Realisierung des Zieles.

Während eines Gesprächs gibt es eine Reihe von Faktoren, die über den Erfolg Ihrer Kommunikation entscheiden (siehe Abbildung).

Ziele setzen und erreichen

Ein anschauliches Modell zur Darstellung der Faktoren, die in der Kommunikation über Erfolg entscheiden, ist ein im Ozean schwimmender Eisberg. Nur die Spitze ragt sichtbar aus dem Wasser. Der größte Teil des Eisbergs treibt unsichtbar unterhalb der Wasseroberfläche. Mit anderen Worten: Den Erfolg Ihrer Kommunikation – das Ergebnis Ihrer Gesprächsführung – können Sie bewusst erfassen, messen und genießen.

Welche Faktoren zum Erfolg geführt haben, liegt jedoch meist im Unbewussten verborgen. Mögliche Erklärungen bewegen sich meist im Bereich der Spekulationen. Sie reichen von „Da hat er halt Glück gehabt!" über „Das liegt an seinem Charme" bis zu „Die Götter lieben ihn!" Die positive Einflussnahme auf diese unbewussten Faktoren führt Sie zum Geheimnis einer souveränen, positiven Gesprächsführung.

> **Ihr Erkenntnisgewinn:**
> Alle erwähnten Faktoren wurzeln in Ihrer Persönlichkeit. Einige können Sie relativ leicht beeinflussen und schnell verändern. Andere Faktoren sind komplex und brauchen viel Aufmerksamkeit und intensive Übung, um darauf Einfluss zu nehmen. Entscheidend beim Erlernen dieser Disziplin ist Ihr Bewusstsein, für den Erfolg Ihrer Kommunikation selbst verantwortlich zu sein, indem Sie Ihre Fähigkeiten aktiv entwickeln.

Motivierende Kommunikation

Die Ebene des Verhaltens

Die Spitze des Eisbergs symbolisiert Ihren Erfolg. Was befindet sich nun unterhalb der Wasseroberfläche? Auf welchen Ebenen beeinflusst das Unbewusste die zwischenmenschliche Kommunikation?

Zunächst können wir die Ebene des Verhaltens identifizieren. Woraus setzt sich Ihr Gesprächsverhalten zusammen? Aus drei wichtigen Elementen: Sprache, Stimme und Körpersprache. Viele Menschen achten während der Kommunikation lediglich auf die verwendete Sprache, insbesondere, wenn sie sich in der Rolle des Senders befinden. Sprache entsteht durch Ihre Wortwahl, die Sie zu Sätzen zusammenfügen. Wer erfolgreich kommunizieren will, muss seine Sätze so formulieren, dass die verwendeten Worte im Kopf des Gegenübers sinnvoll zusammengesetzt werden können. Sie müssen möglichst positive Assoziationen auslösen, die zunächst seine Wahrnehmung bestätigen.

Gleichzeitig müssen Ihre Worte eine motivierende Wirkung entfalten, um das anvisierte Ziel gemeinsam zu realisieren. Trainieren Sie, gezielt solche Worte zu wählen, die den Empfänger Ihrer Botschaften in einen positiven und handlungsbereiten Zustand bringen. Dafür müssen Sie Ihre Impulse, Ideen und Ziele so darstellen, dass Ihr Gegenüber den Nutzen deutlich erkennen kann. Nur dann wird er bereit sein, Sie in Ihrem Vorhaben zu unterstützen. Wenn Ihre Worte zwar in Ihrem eigenen Modell der Welt Sinn ergeben, aber nicht das Modell Ihres Gesprächspartners treffen, werden Sie ihn nicht überzeugen können. Deshalb spielt das Einfühlungsvermögen in die subjektive Wirklichkeit Ihrer Gesprächspartner eine entscheidende Rolle für die erfolgreiche Kommunikation.

> Trainieren Sie Ihren Sprachgebrauch. Wählen Sie Ihre Worte bewusst. Sprechen Sie eine motivierende Sprache. Genießen Sie es, für jede Situation die passenden Worte zu finden. Achten Sie auch auf Ihre Stimme und auf eine positive Körpersprache! Setzen Sie Ihren Körper mit Freude und Energie bei der Interaktion mit anderen Menschen ein.

Ein beeindruckendes Beispiel ist das Oberhaupt der Tibeter, der Dalai Lama. Dieser bezaubernde Mensch wird weltweit respektiert und geachtet. Obwohl nur wenige wirklich verstehen, was er tatsächlich zu sagen hat, reagieren fast alle Menschen positiv auf seine Botschaften. Der Dalai Lama verfügt über eine beeindruckend sympathische, angenehme und vertrauenserweckende Ausstrahlung, mit der er seine Zuhörer – egal aus welchem Kulturkreis und aus welcher Glaubensgemeinschaft sie stammen – immer wieder zu faszinieren versteht.

Im Alltag wird die entscheidende Wirkung von Stimme und Körpersprache häufig vergessen. Die meisten Menschen versuchen zu überzeugen, indem sie sich in erster Linie auf die gesprochenen Worte konzentrieren. Mindestens ebenso bedeutend für Ihren Erfolg ist es jedoch, in einem angenehmen, motivierenden Tonfall zu sprechen und dabei körpersprachlich ermutigende Signale der Freundlichkeit zu senden.

Lassen Sie sich von südländischen Menschen inspirieren. Sprechen Sie nicht wie ein emotionsloser Kopfmensch, sondern genießen Sie es, Ihre Mimik und Gestik kraftvoll, offen und ausdrucksstark einzusetzen. Mit einigen einfachen Übungen können Sie in relativ kurzer Zeit lernen, Ihre Stimme angenehmer und kräftiger klingen zu lassen. Falls es Ihnen gelingt, unsere Autosuggestionen jeden Morgen oder zunächst mehrmals die Woche mit kraftvoller Stimme vor dem Spiegel zu sprechen, wird Ihre Stimmführung in kurzer Zeit wesentlich ausdrucksstärker und überzeugender.

Das Vertrauen eines ängstlichen oder zurückhaltenden Gesprächspartners können Sie nur gewinnen, wenn er sich von Ihnen ermutigt fühlt, sich zu öffnen und sich auszudrücken. Dafür müssen Sie sich in Ihren Äußerungen, in Ihrem Tonfall und in Ihrer Körpersprache mit einer Ausstrahlung von Wohlwollen und Respekt auf den anderen einstellen:

- Öffnen Sie sich für die Bedürfnisse Ihres Gegenübers.
- Synchronisieren Sie die zwischenmenschlichen Schwingungen.
- Betonen Sie Gemeinsamkeiten, entdecken Sie die Schnittmenge der beiderseitigen Interessen.
- Geben Sie positives Feedback.

Sobald Sie eine positive Gesprächsbasis geschaffen haben, können Sie gezielt auf ein optimales Gesprächsergebnis hinarbeiten.

Zur Ebene des Verhaltens zählt auch die Art, wie Sie mit anderen umgehen:

- Wann sprechen Sie selbst, wann lassen Sie den anderen zu Wort kommen?

Motivierende Kommunikation

- Lassen Sie den anderen ausreden oder unterbrechen Sie ihn, wann immer Ihnen danach zumute ist?
- Geben Sie ihm positives Feedback für seine Äußerungen oder frustrieren Sie ihn, indem Sie ständig versuchen, ihm zu beweisen, dass er sich im Unrecht befindet?

Trainieren Sie Ihren Bezug zur Objektivität, indem Sie Ihr Verhalten hin und wieder aus der unbestechlichen Perspektive einer Videokamera beobachten und dabei anhand der folgenden Punkte analysieren, was in der aktuellen Interaktion tatsächlich passiert:

- Wo sind Ihre Stärken?
- Was gelingt Ihnen mühelos?
- Wo finden Sie sich sympathisch?
- Wo sind Ihre Lernfelder?
- Wann wirken Sie unstimmig oder überzogen?
- Wie klingt Ihre Stimme?
- Wann senden Sie Signale der Freundlichkeit?
- Wann haben Sie eine negative Ausstrahlung?

Auch wenn Sie sich nicht trauen, sich solche Fragen ehrlich zu beantworten – die anderen Menschen erleben Sie, tagein, tagaus. Dem müssen Sie sich in Ihrer Beurteilung stellen!

Für viele Menschen ist die Begegnung mit dem eigenen Bild auf der Videoaufnahme ein echter Schock. Dies zeigt deutlich, wie verzerrt das Selbstbild der meisten Zeitgenossen beschaffen ist – die Eitelkeit hat viele fest im Griff. Doch Sie sollten sich im Prozess Ihrer Selbsterkenntnis von Ihrer spontanen Reaktion auf Ihre Stimme und Ihre Körpersprache nicht entmutigen lassen. Sich die eigene Außenwirkung bewusst zu machen, ist ein erster notwendiger Schritt in Richtung erfolgreicher Gesprächsführung.

> **Ihr Erkenntnisgewinn:**
> Werden Sie sich Ihrer Außenwirkung bewusst! Nur wenn Sie wissen, wie Sie auf andere wirken, können Sie souverän kommunizieren.

Die Ebene der Einstellungen

Nachdem wir die Ebene des Verhaltens mit den drei wichtigen Komponenten Sprache, Stimme und Körpersprache untersucht haben, werden wir nun auf die Ebene der Einstellungen eingehen.

Die inneren Einstellungen resultieren aus den Wahrnehmungsfiltern, die ein Mensch bewusst oder unbewusst wählt, um die ihn umgebenden Reize zu verarbeiten. In jedem Moment unseres Lebens strömt eine unermessliche Zahl von Informationen auf uns ein. Das menschliche Bewusstsein wäre gänzlich überflutet, wenn unser Unbewusstes nicht dafür sorgen würde, die kleine Insel unserer bewussten Wahrnehmung durch Filter zu schützen.

> Wie nehmen Sie Ihre Wirklichkeit wahr? Achten Sie auf Signale des Vertrauens! Wählen Sie positive Filter! Denken Sie in Chancen und Möglichkeiten!

Die von Ihnen ausgewählten individuellen Filter bestimmen darüber, welche Informationen in Ihr Bewusstsein dringen und welche sofort weggefiltert und somit lediglich unbewusst verarbeitet werden. Sie können Ihr gesamtes Leben und Ihre aktuelle Situation durch positive, nützliche und optimistische Filter wertschätzen und bereichern – oder Sie können sich durch negative, Angst erzeugende oder pessimistische Filter enorm behindern!

Die meisten Filter sind im Laufe der persönlichen Lebenserfahrung gewachsen und relativ stabil in unserer Psyche verankert, doch mithilfe von Selbstbeobachtung, persönlicher Entschlossenheit, Autosuggestionen und Checklisten kann jeder Mensch sofort damit beginnen, die Wahl seiner Filter neu zu konditionieren und Schritt für Schritt positiv auszurichten. Sie können Ihre Einstellungen aktiv beeinflussen und Ihr Vertrauen kräftigen, indem Sie sich darauf konzentrieren, stärker auf die positiven Seiten des Lebens zu achten.

Um die Macht unserer bewussten Wahrnehmungsfilter in ihrem vollen Ausmaß zu verstehen, müssen Sie sich vergegenwärtigen, dass wir immer nur einen sehr kleinen und begrenzten Ausschnitt der Wirklichkeit wahrnehmen. Wie dieser momentane Ausschnitt Ihrer Wirklichkeit beschaffen ist, hängt von unserer Wahrnehmung ab.

Motivierende Kommunikation

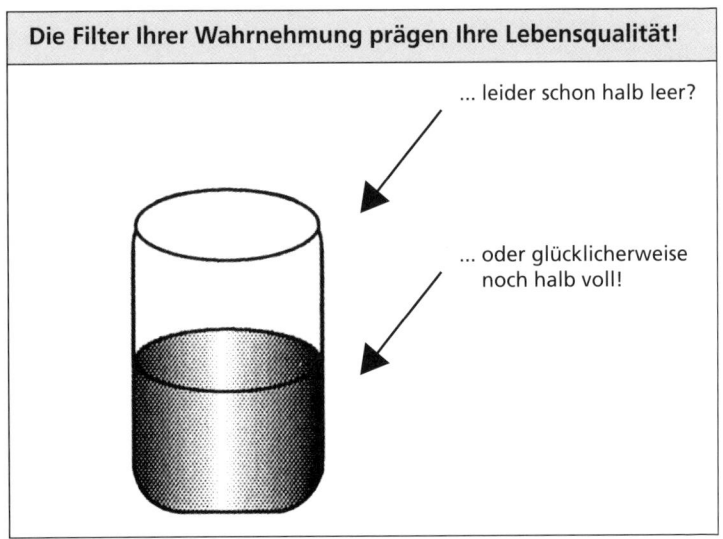

Betrachten Sie dieses Bild! Was sehen Sie? – Das hängt von Ihrer persönlichen Wahrnehmung in dieser Situation ab!

Wenn Sie einen negativen Wahrnehmungsfilter wählen, richten Sie Ihre Aufmerksamkeit auf die Unzulänglichkeiten, auf das Frustrationspotenzial, auf die fehlenden 50 Prozent – das Glas erscheint Ihnen halb leer und Sie entwickeln eine negative Emotion gegenüber dem Glas.

Entscheiden Sie sich jedoch für einen positiven Filter, nehmen Sie die Pluspunkte, das Erfreuliche, die bereits vorhandenen 50 Prozent wahr – und plötzlich erscheint Ihnen das Glas halb voll. In Ihrem Unbewussten entwickelt sich eine positive Emotion gegenüber dem Glas.

Ihr Erkenntnisgewinn:

In jedem Moment Ihres Lebens haben Sie die Wahl, Ihre Welt durch positive oder negative Filter zu betrachten. Nutzen Sie Ihren gesunden Menschenverstand und entscheiden Sie sich für die positive Seite des Lebens!

Beide Filter sind möglich. In jedem Moment Ihres Lebens haben Sie die Wahl, die von der Subjektivität Ihrer Wahrnehmung ausgewählten Fakten durch positive oder negative Filter zu betrachten. Nicht wenige Menschen neigen dazu, die Welt gewohnheitsmäßig durch überwiegend negative Filter zu beurteilen. Mit dieser Einstellung haben diese Menschen kaum eine Chance, das Vertrauen ihrer Mitmenschen zu gewinnen oder gar ein glückliches und positives Leben zu führen.

Gönnen Sie sich positive Filter!

Das deutsche Anspruchsdenken führt nicht selten dazu, dass wir selbst bei 98-prozentiger Füllung des Glases nicht bereit sind, den positiven Wert zu würdigen und uns nicht daran erfreuen können. Stattdessen schenken wir den fehlenden zwei Prozent weitaus mehr Aufmerksamkeit als den vorhandenen 98 Prozent. Beachtung bringt Verstärkung! Plötzlich stehen die fehlenden zwei Prozent ganz groß im Vordergrund – und unsere Emotionen basieren nicht mehr auf den erfreulichen 98 Prozent, sondern auf den frustrierenden zwei Prozent!

Insbesondere im beruflichen Alltag sind Chefs oder Kollegen oftmals nicht in der Lage, die erbrachten Leistungen durch positive Filter zu bewerten. Wer jedoch das Vertrauen seiner Mitmenschen gewinnen möchte, muss fähig sein, positive Wertungen und das entsprechende Feedback an seine Mitmenschen zu adressieren. Wer es zulässt, dass seine Wahrnehmung überwiegend durch negative Wahrnehmungsfilter gespeist wird, erzeugt Misstrauen und Frustration, nicht nur in seiner eigenen Psyche, sondern auch im Herzen seiner Mitmenschen.

Nehmen wir einmal an, Sie führen ein Gespräch mit einem Kollegen und stoßen plötzlich auf eine empfindliche Meinungsverschiedenheit. Die Emotionen kochen hoch, jeder hat das Gefühl, im Recht zu sein. Nun haben Sie die Wahl: Entweder Sie verfangen sich in den unbewussten Wahrnehmungsfiltern, die durch die plötzliche Aktivierung des biologischen „Kampfprogramms" ausgelöst wurden, und lassen es zu, dass Ihr Unbewusstes den Kollegen plötzlich als Aggressor wahrnimmt, der Ihnen Ihr geistiges Territorium streitig machen will – oder Sie besinnen sich auf Ihre Fähigkeit zur bewussten Entscheidung und unterbrechen das adrenalingesteuerte Kampfprogramm.

Motivierende Kommunikation

Wechseln Sie Ihren Wahrnehmungsfilter, indem Sie sich fragen:

- Was ist jetzt wirklich wichtig?
- Worüber möchte ich jetzt mit meinem Kollegen sprechen?
- Was wäre sinnvoll, damit wir unser gemeinsames Ziel erreichen?

Falls Sie während dieser kurzen Reflexion feststellen, dass Sie sich über ein tatsächlich gewichtiges Faktum streiten, mag es notwendig sein, weiterhin Adrenalin auszuschütten und mit all Ihrer Kraft für Ihre Position zu kämpfen. Falls der Gegenstand des Streites jedoch nicht wirklich entscheidend ist, wäre es vermutlich sehr viel sinnvoller, Ihre Wahrnehmungsfilter auf die positiven Rahmenbedingungen zu richten. Beachtung bringt Verstärkung!

Vielleicht arbeiten Sie seit Jahren erfolgreich zusammen, vielleicht mögen Sie den Humor des Kollegen, vielleicht schätzen Sie seine Hilfsbereitschaft oder seinen kompetenten Sachverstand? Ein kreativer Geist, der darin trainiert ist, flexibel zu relativieren und die Welt durch positive Filter zu betrachten, kann in fast jeder Situation schnell das eine oder andere Faktum finden und darauf eine neue, frische, positive Emotion aufbauen. Auf diese Weise gewinnen Sie an Gelassenheit, Ihre Emotionen können sich entspannen und schnell wieder ins Vertrauen gleiten. Sie stabilisieren die Beziehungsebene durch Großzügigkeit und Toleranz.

> Die Wahl Ihrer Filter entscheidet über Ihre Emotionen! Machen Sie es zu Ihrer Gewohnheit, die Welt durch positive Filter zu betrachten!

Bei vielen Menschen geschieht die Wahl der Wahrnehmungsfilter völlig unbewusst. Daraus resultiert eine weitreichende Desorientierung, die nicht nur unsere Lebensqualität, sondern auch unsere Würde als Mensch erheblich reduzieren kann. Je nach Laune oder Tagesform wird das momentane Ergebnis der aktivierten Wahrnehmungsfilter unreflektiert mit der sehr viel komplexeren Wirklichkeit verwechselt. Solche Menschen unterliegen nur allzu oft dem gefährlichen Irrglauben, dass ihre momentane Wahrnehmung die einzig mögliche Realität ist. Wenn andere Menschen ihre Wahrnehmung nicht bestätigen, sind die anderen entweder Idioten oder Lügner. Konflikte sind vorprogrammiert. Wen wundert es, wenn solche Zeitgenossen wenig Erfolg in ihrer Kommunikation erzielen?

Ihr Erkenntnisgewinn:
Denken Sie in Chancen und Möglichkeiten! Setzen Sie eine positive Brille auf, fokussieren Sie auf die Ressourcen und Pluspunkte. Auch wenn Sie sich durch andere Menschen oder durch schwierige Umstände provoziert fühlen – ein Meister im Vertrauen trainiert seine Fähigkeit, die Welt durch positive Filter zu betrachten.

Wahrnehmung und Wahrheit
Unser Wahrnehmungsapparat ist seit Millionen von Jahren darauf ausgerichtet, unser Überleben zu sichern und nicht darauf, die „Wahrheit" zu erkennen. Für die evolutionären Kräfte, die unser Gehirn geformt haben, war die Erkenntnis einer objektiven „Wahrheit" nur insofern relevant, dass unsere Vorfahren erkennen mussten, welche Faktoren ihrer natürlichen Umwelt ihr Überleben begünstigten und welche es gefährdeten. Sie mussten den Säbelzahntiger ebenso erkennen können wie das Reh, das sie jagen konnten. Doch wie die Welt, in der sie lebten, tatsächlich beschaffen war, war für deren Gehirne ebenso irrelevant wie für die Gehirne der meisten unserer Zeitgenossen.

Dieser hochgradig unbewusste Zustand des Seins muss nicht bis an unser Lebensende so bleiben. Wir haben die Chance zur Bewusstwerdung. Mit gezieltem Training Ihrer Wahrnehmungsfilter gewinnen Sie an Freiheit, um Schritt für Schritt zum bewussten Gestalter Ihres Lebens zu werden. Je mehr es Ihnen gelingt, Ihre Emotionen im Vertrauen zu verankern, desto größer wird Ihre Freiheit, die Wahl Ihrer Filter positiv zu beeinflussen.

Wenn Sie beispielsweise nach Spanien in den Urlaub fliegen, nach einer langen Reise in Ihrem Hotel ankommen, um an der Rezeption festzustellen, dass das für Sie reservierte Zimmer mit Meerblick noch nicht frei ist und Sie stattdessen die erste Nacht in einem anderen Zimmer auf der Rückseite des Hotels verbringen sollen, haben Sie die Möglichkeit, sich mit dem Manager an der Rezeption zu streiten (Kampf!), beleidigt zu sein und frustriert den Schwanz einzuziehen (Flucht!) oder Ihre Einstellung trotz der leichten Frustration gezielt positiv zu verändern (bewusste Entwicklung!).

Dazu können Sie sich beispielsweise in Erinnerung rufen, dass Sie einen sehr angenehmen Flug hatten. Sie können sich daran erinnern, dass Sie nicht Ihren gesamten Urlaub im falschen Zimmer verbringen müssen, sondern nur eine Nacht und Sie bereits morgen den erwünschten Meerblick genießen werden. Überhaupt liegen zwei wunderbare Wochen Urlaub vor Ihnen! Es wäre geradezu töricht, sich dieses erfrischende Gefühl durch negative Wahrnehmungsfilter verderben zu lassen. Stattdessen können Sie sich mit dem spanischen Hotelmanager anfreunden und beweisen, dass Sie über Humor verfügen, während Sie sich bei ihm auf charmante Weise darüber informieren, wie Sie den Abend am besten genießen können.

> **5** Werden Sie zum Gestalter Ihrer Wirklichkeit! Nutzen Sie Ihr Potenzial als bewusster Mensch und trainieren Sie, flexibel auf Ihre Umwelt zu reagieren.

Würde der Hotelmanager jedoch spüren, dass Sie ihn nicht mögen und sich innerlich über ihn empören, weil Sie ihn persönlich für das fehlende Zimmer verantwortlich machen, wird er vielleicht dazu neigen, Sie durch negative Filter zu betrachten. In seiner Wahrnehmung verwandeln Sie sich plötzlich in einen unverschämten und überheblichen Deutschen, gegen den er sich schützen muss. Sein Unbewusstes signalisiert ihm, dass Sie ein unerwünschter, feindlicher Eindringling sind. Deshalb wird er Ihnen nun seine unangenehme Seite zeigen und auf „Dienst nach Vorschrift" umschalten.

Vielleicht entscheidet er sich sogar, Ihnen am nächsten Tag leider mitteilen zu müssen, dass alle Zimmer mit Meerblick für die nächsten Wochen total ausgebucht sind, anstatt sich für Ihre Reservierung einzusetzen. So entsteht eine sich selbst erfüllende Prophezeiung: Ihre eigenen negativen Filter haben bewirkt, dass Sie sich nun in Ihrer negativen Einschätzung bestätigt fühlen. Dabei besteht die Gefahr, dass alle Beteiligten glauben, selbst im Recht zu sein und den anderen ins Unrecht setzen. Obwohl Ihre eigenen negativen Filter den anderen erst provoziert haben, seine Abwehr hochzufahren, geben Sie ihm die Schuld für das negative Klima. Diese anklagende Haltung wird Ihr Gegenüber sogar noch mehr provozieren und aus dem Teufelskreis des gegenseitigen Misstrauens entsteht ein Verlierer-Verlierer-Modell.

Mit unserem Training Ihrer Wahrnehmungsfilter lernen Sie, wie Sie solche Situationen rechtzeitig entschärfen und ins Positive wandeln. Die bewusste Wahl Ihrer Filter erfordert zunächst Lernbereitschaft, Sensibilität, Selbstbeobachtung und dann ein gewisses Maß an

Ziele setzen und erreichen

psychischer Kraft, um über den eigenen Schatten zu springen und falsche Eitelkeit zu überwinden.

> **Ihr Erkenntnisgewinn:**
> Verzichten Sie auf Rechthaberei! Betrachten Sie Ihre Mitmenschen durch positive Filter – besonders im Konfliktfall!
>
> Der erste Schritt auf dem Weg der bewussten Persönlichkeitsentwicklung besteht darin, mit dem Herzen zu verstehen, dass Sie tatsächlich in jedem Moment Ihres Lebens über die freie Wahl Ihrer Filter verfügen. In einem zweiten Schritt müssen Sie trainieren, diese Wahl auch dann positiv treffen zu können, wenn es in der Vergangenheit Ihre Gewohnheit war, auf negative Filter umzuschalten, weil Ihr Unbewusstes glaubte, sich schützen zu müssen. Doch in unserer modernen Zeit bringen negative Filter keinen Schutz – im Gegenteil, sie behindern unseren Erfolg. Je mehr Sie üben, über Ihren Schatten zu springen, desto mehr Glück haben Sie! Je flexibler Sie die Wahl Ihrer Filter gestalten können, desto gelassener gelingt Ihnen auch in angespannten Situationen die Realisierung erfolgreicher Kommunikation.

Die Ebene der Absichten

Nicht nur Ihre Einstellungen, auch Ihre Absichten prägen die Qualität Ihrer Kommunikation. Wenn Sie Ihrem Gesprächspartner mit positiven Absichten begegnen und ihm dies deutlich signalisieren, wird er über kurz oder lang positiv auf Sie reagieren. Zu seinem Vorteil lässt sich jeder Mensch gern beeinflussen! Wenn Sie ihm hingegen mit negativen Absichten entgegentreten, wird er sich früher oder später gegen Sie wehren.

> Machen Sie sich Ihre Absichten bewusst! Was bedeutet Ihre Intention für Ihren Gesprächspartner? Erfolgreiche Kommunikation wurzelt im Win-Win-Prinzip.

Mit welchem Ziel gehe ich in dieses Gespräch? Was will ich erreichen und was bedeutet diese Absicht für meinen Gesprächspartner? Bedauerlicherweise vergessen viele Menschen, sich bei der Wahl ihrer Gesprächsziele in die andere Seite, in die Wirklichkeit ihres

Motivierende Kommunikation

Gesprächspartners hineinzufühlen. Falls Sie beabsichtigen, dem anderen etwas wegzunehmen, ihn unter Druck zu setzen oder ihn zu übertrumpfen – kurzum, wenn Sie nur beabsichtigen, selbst zu gewinnen und den anderen damit zum Verlierer machen wollen, eröffnen Sie eine negative Konfliktspirale. Natürlich wird sich Ihr Gesprächspartner gegen Ihr Vorhaben wehren! Sie werden sein Vertrauen in Ihre Person erheblich reduzieren oder ganz verlieren und stattdessen Misstrauen und Widerstand ernten.

Das Gewinner-Gewinner-Prinzip

Entwickeln Sie die positive Gewohnheit, Ihre Gesprächsabsichten bereits in der Vorbereitungsphase als Gewinner-Gewinner-Modell zu formulieren.

Kritische Geister mögen nun einwenden: „Gewinner-Gewinner-Modell – das klingt ja schön und gut, aber in der Praxis lässt sich das doch nur selten realisieren. Bei den vielen negativen Menschen da draußen gibt es feindliche Hierarchien und alle stehen enorm unter Druck. Wie wollen Sie denn da ein Gewinner-Gewinner-Modell realisieren?"

Solche kritischen Einwände begegnen uns immer wieder. Allerdings zeigt unsere jahrelange Erfahrung bei der erfolgreichen Realisierung des Win-Win-Prinzips: Sobald wir den beschriebenen kritischen Fall durch positive Wahrnehmungsfilter betrachten, verwandeln sich die Beteiligten auf magische Weise. Plötzlich zeigen sich die Menschen doch nicht mehr so negativ, im Gegenteil: Viele reagieren sogleich positiv auf unseren Vertrauensvorschuss.

> Erforschen Sie die Bedürfnisse Ihrer Mitmenschen! Was möchten die anderen? Verknüpfen Sie Ihre eigenen Ziele mit denen Ihrer Gesprächspartner.

Auch Führungskräfte sind oftmals dankbar für ein offenes und konstruktives Feedback. Und der Erfolgsdruck, unter dem alle leiden, entpuppt sich nur allzu häufig als eine starke Quelle der Motivation, um endlich die nötigen Gespräche zu führen und konstruktive Änderungen einzuleiten.

Um andere Menschen souverän zu führen, müssen Sie die Ziele aller Beteiligten möglichst gut kennen und dies auch überzeugend kommunizieren. Falls der Führende nicht deutlich machen kann, wo die gemeinsamen Aktivitäten hinführen sollen – warum sollten die

Ziele setzen und erreichen

anderen ihm dann folgen? Würden Sie sich von jemandem führen lassen, wenn Sie den Eindruck hätten, dass er Ihre Interessen nicht angemessen berücksichtigt? Wohl kaum.

Wollen Sie andere Menschen führen oder beeinflussen, verknüpfen Sie Ihre eigenen Ziele mit dem Nutzen, den die anderen davon haben. Fast alle Menschen lassen sich kooperativ führen, wenn man ihnen die anvisierten Ziele auf anschauliche Weise vermittelt und den eigenen Vorteil deutlich vor Augen führt.

Durch die intelligente Verknüpfung von unterschiedlichen Zielen entsteht die sogenannte „Interessen-Parallelität". Je stärker Sie Ihre eigenen Interessen mit denen Ihrer Mitmenschen verknüpfen, desto tatkräftiger werden die anderen die Realisierung Ihrer Vorhaben unterstützen. Gemeinsame Ziele sind die Basis jeder dauerhaften Zusammenarbeit. Je stärker sich die gegenseitigen Interessen decken, desto leichter wird die Kooperation. Wenn Sie lernen, Interessen-Parallelität zu erkennen, zu verstärken oder sogar durch eigene Konzepte zu erzeugen, schaffen Sie die natürliche Grundlage zur Gestaltung von Gewinner-Gewinner-Modellen.

Wir glauben fest daran, dass die ernsthafte Absicht, ein Gewinner-Gewinner-Modell zu schaffen, von der überwältigenden Mehrheit der Menschen begrüßt und gefördert wird. Das Win-Win-Prinzip symbolisiert die ursprüngliche Idee der menschlichen Kooperation. Die offene Absicht, ein Gewinner-Gewinner-Modell zu realisieren, wirkt wie eine mächtige Quelle des Vertrauens.

> Eine positive Absicht öffnet viele Türen. Andere Menschen spüren die Absicht, mit der Sie Ihnen begegnen! Trainieren Sie sich darin, das Win-Win-Prinzip fest in Ihrem Herzen zu verankern!

Seit vielen Jahren beobachten wir immer wieder, wie sensibel die Menschen auf die Absichten ihrer Mitmenschen reagieren. Vielleicht kennen Sie diesen Effekt aus eigener Erfahrung. Nehmen wir einmal an, Sie haben ein akutes Problem und Sie spüren, dass ein anderer Mensch, sei es ein unbekannter Passant, ein Polizist, ein hilfsbereiter Nachbar, ein netter Kollege oder ein guter Freund, Ihnen tatsächlich helfen möchte – welche Emotionen entstehen in Ihrem Herzen? Vermutlich entwickeln Sie Sympathie, Dankbarkeit und Vertrauen für diesen Menschen, selbst dann, wenn er Ihnen objektiv betrachtet nicht wirklich helfen konnte. Bereits der ernst gemeinte Versuch einer positiven Absicht bewirkt eine positive Emotion. Aufrichtige

Motivierende Kommunikation

Hilfsbereitschaft weckt bei fast allen Menschen Sympathie und Vertrauen.

Dort, wo sich die Ziele der Menschen offensichtlich ergänzen, herrscht eine natürliche Interessen-Parallelität. In solchen Fällen ist es relativ leicht, das Win-Win-Prinzip zu verwirklichen. Gemeinsamkeiten begünstigen eine harmonische Kommunikation.

Schwieriger wird es, wenn Interessenkonflikte die beteiligten Energien in unterschiedliche Richtungen lenken. In solchen Fällen sind Sie als Konfliktmanager gefordert. Im Konfliktmanagement geht es darum, die Ziele der verschiedenen Interessengruppen unter einen Hut zu bekommen. Ein echtes Gewinner-Gewinner-Modell ist kein fauler Kompromiss oder ein halbherziges Einlenken, sondern ein Musterbeispiel für eine offene Kommunikation. Wir möchten Ihnen diese Idee als Orientierungshilfe beim Umgang mit Konflikten ans Herz legen. Dabei wird ein vorhandener Konflikt als kreative Herausforderung verstanden und gezielt bearbeitet, bis alle Beteiligten mit dem Ergebnis wirklich zufrieden sind. Im Konfliktmanagement ist es besonders wichtig, die verschiedenen Interessen hinter den jeweiligen Positionen möglichst präzise zu erforschen und daraus gemeinsame Ziele zu entwickeln.

> Nutzen Sie Ihre Fantasie! Fragen Sie sich, was für alle Beteiligte ein optimales Ergebnis sein könnte. Konzentrieren Sie Ihre geistige Kraft auf die Erreichung des gemeinsamen Ziels.

Oft sind menschliche Bedürfnisstrukturen sehr viel komplexer, als es auf den ersten Blick erscheint. Je mehr Kriterien Sie für die Kombination von unterschiedlichen Interessen zur Verfügung haben, desto eher wird es Ihnen gelingen, die vorhandenen Kräfte in eine gemeinsame Richtung zu lenken. Deshalb sollten Sie viele konstruktive Fragen stellen, anschließend sondieren Sie die erhaltenen Informationen durch positive Wahrnehmungsfilter. Eine Lösung verlangt, dass sich alle Beteiligten als Gewinner empfinden, denn schlechte Verlierer verwandeln sich nicht selten in heimliche Saboteure.

Beim erfolgreichen Konfliktmanagement sind Sie besonders gefordert, negative Problemfixierungen als solche zu erkennen – sowohl in Ihrem eigenen Kopf als auch in den Köpfen der anderen – und sie dann durch kreative Fragen aufzulösen und in positive Zielformulierungen umzuwandeln. Konzentrieren Sie sich auf das, was Ihnen wirklich wichtig ist – dadurch entstehen kreative Spielräume, um in weniger wichtigen Punkten Toleranz zu beweisen. Verzichten Sie auf jegliche Rechthaberei, seien Sie großzügig mit Kleinigkeiten und zeigen Sie gleichzeitig Ihre Bereitschaft, sich von den Wünschen der anderen inspirieren zu lassen.

Ideale sind wie Sterne. Wenn wir nach ihnen greifen, können wir sie nicht erreichen. Aber ebenso wie die Sterne schenken sie uns Orientierung. Selbst wenn es nicht gelingt, das angestrebte Win-Win-Prinzip tatsächlich zu realisieren, gibt Ihnen der feste Glaube an dieses Prinzip eine enorme Kraft. Ihre Mitmenschen spüren sehr genau, ob Sie die Interessen, Bedürfnisse und Wünsche der anderen respektieren oder ob Sie lediglich Ihre eigenen Ziele verfolgen und dabei vielleicht sogar bereit sind, über Leichen zu gehen.

> **Ihr Erkenntnisgewinn:**
> Die seelische Qualität, der innere Schwingungszustand eines Menschen erzeugt eine positive Ausstrahlung, die von seinen Zeitgenossen auf einer unbewussten Ebene wahrgenommen wird. Wenn Ihre Absichten in Liebe, Mitgefühl, Kooperation und echter Hilfsbereitschaft verankert sind, fassen Ihre Mitmenschen instinktiv schnell Vertrauen zu Ihnen.

Die Ebene des Menschenbildes

Ihr Erfolg in der Kommunikation resultiert aus der positiven Kombination vieler Faktoren, die sowohl Ihr externes Verhalten als auch Ihre innere Einstellung und Ihre Absichten betreffen. Es gibt weitere Faktoren, die in Ihrem Charakter und der Individualität Ihrer einzigartigen Persönlichkeit wurzeln. Es sind komplexe psychische Konstrukte, die wir hier als „Menschenbild" und als „Weltbild" bezeichnen möchten. Sie sind tief in Ihrem Unbewussten verankert. Veränderung auf diesen tieferen Ebenen erfordern einen festen Willen zur Arbeit an der eigenen Persönlichkeit – doch wir können Ihnen versichern, dass diese persönliche Investition Ihr gesamtes Leben positiv beeinflussen wird.

> Überprüfen Sie Ihr Menschenbild! Mit welchen Gefühlen begegnen Sie Ihren Mitmenschen?

Motivierende Kommunikation

Ihr Menschenbild resultiert aus dem, was Sie auf einer unbewussten Ebene über den Menschen und seine Natur glauben und mit welchen Gefühlen Sie sich selbst und Ihren Zeitgenossen gewohnheitsmäßig begegnen. Sie können Ihr Menschenbild positiv beeinflussen, indem Sie in Zukunft darauf achten, Ihren Mitmenschen einen angemessenen Vertrauensvorschuss entgegenzubringen und auf diese Weise ermutigende Erfahrungen zu sammeln.

Sobald Sie zulassen, dass Ihre Gesprächspartner Ihnen positive Erfahrungen vermitteln, beginnt Ihr Unbewusstes automatisch, eine positive soziale Einstellung zu entwickeln. Sie aktivieren eine positive Spirale, die sich selbst verstärkt – solange Sie dabei behutsam und intelligent vorgehen.

Wenn Sie den richtigen Personen Ihr Vertrauen schenken, ist die Zeit auf Ihrer Seite. Durch den Schub aus wachsendem Selbstvertrauen und Ihrem positiven sozialen Engagement können Sie anderen Menschen mit einem immer stärker werdenden Vertrauensvorschuss begegnen. Dieser Prozess beinhaltet auch ein gewisses Risiko. Naturgemäß werden nicht alle Menschen, denen Sie Vertrauen schenken, fähig sein, Ihre Erwartungen zu erfüllen. Doch selbst wenn Sie von dem einen oder anderen enttäuscht werden, ist das noch lange kein Grund, zukünftig allen Menschen zu misstrauen!

Die Erfahrung zeigt, dass Sie Ihre Intuition für die Einschätzung der Vertrauenswürdigkeit Ihrer Mitmenschen bedeutend schärfen, sobald Sie sich mit dem Thema Vertrauen beschäftigen. Die feinen Antennen Ihrer Menschenkenntnis spüren sehr genau, wann es sich lohnt, Vertrauen zu schenken und bei wem Sie besser vorsichtig sind, bevor Sie sich in irgendeine Abhängigkeit begeben. Doch solche Annahmen sollten Sie nicht davon abhalten, Ihr Menschenbild im positiven Sinne zu gestalten.

Das Prinzip der „freundlichen Stärke"

Menschen orientieren sich an erfolgreichen Vorbildern. Vielleicht haben Sie sich schon einmal gefragt, in welchen Lebensbereichen Sie als Vorbild wirken können. Sobald Sie sich Ihrer Rolle als Vorbild bewusst werden, wächst Ihr Charisma. Einem charismatischen Vorbild bringen andere Menschen ein natürliches Vertrauen entgegen. Insbesondere von Führungskräften erwarten wir eine überzeugende Vorbildfunktion. Dabei möchten wir Ihnen nun das Prinzip der

Ziele setzen und erreichen

„freundlichen Stärke" als Orientierungsmaßstab bei der Gestaltung von sozialen Kontakten ans Herz legen.

Als Gegenpol zur „freundlichen Schwäche" kann sich die „freundliche Stärke" durchsetzen und ihre Werte auch bei kräftigem Gegenwind vertreten. Im Gegensatz zur „feindlichen Stärke" wurzelt die freundliche Stärke in Vertrauen und Wertschätzung. Feindliche Stärke entspricht dem Prinzip des mächtigen Tyrannosaurus Rex, dessen egoistische Macht bei seiner Umwelt Angst und Flucht auslösen. Die freundliche Stärke hingegen könnte von einer friedlichen Elefantenherde verkörpert werden, die die Sicherheit des partnerschaftlichen Zusammenlebens betont.

> Kommunizieren Sie Ihre Werte offen. Teilen Sie Ihr positives Lebensgefühl mit anderen Menschen. Entwickeln Sie sich zu einem attraktiven Vorbild!

„Die wohlwollende Bestimmtheit ist ein Wesenszug der einflussreichen Persönlichkeit!", wusste bereits Oskar Schellbach, der als erster großer deutscher Erfolgstrainer Geschichte geschrieben hat. Ob Sie wollen oder nicht – als einflussreiche Persönlichkeit sind Sie eine magische Projektionsfläche! Andere Menschen projizieren ihre Hoffnungen, Wünsche und Bedürfnisse auf Sie. Nutzen Sie diesen mächtigen Effekt und bieten Sie Ihren Mitmenschen durch Ihr Verhalten ein überzeugendes Modell, an dem sich die anderen orientieren können:

- Handeln Sie im vollen Vertrauen auf die partnerschaftliche Zusammenarbeit.
- Übernehmen Sie Verantwortung.
- Denken Sie konstruktiv und motivieren Sie die anderen durch positives Feedback.
- Führen Sie Gespräche durch gezielte Fragen mit wohlklingender Stimme und freundlicher Mimik.
- Formulieren Sie attraktive Ziele und setzen Sie intelligente Prioritäten.
- Kommunizieren Sie Ihre Wünsche und Erwartungen in positiven Worten.
- Beobachten Sie die Körpersprache, sowohl Ihre eigene, als auch die der anderen Menschen.

Motivierende Kommunikation

Als einflussreiche Persönlichkeit könnten Sie den gemeinsamen Raum dominieren, doch Sie entscheiden sich für echte Partnerschaft und lassen den anderen die nötigen Spielräume. Sie verfügen über ein hohes Maß an persönlicher Kraft, doch Sie demonstrieren Ihre Macht nur, wenn es für die Erreichung der gemeinsamen Ziele notwendig ist.

Das Ideal der freundlichen Stärke respektiert das Bedürfnis aller Menschen nach Eigenbestimmung und Menschenwürde. Als einflussreiche Persönlichkeit akzeptieren Sie kleine Fehler und Marotten, sowohl bei sich selbst als auch bei anderen. Es gibt keinen vollkommenen Menschen. Perfektion ist eine Illusion! Selbst wenn Perfektion möglich wäre, würde sie Stillstand bedeuten. Schwächen liegen in der Natur des Menschen, aber:

- Als einflussreiche Persönlichkeit erzeugen Sie eine positive Beziehungsebene und bleiben auch im Konfliktfall fair.
- Sie denken großzügig und üben sich darin, anderen Menschen zu verzeihen.
- Wenn Grenzen übertreten werden, beweisen Sie Zivilcourage und greifen ein.
- Sie achten darauf, dass notwendige Spielregeln eingehalten werden, doch gleichzeitig schaffen Sie ein angenehmes Klima, in dem sich Kreativität entfalten kann.
- Wenn große Aufgaben bewältigt werden müssen, machen Sie realistische Zeitpläne und bewerten erbrachte Leistungen nach transparenten Kriterien.
- Sie drücken Wertschätzung aus, belohnen erfolgreiche Anstrengungen und verstärken positives Verhalten.
- Sie ermutigen andere Menschen zur offenen Feedback-Kultur und regen zum kreativen Lernen an.
- Sie denken teamorientiert und sorgen dafür, dass die Zusammenarbeit von allen Beteiligten als Gewinner-Gewinner-Modell erlebt wird.

Ihr Erkenntnisgewinn:
Echtes Leadership im Sinne der freundlichen Stärke bedeutet nicht nur, dass Sie Ihre Interessen durchsetzen, sondern auch, dass Sie Freunde und Verbündete gewinnen, mit denen Sie gemeinsam wachsen können.

Ziele setzen und erreichen

Die Ebene des positiven Weltbildes

Das Weltbild eines Menschen könnte man als Ergebnis seiner persönlichen Lebenserfahrung bezeichnen. Bereits als Kind haben Sie begonnen, sich ein Bild Ihrer Umwelt zu erschaffen. Konnten Sie damals überwiegend positive Erfahrungen sammeln, verfügen Sie über eine gute Basis für ein positives Weltbild. Menschen mit starkem Urvertrauen entwickeln im Laufe ihres Lebens ein positives Grundgefühl – sie spüren, dass es gut ist, auf der Welt zu sein. Ein positives Weltbild wurzelt im festen Glauben, dass es sich lohnt, Zeit und Energie sinnvoll zu investieren und das Prinzip von Geben und Nehmen auf eine gesunde Weise zu beherzigen. Solche Menschen verstehen instinktiv, dass sie positive Ursachen setzen müssen, um positive Resultate zu bewirken.

> Wo ein Wille ist, da ist auch ein Weg! Vertrauen Sie der kreativen Kraft des Menschen! Konzentrieren Sie Ihre Energie konsequent auf eine wahrhaft wünschenswerte Zukunft.

Ein negatives Weltbild ist ein Abbild des ewigen Misstrauens. Menschen mit einem negativen Weltbild befürchten, dass ihre Umgebung ihnen Schmerzen und Frustration zufügen wird. Sie erwarten förmlich, dass sie vom Leben enttäuscht werden. Sie haben kein Vertrauen in das Gesetz von Ursache und Wirkung. Deshalb glauben sie insgeheim, dass es sich gar nicht lohnen würde, gute Leistungen zu erbringen.

Ein negatives Weltbild hindert uns daran, mit anderen Menschen vertrauensvoll zu kommunizieren. Durch das ewige Misstrauen – sowohl gegen die eigene Person als auch gegen die gesamte Welt – verstrickt man sich immer weiter in neurotische Schuldgefühle. Solche eingefleischten Pessimisten haben oftmals aus Angst ein grausames Über-Ich entwickelt, das ihnen immer wieder das Gefühl der allgemeinen Bedrohung bestätigt. Ein extrem negatives Selbstbild bedeutet die Hölle auf Erden.

> Lassen Sie sich vom Erfolg anderer Menschen inspirieren, während Sie Ihrer eigenen Einzigartigkeit vertrauen! Was können Sie von erfolgreichen Vorbildern lernen?

Doch auch bereits leichte negative Tendenzen können unnötigen Stress erzeugen. Auf dem Weg zur positiven Persönlichkeit sind wir

Motivierende Kommunikation

darauf angewiesen, uns der Welt anzuvertrauen. Wir können handeln, wir können aktiv auf andere Menschen zugehen, wir können attraktive Ziele formulieren und uns darin üben, positive Gewohnheiten zu entwickeln. Doch letztendlich müssen wir darauf vertrauen, dass unsere Anstrengungen von dieser Welt belohnt werden.

Deshalb empfehlen wir Ihnen, Ihr Modell der Welt gründlich zu überprüfen. Machen Sie sich bewusst, was Sie über diese Welt und ihre Spielregeln glauben. Erfreuen Sie sich an positiven, ermutigenden Erkenntnissen. Falls Sie feststellen, dass Teile Ihres Weltbildes durch Misstrauen geprägt wurden, sollten Sie sich den daraus resultierenden Ängsten stellen. Es erfordert Mut, die innere Abwehr zu entspannen und stattdessen neue, positive Erfahrungen zu erlauben.

Menschen mit einem chronisch negativen Weltbild müssen lernen, über ihren eigenen Schatten zu springen. Sie müssen den Mut fassen, ihr Modell der Welt konsequent infrage zu stellen und Stück für Stück zu reformieren, indem sie sich für neue Erfahrungen öffnen. Dafür müssen sie Liebe, Respekt und Wertschätzung auf eine neue Weise entdecken und sich wahrhaft darauf besinnen, dass es gut ist, als Mensch in dieser Welt zu leben.

> **Ihr Erkenntnisgewinn:**
> Ein negatives Weltbild kann geheilt und positiv verändert werden, indem der betroffene Mensch Schritt für Schritt lernt, zu vertrauen. Auch wenn es ungewohnt und zunächst anstrengend erscheint – es lohnt sich, die Welt durch positive und ermutigende Wahrnehmungsfilter zu betrachten. Sobald das Unbewusste beginnt, die neuen positiven Erfahrungen zu verarbeiten, setzen die Selbstheilungskräfte ein und das Vertrauen kann beständig wachsen.

Autosuggestion

Ich kann erfolgreich kommunizieren!

Meine Kommunikation mit anderen Menschen entscheidet über meinen persönlichen Erfolg.

Ich kenne die Gesetze der Kommunikation und trainiere mich täglich darin, sie mit meiner Persönlichkeit zu verschmelzen.

Ich spreche mit wohlklingender Stimme und wähle positive Worte.

Ich trainiere meine Flexibilität und bin bereit, mein eigenes Verhalten immer wieder auf meine Gesprächspartner abzustimmen.

Ich erzeuge positive Emotionen, indem ich mich bewusst für positive Wahrnehmungsfilter entscheide.

Ich achte auf die Pluspunkte und ich genieße es, meinen Mitmenschen Lob und Anerkennung auszusprechen.

Ich realisiere „freundliche Stärke" und ich helfe anderen, sich als Gewinner zu fühlen.

Mein Vertrauen in das Win-Win-Prinzip gibt mir wertvolle Orientierung. Erfolgreich sein heißt, gemeinsam zu gewinnen!

Übung macht den Meister!

Ich bin fest entschlossen, mein Verhalten im Kontakt mit anderen aktiv zu trainieren. Durch mein tägliches Training verwandle ich mich in einen Meister der Kommunikation!

Checkliste

Erfolgreich kommunizieren

Ich trainiere meine Stimmführung.	OOOOOOOOOO
Ich achte auf die Körpersprache.	OOOOOOOOOO
Ich spreche mit positiven Worten.	OOOOOOOOOO
Ich denke in Möglichkeiten und Chancen.	OOOOOOOOOO
Ich denke positiv über andere Menschen.	OOOOOOOOOO
Ich verwandle Probleme in Ziele.	OOOOOOOOOO
Ich orientiere mich am Win-Win-Prinzip.	OOOOOOOOOO
Vor Gesprächen mache ich mir meine Ziele bewusst.	OOOOOOOOOO
Ich verwandle negative Einwände in positive Wünsche.	OOOOOOOOOO
Ich kombiniere eigene Ziele mit denen anderer Menschen.	OOOOOOOOOO
Ich erforsche Bedürfnisse durch offene Fragen.	OOOOOOOOOO
Ich finde kreative Lösungen.	OOOOOOOOOO
Ich bin großzügig mit Kleinigkeiten.	OOOOOOOOOO
Ich kann eigene Fehler eingestehen.	OOOOOOOOOO
Ich stärke meine Teamfähigkeit.	OOOOOOOOOO
Ich übernehme Führungsverantwortung.	OOOOOOOOOO

Die Entwicklung des Bewusstseins

Bewusst erleben und die Macht des Unbewussten nutzen 142
Das Modell des menschlichen Bewusstseins 144
Der psychische Arbeitsspeicher 146
Die Wurzeln der menschlichen Evolution 147
Wir werden von unbewussten Programmen gesteuert 149
Das Kampf- oder Flucht-Programm 151
Der intelligente Umgang mit Konflikten 153
Die drei Gehirne des Menschen 155

Autosuggestion: Ich trainiere mein Bewusstsein! 157
Checkliste: Stärkung des Bewusstseins 158

Die Entwicklung des Bewusstseins

Bewusst erleben und die Macht des Unbewussten nutzen

„Darüber bin ich mir bewusst!" Was ist gemeint mit dieser Aussage? Es könnte bedeuten, dass der Sprecher in der Vergangenheit eine bestimmte Information wahrgenommen hat und jetzt, vielleicht durch das kurze Gespräch mit Ihnen, daran erinnert wurde. Dann würde „bewusst" bedeuten: „Ich weiß es, weil ich es gehört, gesehen oder gelesen habe."

Es wäre jedoch ein fataler Irrtum, „Bewusstsein" mit „Wissen" gleichzusetzen, denn ein großer Teil des menschlichen Wissens schlummert relativ ungenutzt in den Tiefen des Unbewussten. Wissen kann bestenfalls als Vorstufe des Bewusstseins verstanden werden. Vielleicht wollte der „bewusste" Mensch durch seine Äußerung ausdrücken, dass er sich etwas Zeit genommen hat, um über die wahrgenommene Information nachzudenken. In diesem Fall bedeutet „bewusst": „reflektiert", „kritisch hinterfragt", „durch Denken weiterverarbeitet".

Doch trotz der kritischen Gedanken kann die Information schnell wieder vergessen und in den Tiefen des Unbewussten versunken sein. Bloße kognitive Reflexion erzeugt noch kein echtes Bewusstsein. Die Aussage des „bewussten" Menschen könnte auch bedeuten, dass er die Information jetzt, in diesem Moment, mit all ihren Konsequenzen bewusst empfindet, indem er sich voll darauf konzentriert. Dann wäre die Idee der Bewusstheit an das Hier und Jetzt, an den aktuellen Moment gebunden.

Falls der Mensch, mit dem Sie gerade zu tun haben, eine spirituelle Neigung hat, könnte die Formulierung sogar bedeuten, dass er sich lange Zeit im Zustand der Meditation mit dem angesprochenen Sachverhalt intensiv auseinandergesetzt hat und schließlich, nach einer Phase der Kontemplation, zu einem Ergebnis gelangt ist, das ihm als Entscheidungsgrundlage dient und sein Verhalten seitdem massiv beeinflusst. Die Idee, „sich über etwas bewusst zu sein", kann mit sehr unterschiedlichen Assoziationen verknüpft werden.

> Steigern Sie Ihre Lebensqualität, indem Sie Ihr Bewusstsein als faszinierenden Schlüssel zum Verständnis Ihrer irdischen Existenz nutzen!

Was bedeutet es für Sie, wenn Ihnen etwas bewusst wird? Was passiert in Ihrem Kopf, wenn Sie an Ihr eigenes Bewusstsein oder an

Bewusst erleben und die Macht des Unbewussten nutzen

das Ihrer Mitmenschen denken? Welche Bilder, Ansprüche und Empfindungen verbinden Sie mit diesem Begriff?

Der Begriff „Bewusstsein" ist gleichzeitig eine extrem vielfältige Projektionsfläche. Es gibt kaum ein anderes Wort, das von Menschen so unterschiedlich verstanden wird. Die verschiedensten Sichtweisen und Weltanschauungen spiegeln sich in der Auslegung des Begriffes wider. Viele Menschen glauben, bewusste Lebensführung sei eine Selbstverständlichkeit, die sie seit Jahren, ja seit ihrer frühen Kindheit jeden Tag aufs Neue praktizieren. Dieser Glauben wird sich jedoch in den meisten Fällen bei genauer Prüfung schnell als Illusion entpuppen. Nur wenige Menschen haben verstanden, dass die Fähigkeit, unsere Existenz bewusst wahrzunehmen und zu lenken, ein extrem wertvolles Gut ist, das keinesfalls vom Himmel fällt, sondern durch intensive Arbeit an der eigenen Persönlichkeit erworben, verfeinert und gepflegt werden muss.

Die Frage nach dem Bewusstsein des Menschen fasziniert die genialen Geister dieser Welt seit Jahrtausenden. Auch heutzutage bewegt sie die psychologischen Wissenschaften und ist immer wieder ein brennendes Thema in den Medien:

- Was ist „Bewusstes Sein"?
- Wie funktioniert diese wundersame Instanz der eigenen Bewusstwerdung, die uns in Versuchung führte, uns als den wissenden Menschen, als Krone der Schöpfung zu bezeichnen?
- Kann sich der gewöhnliche Mensch tatsächlich seiner Selbst bewusst sein?
- Woran kann man die Anwesenheit von Bewusstsein erkennen?
- Kann man Bewusstsein erweitern, vertiefen oder besser strukturieren?
- Erfordert eine bewusste Lebensführung besondere psychische Fähigkeiten?
- Können bewusste Menschen trainieren, noch bewusster zu sein?

Viele spannende Fragen, die sehr komplexe Antworten erfordern. Doch der Reihe nach. Um Sie bei der Entwicklung Ihres Bewusstseins systematisch zu coachen, möchten wir Ihnen zunächst einige grundlegende Funktionsweisen des menschlichen Bewusstseins aufzeigen.

Das Modell des menschlichen Bewusstseins

Nachfolgend möchten wir Ihnen ein ebenso einfaches wie zutreffendes Modell des menschlichen Bewusstseins vorstellen. Dabei orientieren wir uns sowohl an unserer persönlichen Erfahrung, als auch an der Essenz der Erkenntnisse, die von der menschlichen Wissenschaft in den letzten tausend Jahren gewonnen wurden.

Bildhaft könnte man unser Bewusstsein als „inneres Licht" bezeichnen. Es ist an den Fokus unserer Aufmerksamkeit und damit an unsere Sinnesysteme gebunden. Bewusst sein können Ihnen nur die Informationen, die Sie jetzt im Moment wahrnehmen und somit als „wahr" erkennen. „Ich erkenne die Welt!" oder genauer formuliert: „Ich erkenne den Ausschnitt der Welt, den meine Sinne jetzt gerade erfassen."

Es liegt in der begrenzten Natur unseres Bewusstseins, dass wir nicht die ganze Welt in ihrem vollen Ausmaß erkennen, sondern immer nur einen sehr kleinen Ausschnitt. Solange wir uns daran erinnern, dass unser wahrgenommener Ausschnitt eben nur ein kleiner Ausschnitt ist, könnte man unseren Erkenntnisprozess als „bewusst" bezeichnen. Doch nur allzu oft identifizieren wir uns mit dem Muster unserer aktuellen Wahrnehmung und vergessen gleichzeitig den gesamten Rest der Welt. Alle Informationen, die sich jetzt, im aktuellen Moment, außerhalb des bewussten Fokus befinden, bezeichnen wir als „unbewusst".

Wirkliche Bewusstheit ist an den aktuellen Moment gebunden! Bewusstsein kann nur im Hier und Jetzt stattfinden! Verstaubtes Wissen in den Archiven des Elfenbeinturms hat keinen Nutzen für das menschliche Leben. Nur wenn Sie Ihr Wissen anwenden und sich dabei Ihres Selbst gewahr sind, kann „bewusstes Sein" entstehen. Je mehr Sie sich darin trainieren, den aktuellen Moment durch bewusste Energie zu veredeln, desto stärker wächst Ihre charismatische Persönlichkeit. Durch das systematische Training Ihres Bewusstseins verwandeln Sie sich Schritt für Schritt in einen Magier, der seine magische Kraft dafür einsetzt, Vertrauen und Freude zu schenken.

Unser positives Modell des Bewusstseins hebt die wechselhafte und lebendige Natur der bewussten Inhalte hervor. Gleichzeitig akzeptieren wir die offensichtlich begrenzte Fassungskapazität des menschlichen Bewusstseins. Es kann nur eine beschränkte Menge von Information zur gleichen Zeit erfassen. Wir Menschen befinden

Das Modell des menschlichen Bewusstseins

uns in der nicht einfachen Situation, dass unser Bewusstsein dazu neigt, sich maßlos zu überschätzen! Gleichzeitig unterschätzen viele Menschen die Macht der unbewussten Kräfte. Sie bemerken gar nicht, welche guten Dienste ihr Unbewusstes ihnen tagein, tagaus immer wieder leistet. Viele glauben, sie könnten ihr Leben bewusst steuern, doch gleichzeitig müssen sie immer wieder erfahren, wie sehr sie doch ihren Gewohnheiten unterliegen. Ja – Sie können Ihr Leben aktiv gestalten, doch dafür müssen Sie lernen, auf Ihre Gewohnheiten einen positiven Einfluss auszuüben.

> Bewusstsein kann nur im Hier und Jetzt stattfinden. Trainieren Sie, die aktuelle Situation bewusst zu erleben.

Wenn Sie das menschliche Leben realistisch analysieren, werden Sie feststellen, dass das Bewusstsein eine wesentlich geringere Rolle spielt, als wir gemeinhin glauben. Insbesondere im Hinblick auf das Gewinnen von Vertrauen müssen wir erkennen, dass die Entscheidung, wann eine Situation oder ein Mensch als vertrauenswürdig empfunden wird, durch das Unbewusste getroffen wird. Das liegt daran, dass unser Unbewusstes Tausende von Informationen gleichzeitig verarbeiten kann. Das menschliche Bewusstsein hingegen ist sehr schnell überfordert. Sobald neue Informationen einströmen, rutschen dafür andere heraus.

Machen Sie sich bewusst, dass zumeist Ihr Unbewusstes entscheidet, welche Informationen in den Fokus Ihrer Aufmerksamkeit gelangen. Wir möchten Ihnen ein kleines Experiment vorschlagen: Schließen Sie für einige Sekunden die Augen. Atmen Sie einmal tief durch und versuchen Sie, den aktuellen Inhalt Ihres Bewusstseins zu erfassen ... Jetzt! Gönnen Sie sich etwas Zeit für die Übung.

- Was haben Sie beobachtet?
- Was spüren Sie?
- Welche Teile Ihres Körpers können Sie deutlich fühlen?
- Können Sie Ihre Füße wahrnehmen? Ihre Zehen? Ihre Sohlen? Ihre Hacken? ... Jetzt in diesem Moment?

Bevor Sie dies gelesen haben, war Ihnen wahrscheinlich Ihr Körpergefühl in den Füßen nicht bewusst, denn beim Lesen verlagert sich die Aufmerksamkeit normalerweise in den Kopf. Jetzt sind Sie von uns angeregt worden, in Ihre Füße hineinzuspüren und das Licht

Die Entwicklung des Bewusstseins

Ihres Bewusstseins dorthin zu lenken – das Körpergefühl in Ihren Füßen wurde Ihnen bewusst.

In kurzer Zeit werden Sie diesen Reiz jedoch wieder vergessen haben – und das Körpergefühl der Füße wird vermutlich schnell wieder aus dem Fokus Ihres Bewusstseins verschwunden sein. Das augenblickliche Vergessen von unterschwelligen Reizen ist ein Charakteristikum für die Funktionsweise des menschlichen Bewusstseins. Die Tilgung von Informationen ist allgegenwärtig und bestimmt unser Leben weitaus stärker, als wir ahnen.

Ihr Erkenntnisgewinn:
Der gewöhnliche Mensch hat nur ein sehr begrenztes Maß an bewusster Kapazität zur Verfügung. Interessanterweise entscheidet meist das Unbewusste darüber, welche Informationen in den Fokus des Bewusstseins gelangen dürfen. Ähnlich wie in einem Unternehmen: die Mitarbeiter entscheiden darüber, welche Informationen sie in das Büro des Chefs tragen. Der Chef tut gut daran, sich mit seinen Mitarbeitern zu verbünden und ihre Arbeit wertzuschätzen. Zwar kann der Chef hin und wieder eine bestimmte Information einfordern, doch im Großen und Ganzen ist er darauf angewiesen, darauf zu vertrauen, dass seine Mitarbeiter gute Arbeit leisten.

Der psychische Arbeitsspeicher

Geburtstage, Telefonnummern, Namen von Freunden und Bekannten, intensive Urlaubserinnerungen, Ihre Kontonummer – all dies sind individuelle Schlüsselreize, aus denen Ihr Gehirn die subjektive Alltagsrealität zusammenbaut. Wissenschaftliche Untersuchungen zeigen, dass unser Bewusstsein lediglich mit durchschnittlich sieben Informationen gleichzeitig jonglieren kann. Welche Informationen Ihnen in dem jeweiligen Moment bewusst sind, unterliegt einem ständigen Wandel.

In jedem Moment Ihres Lebens drängen neue Reize in das Licht Ihres Bewusstseins, und gerade noch da gewesene Wahrnehmungen fallen wieder heraus. Diese Inhalte sinken in die Tiefen Ihres Unbewussten. Die meisten Inhalte sinken so schnell so tief, dass sie nie wieder an die Oberfläche des Bewusstseins gelangen. Nur relativ wenige Eindrücke werden in Ihrem Gedächtnis so abgespeichert, dass Sie sie jederzeit ins Bewusstsein zurückrufen können – wenn die entsprechenden Anker betätigt werden.

„Spüren Sie das Körpergefühl Ihrer Füße?" Sobald Sie von einem anderen Menschen etwas gefragt werden, aktiviert diese Frage die entsprechenden Areale in Ihrem Gehirn. Die Qualität der Fragen, die Sie anderen Menschen stellen, beeinflusst das Gefühl, das die anderen Ihnen gegenüber entwickeln. Sobald Sie durch Ihre Fragen negative Reize aktivieren, die Ihren Gesprächspartner irritieren, verärgern, verängstigen oder gar bedrohen, legen sich diese Gefühle wie ein kritischer Schleier über sein Bewusstsein. Das „Kampf- oder Flucht-Programm" wird aktiviert und die instinktiven Abwehr-Mechanismen des überforderten „Menschentieres" erwachen. Plötzlich verschleiern die kritischen Filter seine gesamte Wahrnehmung. Auch wenn Sie jetzt an die „Vernunft" des Menschen appellieren – nicht das Bewusstsein, sondern das Unbewusste entscheidet darüber, ob Ihr alarmiertes Gegenüber bereit ist, Ihren Worten zu vertrauen und positiv auf Ihre Argumente zu reagieren.

> **Ihr Erkenntnisgewinn:**
>
> Nutzen Sie die Macht der positiven Fragen! Jede Frage ist ein hypnotischer Suchbefehl für das Gehirn des Befragten.
>
> Fragen Sie einen Menschen nach Informationen, die ihm Freude bereiten und für ihn offensichtlich nützlich sind, gewinnen Sie sein Vertrauen. Er verspürt Zuneigung und entwickelt das Gefühl, sich Ihnen öffnen zu wollen. Positive Fragen führen dazu, dass andere Menschen Ihr Kommunikations-Angebot begrüßen und sich gern von Ihnen beeinflussen lassen.

Die Wurzeln der menschlichen Evolution

Die Lebensbedingungen unserer Vorfahren prägen sowohl unseren Körper als auch unsere Psyche sehr viel maßgeblicher als die heutigen Lebensumstände, da sie evolutionsgeschichtlich einen sehr viel größeren Zeitraum einnahmen. Trotzdem empfinden viele Menschen die postmoderne Welt inklusive Stromversorgung, Sozial-

Die Entwicklung des Bewusstseins

versicherung, Waffenverbot, Anrufbeantworten, Verkehrsflugzeugen und Kabelfernsehen als die einzig mögliche. Dies ist eine weit verbreitete Illusion.

Unsere Körper sind, ebenso wie unsere psychischen Strukturen, in erster Linie darauf ausgerichtet, das Überleben in der vermeintlich gefährlichen Welt unserer Vorfahren zu sichern. Viele menschliche Verhaltensprogramme werden durch archetypische Muster gesteuert, die tief im Unbewussten verankert sind. Nicht das eigene Bewusstsein, sondern die Intelligenz der Natur führte unsere Vorfahren durch ein Leben, das nicht der individuellen Entwicklung, sondern dem Überleben und der Fortpflanzung von genetischen Informationen diente.

Heute befinden wir uns jedoch in einer von der Welt unserer Vorfahren stark entfremdeten Lebenssituation. Eine Steuerung mittels unbewusster Verhaltensprogramme genügt in der modernen Welt keinesfalls, um sich optimal zu orientieren und intelligent zu handeln. Der moderne Mensch muss lernen, seine Lebensführung bewusst zu hinterfragen. Die heutigen Umweltbedingungen haben sich enorm verändert, sie sind nicht mehr kompatibel mit unseren alten genetischen Programmen.

Eine Lebensführung, die nur durch unbewusste Verhaltensprogramme gesteuert wird, entspricht dem Verhalten einer gewöhnlichen Stubenfliege, die immer wieder gegen die Fensterscheibe fliegt. Warum verhält sich die Fliege so? Weil Fliegen über Millionen von Jahren gelernt haben, im Zweifelsfall immer dorthin zu fliegen, wo es am hellsten ist. Damals gab es allerdings noch keine Fensterscheiben. Falls die Vorfahren der Stubenfliege sich in einer Höhle verirrt hatten, war die Programmierung „Flieg ins Licht!" außerordentlich sinnvoll. Die Orientierung am Licht entsprach der höchsten Wahrscheinlichkeit, dass die Fliege ihren Weg zurück in die Freiheit fand.

Seitdem der Homo sapiens die Oberfläche des Planeten Erde massiv verändert hat, haben sich jedoch einige Regeln des Überlebens geändert. Der „Autopilot" einer modernen Fliege bräuchte nur eine geringfügige Änderung im Flugverhalten, um schräg durch das gekippte Fenster entweichen zu können. Doch selbst die kleinste willentliche Änderung einer alten Programmierung erfordert einen Grad an Bewusstheit, den Stubenfliegen im Gegensatz zu dem modernen Menschen nicht zur Verfügung haben.

Überkommene Programmierungen sollten jedoch auch für uns Menschen ein ständiger Ansporn sein, um uns bewusst weiterzuentwickeln. Deshalb ist es für eine intelligente Lebensführung notwendig, dass wir verstehen, wie unser Bewusstsein funktioniert und in welcher Beziehung es zu unserem Unbewussten steht. Wir möchten Sie motivieren, systematisch zu trainieren, Ihre bewusste Energie gezielt einzusetzen, die unbewussten Programme als solche zu erkennen und hinsichtlich ihrer Nützlichkeit zu überprüfen.

> **Ihr Erkenntnisgewinn:**
> Wer nicht fähig ist, aus seinen Misserfolgen zu lernen, hat das Schicksal der Stubenfliege zu teilen. Hier wäre blindes Vertrauen fehl am Platz. Stattdessen braucht der Mensch, der sich in negativen Programmierungen verstrickt hat, den Mut zur wahrhaftigen Selbsterkenntnis. Das Festhalten an der eigenen Eitelkeit ist pure Dummheit. Die Natur des menschlichen Bewusstseins ermöglicht es glücklicherweise, alte Programmierungen zu hinterfragen und durch neue, bessere zu ersetzen.

Wir werden von unbewussten Programmen gesteuert

Der moderne Mensch ist ein enorm komplexes Wesen. Unser Alltagsbewusstsein kann aufgrund seiner natürlichen Begrenztheit jedoch nur einen sehr kleinen Teil dieser enormen Komplexität steuern und verarbeiten. Daraus resultiert, dass wir nur sehr wenig von dem, was tatsächlich geschieht, bewusst wahrnehmen.

Das menschliche Unbewusste verarbeitet in jeder Sekunde Ihres Lebens sehr viel mehr Informationen als Ihr Alltagsbewusstsein an einem ganzen Tag. Ihr Unbewusstes bestimmt beispielsweise über die Art, wie Sie über andere Menschen denken, welche Gefühle Sie entwickeln und wie Sie Situationen bewerten. Ob Sie jemanden sympathisch finden oder nicht, ob Sie einem anderen Menschen vertrauen oder nicht – diese Entscheidungen trifft Ihr Unbewusstes für Sie.

Ebenso werden auch Ihre Gesprächspartner durch die Reaktionen ihres Unbewussten, durch ihre psychische Programmierung gesteu-

Die Entwicklung des Bewusstseins

ert. Wenn Sie einen anderen Menschen wirklich für sich gewinnen wollen, müssen Sie sich mit seinem Unbewussten verbünden.

Erinnern Sie sich an die Erfolgsfaktoren in der Kommunikation? Alle Faktoren des Eisbergs unterhalb der Wasseroberfläche wirken sehr gezielt auf das Unbewusste Ihrer Gesprächspartner. Auf der Verhaltensebene senden Sie positive Signale mithilfe von Körper, Stimme und Sprache. Sie lenken Ihre Wahrnehmung sowohl auf positive Aspekte als auch auf attraktive Entwicklungs-Optionen.

Gleichzeitig glauben Sie daran, dass es sich lohnt, Ihre Zeit und Aufmerksamkeit in das Gespräch mit Ihrem Gegenüber zu investieren, und Sie beabsichtigen ernsthaft, ein Gewinner-Gewinner-Modell zu realisieren. Wenn Sie das Vertrauen Ihres Chefs gewinnen wollen, senden Sie andere Signale, als wenn Sie nun das Vertrauen Ihrer neuen Freundin werben. Doch ganz gleich, welche Signale Sie senden – Sie müssen der unbewussten Programmierung Ihres Gegenübers entsprechen.

> Erfolgreiche Kommunikation verläuft empfängerorientiert! Wenn Sie einen anderen Menschen für sich gewinnen wollen, müssen Sie sich mit seinem Unbewussten verbünden.

Um das Vertrauen eines Lebewesens zu gewinnen, müssen Sie seine Programmierung respektieren. Sie betonen Gemeinsamkeiten und Sie senden Signale der freundlichen Stärke – auf eine Weise, die Ihr Gegenüber verstehen kann. Erfolgreiche Kommunikation verläuft empfängerorientiert. Viele Zeitgenossen begehen den Fehler, blind darauf zu vertrauen, dass der Gesprächspartner sie schon irgendwie verstehen wird. Sie hoffen, dass der andere seine bewusste Energie aufwenden wird, um die gemeinsame Kommunikation positiv zu gestalten. Dies ist jedoch ein großer Irrtum! Wenn Sie die normale Alltags-Kommunikation genau beobachten, werden Sie bemerken, dass die meisten Menschen relativ unreflektiert auf Schlüsselreize reagieren – da wird ein schiefer Blick reflexartig gedeutet und als Anlass für Misstrauen und Skepsis interpretiert. Nein, es wäre geradezu naiv, einfach darauf zu vertrauen, dass unsere Gespräche durch Bewusstheit und Intelligenz gesteuert werden. Das Gegenteil ist der Fall!

Wer aktiv Vertrauen gewinnen will, muss das kleine Licht des menschlichen Bewusstseins zu nutzen verstehen und gleichzeitig positiv auf die unbewussten Programme einwirken. Es gibt unterschiedliche Ebenen der menschlichen Programmierung. Am stärksten bestimmen uns die biologischen Programme – das Forschungsfeld der allgemeinen Psychologie. Außerdem hat jeder Mensch im Laufe seines Lebens eine individuelle Programmierung erworben. Diese von Mensch zu Mensch sehr unterschiedlichen Resultate der persönlichen Lerngeschichte werden von der differenziellen Psychologie untersucht und erfordern Respekt vor der Einzigartigkeit jedes Menschen.

Ihr Erkenntnisgewinn:
Bringen Sie eindeutige Signale des Vertrauens in die Kommunikation! Je stärker Ihre persönliche Ausstrahlung im Vertrauen verankert ist, desto größer ist Ihre Chance, dass Ihre positiven Botschaften auch durch die unbewussten, oftmals geradezu verkrusteten Filter des allgemeinen Misstrauens positiv verstanden werden.

Das Kampf- oder Flucht-Programm

Wenn Sie mit einem anderen Menschen streiten, sollten Sie sich stets darüber im Klaren sein, wann Ihre Art zu streiten sein Kampf- oder Flucht-Programm aktiviert. Sobald Adrenalin ausgeschüttet wird, ist es enorm wichtig, dass Sie Ihre bewusste Kraft konzentrieren und den Konflikt positiv kanalisieren.

Wenn das akute Misstrauen Ihres Gesprächspartners erwacht und sich das genetisch programmierte Kampf- oder Flucht-Programm des Menschen bemächtigt, wird das bewusste Denken zu einem großen Teil abgeschaltet. Stattdessen übernimmt eine evolutionsgeschichtlich sehr viel ältere Instanz in seinem Gehirn das Kommando: „Achtung! Überleben sichern! Du musst dich behaupten – jetzt! Aktiviere deine Abwehr – greife zu den Waffen!" Plötzlich werden Sie als Angreifer betrachtet! Das Unbewusste Ihres Gegenübers fragt sich: „Ist der Angreifer stärker als ich?" Tausende von Informationen werden gleichzeitig eingescannt und blitzschnell verarbeitet. Deshalb gibt es im Tierreich Drohgebärden – man plustert sich auf, der rote Kamm wird aufgestellt. Der Gegner soll eingeschüchtert wer-

Die Entwicklung des Bewusstseins

den, in der Hoffnung, sich einen gefährlichen und kräftezehrenden Kampf zu ersparen.

> Lernen Sie, aufsteigende Emotionen rechtzeitig zu registrieren. Sobald das Kampf- oder Flucht-Programm einsetzt, wird das bewusste Denken abgeschaltet.

Falls das Unbewusste Ihres Gegenübers zu dem Urteil gelangt, dass Sie als vermeintlicher Angreifer stärker sein könnten, entscheidet sich der Organismus für Flucht. Dann wird der Mensch plötzlich defensiv argumentieren, kurze Antworten geben, sich emotional zurückziehen und das Gespräch mit Ihnen so schnell wie möglich beenden wollen: „ Ich werde sehen, was ich tun kann ... ja, im Prinzip ist das richtig ... das kann ich allerdings nicht hundertprozentig versprechen ... da muss ich mich schlau machen ... sobald ich Bescheid weiß, melde ich mich ... und tschüss!"

Falls sein Unbewusstes jedoch zu dem Urteil gelangt, dass er selber stark genug ist, um sein geistiges Territorium gegen Sie zu verteidigen, wird er in die Offensive gehen. Er wird Ihnen beweisen wollen, dass Sie sich mit Ihrer Argumentation im Unrecht befinden. Er wird versuchen, so auf Sie einzuwirken, dass Sie Ihren eigenen Standpunkt aufgeben: „Nein, das sehe ich ganz anders ... im Gegenteil ... ja, aber Sie haben nicht bedacht ... da müssen Sie mich verstehen ... Ich glaube nicht, dass Ihre Vorstellungen realistisch sind ... Nein, auf keinen Fall!"

Solche verbalen Attacken werden nun über kurz oder lang auch in Ihrem eigenen Unbewussten den Impuls wecken, Ihr geistiges Territorium gegen den anderen zu schützen. Ihre Nebennieren schütten Adrenalin aus, Sie geraten unter Stress – nun müssen Sie entscheiden: Reagieren Sie ebenfalls wie ein genetisch programmiertes Menschentier – oder nutzen Sie Ihre Fähigkeit, sich Ihrer Selbst bewusst zu sein und dem anderen seine biologische Programmierung zu verzeihen?

Als bewusster Mensch übernehmen Sie die volle Verantwortung für die Situation, indem Sie sich daran erinnern, dass Sie andere sehr viel wirkungsvoller beeinflussen können, wenn Sie die unbewussten Programme respektieren und sich dann gezielt darauf einstellen. Deshalb empfehlen wir Ihnen, während schwieriger Gespräche sehr feinfühlig auf die Reaktionen Ihres Gegenübers zu achten.

> **Ihr Erkenntnisgewinn:**
> Besinnen Sie sich auf das Prinzip der freundlichen Stärke und senden Sie Signale, die den anderen wissen lassen, dass Sie ihn respektieren und ernsthaft beabsichtigen, ein Gewinner-Gewinner-Modell zu realisieren. Je stärker Sie selbst im Vertrauen verwurzelt sind, desto glaubwürdiger wird Ihre persönliche Ausstrahlung. Wenn Sie unser Trainingsprogramm zur Macht des Vertrauens regelmäßig absolvieren, werden Sie ganz automatisch damit beginnen, verstärkt positive Signale des Vertrauens zu senden.

6 Der intelligente Umgang mit Konflikten

Beim Einsatz Ihrer bewussten Energie in Konfliktsituationen entwickeln Sie durch Ihr Training eine wachsende Wahlfreiheit. Sie können wie Monty Roberts Ihr Wissen um die unbewusste Programmierung zum beiderseitigen Vorteil nutzen.

Sie wissen: In vielen Situationen reagieren Menschen nicht bewusst, sondern instinktiv. Oftmals sind die individuellen Filter und Bewertungskriterien für eingehende Reize keinesfalls logisch, sondern „psycho-logisch" und erstaunlich irrational. Missverständnisse, Vorurteile und Fehlinterpretationen können schnell zu negativen Bewertungen führen und Misstrauen erzeugen.

> Nur wenn Sie im Konfliktfall einen kühlen Kopf bewahren, haben Sie die Chance, eine sinnvolle Konfliktlösung zu erreichen.

Sobald das Kampf- oder Flucht-Programm läuft, interessiert sich Ihr Gesprächspartner kaum noch für den sachlichen Gehalt Ihrer Aussage. Stattdessen achtet er auf Ihre Körpersprache und den Tonfall Ihrer Stimme. Sein Gehirn wird anhand biologischer Kriterien darüber entscheiden, in welcher Form er auf Sie reagiert. Vielleicht wird er sich bemühen, äußerlich die Fassung zu bewahren, doch in seinem Inneren regiert die Biologie. Sein Organismus fühlt sich herausgefordert und fokussiert darauf, sein Territorium zu verteidigen – geistig, emotional oder sogar körperlich –, je nachdem, auf welcher Ebene er den Konflikt wahrnimmt.

Die Entwicklung des Bewusstseins

Sobald sein Unbewusstes glaubt, Sie als potenziellen Feind identifiziert zu haben, gelten andere Spielregeln. Nun haben Sie es nicht länger mit einem bewussten Exemplar der Spezies Homo sapiens zu tun, sondern mit einem unbewussten, potentiell aggressiven Menschentier im Alarmzustand.

Falls Sie mit diesem Menschen nun ein positives Gespräch führen wollen, müssen Sie über wirkungsvolle Verhaltensweisen verfügen, um ihm dabei zu helfen, aus diesem aggressiven Zustand wieder herauszufinden. Hier können wir von Monty Roberts lernen. Nehmen Sie Ihrem Gesprächspartner die Angst und gewinnen Sie erneut sein Vertrauen. Manche Menschen fangen an, sich wieder zu entspannen, wenn Sie ihnen verstärkt Respekt und Verständnis entgegenbringen, andere brauchen räumliche Distanz, um Sie nicht mehr als Bedrohung zu empfinden. Letztendlich müssen Sie positive Signale senden, die das Unbewusste Ihres Gegenübers dazu einladen, das feindliche Kampf-Programm wieder herunterzufahren und stattdessen ein freundliches Kooperations-Programm zu aktivieren.

Natürlich läuft ein Konflikt im realen Leben nicht so technisch rational und kontrollierbar ab. Im Gegenteil, alles geschieht blitzschnell! Und nicht selten können die eigenen Emotionen, die ebenfalls blitzartig in Ihrer Psyche emporgeschossen kommen, Ihren Blick für die reale Situation erheblich trüben. Vielleicht fühlen Sie sich provoziert oder ebenfalls bedroht – dann stehen sich plötzlich zwei feindselige Menschentiere gegenüber, die ihre Aggression gegenseitig hochschaukeln. Manchmal fühlt man sich in solchen Momenten wie der legendäre griechische Held Odysseus, der sich am Mast festbinden ließ, um nicht von den Stimmen der Sirenen verführt zu werden. Plötzlich wird Ihr Bewusstsein vom Sturm feindseliger Emotionen gepeitscht – und der berüchtigte Geduldsfaden droht zu reißen.

Doch noch haben Sie die Wahl: Bleibt Ihr Bewusstsein Chef im Ring, mit voller Konzentration auf Win-Win-Intelligenz – oder gewinnt das unbewusste Territorial-Programm die Oberhand, und Sie beginnen, den anderen durch die Filter von Misstrauen und Abwehr zu betrachten? Sie verfügen über vielfältige Möglichkeiten, eine aus den Fugen geratene Kommunikation wieder in konstruktive Bahnen zu lenken. Bewusste Deeskalations-Strategien wurzeln im Vertrauen.

Besinnen Sie sich darauf, ein für beide Seiten positives Win-Win-Ergebnis zu realisieren!

> **Ihr Erkenntnisgewinn:**
> Je stärker Sie selbst im Zustand des Vertrauens verankert sind, desto müheloser gelingt es Ihnen, die Ruhe zu bewahren und durch Ihre positive Ausstrahlung das Vertrauen eines im Kampfprogramm verstrickten Zeitgenossen zurückzugewinnen.

Die drei Gehirne des Menschen

Wenn wir das menschliche Gehirn betrachten, können wir grob vereinfacht drei Unterscheidungen vornehmen:

- Das Fundament bilden die älteren Hirnschichten – das sogenannte Reptilienhirn. Hier werden unsere Bewegungsfunktionen, alle körperlichen Prozesse wie Verdauung, Herzschlag oder Atmung gesteuert. Auf dieser Ebene könnte man uns als „Bio-Überlebensmaschinen" bezeichnen.
- Dann gibt es die mittleren Schichten, die wir mit den höher entwickelten Säugetieren teilen. Hier sind unsere Emotionen beheimatet, unsere Bedürfnisse und Wünsche, unsere „menschlichen Schwächen". Auf dieser Ebene entscheiden wir beispielsweise über Sympathie oder Antipathie, über sexuelle Attraktivität, über „Kampf" oder „Flucht". Die mittleren Hirnschichten bestimmen die Gefühlswelt und das umtriebige Liebesleben.
- Zuletzt gibt es noch einen ganz besonderen Teil in unserem Gehirn: die Großhirnrinde, den Neo-Kortex, die „Krone der Schöpfung". Diese neue, obere Hirnschicht ermöglicht menschliches Denken, Vernunft, schöpferische Fähigkeit sowie Sprache und Mathematik. Der ausgeprägte Neo-Kortex unterscheidet den Menschen vom Affen. Im Neo-Kortex finden wir die Möglichkeit der Bewusstwerdung und des persönlichen Wachstums.

Besonders interessant beim Verständnis des Zusammenspiels unserer drei Gehirne – instinktive Motorik, Emotion und Kognition – ist die Tatsache, dass die meisten Menschen unter Stress zunehmend von den älteren Hirnschichten dominiert werden. Je mehr Angst, desto mehr Stress. Angst hemmt unsere schöpferische Kraft, der mentale

Die Entwicklung des Bewusstseins

Fokus verengt sich, die Nutzung von bewusster Energie wird erheblich behindert. Nur im Zustand des Vertrauens und der damit einhergehenden Entspannung kann der Mensch das Potenzial seines Gehirns entfalten.

Die meisten Zeitgenossen nutzen die Möglichkeit zur wachsenden Bewusstwerdung allerdings kaum. Aus Unwissenheit oder Bequemlichkeit sorgen sie viel zu wenig dafür, dass sich dieses fantastische Potenzial in ihrer Person entfalten kann.

Als Realist müssen Sie davon ausgehen, dass Sie es in vielen Situationen nicht mit einem Gegenüber im Zustand des bewussten, vernünftigen und intelligenten Homo sapiens zu tun haben, sondern mit mehr oder weniger unbewussten Menschentieren, die auf verschiedene Schlüsselreize gemäß ihrer persönlichen Programmierung reagieren. Diese ernüchternde Erkenntnis sollte jedoch keinesfalls dazu führen, dass Sie Ihre Mitmenschen missachten oder gering schätzen! Im Gegenteil – als angehender Magier trainieren Sie sich darin, andere Menschen so zu sehen, wie Sie tatsächlich sind – in jedem Falle liebenswert, oftmals vertrauenswürdig und konstruktiv – doch gleichzeitig durch unbewusste Programme gesteuert, die aus alten Gewohnheiten resultieren und über unser Leben bestimmen.

Durch regelmäßige Übung dieser unparteiischen Betrachtungsweise lernen Sie zu erkennen, wann Ihre Gesprächspartner durch unbewusste Programme gesteuert werden und wann das Licht des Bewusstseins eine würdevolle und intelligente Kommunikation ermöglicht. Wenn Sie gezielt Vertrauen gewinnen wollen, sollten Sie weniger auf die Vernunft des bewussten Menschen setzen, sondern auf die Respektierung der unbewussten Programme Ihres Gegenübers fokussieren. Und Sie sollten niemals vergessen, dass auch in Ihnen selbst ein unbewusstes Menschentier lebt, welches respektiert und geliebt werden möchte.

> **Ihr Erkenntnisgewinn:**
> Nur wenn Sie die unbewussten Kräfte des Menschen würdigen, können Sie nachhaltig Vertrauen gewinnen.
>
> Die Macht des Vertrauens ist zwar in den unbewussten Schichten unseres Gehirns verwurzelt, doch sobald Sie lernen, sich ganz bewusst mit Ihrem eigenen Unbewussten anzufreunden und zu verbünden, werden Sie auch beginnen, mit dem Unbewussten Ihrer Mitmenschen partnerschaftlich zu kooperieren.

Ich trainiere mein Bewusstsein!

Als Mensch habe ich die Möglichkeit, mein Leben bewusst zu erfahren. Um diese wunderbare Möglichkeit zu nutzen, erforsche ich die Natur meines Bewusstseins!

Bewusstes Sein beginnt mit aktiver Selbstbeobachtung!

Deshalb bin ich bereit, mein Verhalten ohne Eitelkeit zu beobachten – so, als wenn ich mich noch nie beobachtet hätte.

Im Alltag trainiere ich mich darin, mir meiner Selbst bewusst zu sein.

Ich erinnere meine wahre Natur als bewusster Mensch.

Ich konzentriere meine Kraft auf die Erreichung großer Ziele.

Ich empfinde tiefes Vertrauen in die positive Kraft des Lebens.

Bewusst erforsche ich die Gesetze von Ursache und Wirkung – je mehr ich lerne, desto größer wird mein Vertrauen.

Ich vertraue darauf, dass die Arbeit an meiner Persönlichkeit meine bewusste Kraft stärken wird.

Täglich kann ich spüren, wie das Licht meines Bewusstseins heller und heller strahlt.

Checkliste

Stärkung des Bewusstseins

Ich beobachte mein Verhalten im Alltag sehr bewusst.	OOOOOOOOOO
Ich beobachte das tägliche Wechselbad meiner Gefühle.	OOOOOOOOOO
Ich spüre meinen Körper während des Alltags.	OOOOOOOOOO
Ich trainiere meine Fähigkeit, mich bewusst zu konzentrieren.	OOOOOOOOOO
Ich beobachte die unbewussten Verhaltensprogramme.	OOOOOOOOOO
Ich unterbreche alte, nicht mehr passende Verhaltensmuster.	OOOOOOOOOO
Ich achte gezielt auf Pluspunkte, Stärken und Leistungen.	OOOOOOOOOO
Ich erzeuge bewusst positive Ursachen.	OOOOOOOOOO
Ich erforsche die Bedürfnisse meiner Gesprächspartner.	OOOOOOOOOO
Ich verzichte ganz bewusst darauf, Recht haben zu wollen.	OOOOOOOOOO
Ich überprüfe meine eigenen Projektionen.	OOOOOOOOOO
Ich erinnere meine Prioritäten und handle danach.	OOOOOOOOOO
Ich formuliere meine persönliche Zukunftsvision.	OOOOOOOOOO
Ich fixiere meine Ziele schriftlich und prüfe sie regelmäßig.	OOOOOOOOOO
Ich feiere Erfolgserlebnisse, allein oder im Team.	OOOOOOOOOO

Nutzen Sie Ihre unbewussten Kräfte

So verwandeln Sie Ihre Probleme in Ziele................................... 160
Das Unbewusste als Chef im Ring 161
Das Unbewusste ist immer aktiv!... 163
Bewusste Beobachtung.. 165
Das Unbewusste funktioniert wie ein Autopilot 167
Denken Sie zielorientiert! 168
Das Unbewusste braucht positive Worte.................................. 172
Die aktive Gestaltung Ihrer Entwicklung................................... 174
Der Zensor – Wächter des Unbewussten 175
Vertrauen Sie Ihrem Unbewussten! 177
Das „innere Parlament" als Wahrnehmungsfilter..................... 179
Die Kunst der gezielten Veränderung.. 183

Autosuggestion: Ich nutze die Kraft des Unbewussten 185
Checkliste: Die Kraft des Unbewussten 186

So verwandeln Sie Ihre Probleme in Ziele

Haben Sie schon einmal Ihren Haustürschlüssel in der Wohnung verlegt? Natürlich haben Sie den Schlüsselbund selbst irgendwo hingelegt – doch Sie können sich beim besten Willen nicht mehr erinnern, wohin! Wer hat den Schlüssel abgelegt – der bewusste Mensch oder ein unbewusster Teil seiner Persönlichkeit? Je mehr Willenskraft Sie aufbringen, um den Schlüssel zu finden, desto ohnmächtiger fühlen Sie sich.

In solchen Momenten kann Ihnen bewusst werden, dass Ihr Unbewusstes offensichtlich ein Eigenleben führt: „Wo ist nur dieser verflixte Schlüssel?" Haben Sie ihn vielleicht auf der Straße verloren? Nein, sonst wären Sie ja gar nicht in die Wohnung hineingelangt. Er muss doch irgendwo sein! Und während Sie das fünfte Mal alle Taschen durchsuchen, könnten Sie Ihr Unbewusstes verfluchen und Ärger, Ungeduld und Zorn entfachen – oder Sie könnten sich mit den unbewussten Kräften verbünden, indem Sie sich auf Ihr Vertrauen besinnen.

Das Zauberwort heißt jetzt: „Loslassen!" Kennen Sie dieses Phänomen aus eigener Erfahrung? Sobald sich Ihre verkrampfte Psyche wieder entspannt und Sie einfach darauf vertrauen, dass der Schlüssel schon wieder auftaucht, erweitert sich der Radius Ihrer Wahrnehmung. Neue, erfrischende Informationen strömen in Ihren psychischen Arbeitsspeicher. Sie schlendern in die Küche, machen sich ein Sandwich, genehmigen sich einen Drink – und plötzlich: „Da liegt er ja – mein Schlüssel!" Zwischen Einkaufstüten und Lebensmitteln – na klar, jetzt erinnern Sie sich! Die Tüten wurden nach der Hektik des Einkaufens erst einmal provisorisch in der Küche abgestellt, dann klingelte plötzlich das Telefon – und um schnell die Hände freizubekommen, hat das Unbewusste entschieden, den Schlüssel praktischerweise zwischen Obst und Gemüse auf dem Küchentisch zu deponieren.

Solange alles nach Plan läuft, bemerkt kaum jemand die Arbeit unserer psychischen Heinzelmännchen. Aber wenn die Matrix einen Fehler aufweist, wenn das gewohnte Programm unterbrochen wird, entsteht plötzlich neuer geistiger Raum und wir sind aufgefordert, die Natur des Unbewussten genauer zu erforschen.

Wenn Sie Ihren Alltag gewissenhaft analysieren, werden Sie feststellen, dass es in Ihrem Leben oftmals Situationen gibt, in denen Ihr Unbewusstes ohne Ihr bewusstes Zutun für Sie handelt:
- Wer erledigt all die eingeschliffenen Routinetätigkeiten?
- Wer putzt morgens Ihre Zähne?
- Wer steuert Ihr Auto sicher durch den Straßenverkehr?
- Wer sorgt dafür, dass Sie Durst verspüren, wenn Ihr Körper Flüssigkeit braucht?
- Wer entscheidet über Gesundheit oder Krankheit?
- Falls Ihr Unbewusstes sich für eine Krankheit entschieden hat – wer sorgt dafür, dass Sie wieder gesund werden?
- Wer bekämpft Viren und Bakterien in Ihrem Körper? Wer heilt eine Wunde?

Ihr Bewusstsein? Nein – Ihr Unbewusstes! Ihr Organismus ist mit einem fantastischen Selbst-Heilungs-Programm ausgestattet, das von unbewussten Kräften gesteuert wird – von Generation zu Generation durch Mutation und Selektion konsequent verfeinert, millionenfach erfolgreich erprobt. Eine Phase der Krankheit ist ein guter Zeitpunkt, um mit dem Unbewussten Kontakt aufzunehmen und seine Funktionsweise mit der nötigen Demut vor der Großartigkeit dieses Wunderwerks der Natur zu erforschen.

> Erkennen Sie, dass Ihr Unbewusstes ein sinnvolles Eigenleben führt. Würdigen Sie die Arbeit Ihres Unbewussten im Vertrauen auf die Zuverlässigkeit dieses Wunderwerks der Natur.

Das Unbewusste als Chef im Ring

Wir Menschen sind darauf angewiesen, unserem Unbewussten zu vertrauen – es ist der heimliche Manager unserer gesamten Lebensführung. Außerdem ist das Unbewusste der Ort, an dem das Vertrauen zu Hause ist. Die zentrale Entscheidung, wie sehr wir unseren Fähigkeiten, einem anderen Menschen oder einer bestimmten Situation vertrauen, wird von einer Instanz in unserer unbewussten Psyche getroffen.

Das menschliche Bewusstsein hat lediglich eine Beraterfunktion, es kann bestimmte Informationen hervorheben oder logische Schlussfolgerungen daran knüpfen – doch die eigentliche Entscheidung resultiert aus unserem „Bauchgefühl". Gewissermaßen zu Recht – denn das Unbewusste kann in wenigen Sekunden sehr viel mehr Informationen verarbeiten als das Bewusstsein an einem Tag. Deshalb ist das Unbewusste der eigentliche Chef im Ring – was allerdings auch Probleme erzeugen kann.

Zum einen leben die meisten Menschen in der Illusion einer bewussten Lebensführung und haben somit ein verzerrtes Selbstbild. Außerdem wurde die unbewusste Steuerung für eine Umwelt geschaffen, die sich im Laufe eines Menschenlebens nicht wesentlich änderte – was unsere Vorfahren im Kindesalter gelernt hatten, galt dreißig Jahre später ebenso – wohlschmeckende Wurzeln waren nach wie vor wohlschmeckende Wurzeln, giftige Pilze waren giftige Pilze und wenn der Säbelzahntiger sich näherte, musste man sich nach wie vor auf den nächsten Baum flüchten.

> Unsere Umwelt verändert sich rasend schnell! Vertrauen Sie nicht blind auf Ihre unbewussten Programmierungen. Optimieren Sie alte Programmierungen gezielt.

Doch heutzutage ist alles anders – die Welt verändert sich rasend schnell! Was wir vor dreißig Jahren gelernt haben, entspricht heute einer uralten Programmierung, die vermutlich schon lange ein bewusstes „Update" gebrauchen könnte. Deshalb befinden wir uns als moderner Mensch in einer vertrackten Situation: Einerseits sind wir darauf angewiesen, unserem Unbewussten zu vertrauen, andererseits dürfen wir nicht blind vertrauen, weil wir sonst Gefahr laufen, immer wieder wie die Stubenfliege gegen die Fensterscheibe zu fliegen. Aufgrund der allgemeinen Illusion von vermeintlicher Bewusstheit ist es für das Individuum äußerst schwierig, alte, nicht mehr aktuelle Programmierungen als solche frühzeitig zu erkennen.

> **Ihr Erkenntnisgewinn:**
> Hüten Sie sich vor Eitelkeit! Je eitler ein Mensch, desto mehr neigt er dazu, unangenehme Wahrheiten aus dem Bewusstsein zu verdrängen. Sehr eitle Zeitgenossen haben kaum eine Chance, ihre Persönlichkeit harmonisch zu entwickeln, da sie nicht bereit sind, ihre blinden Flecken zu hinterfragen. Doch auch die Eitel-

> keit ist eine alte und nicht sehr intelligente Programmierung, die unterbrochen und durch ein gesundes und realistisches Selbstbewusstsein geheilt werden kann.

Das Unbewusste ist immer aktiv!

Wir befinden uns alle in dem psychischen Spannungsfeld zwischen der „Notwendigkeit, dem Unbewussten zu vertrauen" und dem „Reformbedarf aufgrund veralteter Programmierungen".

Auf den folgenden Seiten möchten wir Sie dafür sensibilisieren, welche erstaunlichen Leistungen Ihr unbewusster Autopilot tagtäglich für Sie vollbringt. Gleichzeitig möchten wir Ihnen zeigen, wie Sie in Situationen, in denen Ihr Autopilot noch nicht mit der optimalen Programmierung ausgestattet ist, die unbewusste Steuerung unterbrechen und stattdessen wie ein kompetenter und verantwortungsvoller Pilot selbst Ihren Kurs bestimmen können.

Doch wie können Sie mit Ihrem Unbewussten Kontakt aufnehmen? Indem Sie sich selbst so beobachten, als wenn Sie sich noch nie beobachtet hätten! Unterbrechen Sie das gewohnte Muster Ihrer Selbstwahrnehmung. Um Ihr Unbewusstes zu erkennen, müssen Sie Aspekte Ihres Seins wahrnehmen, die Sie normalerweise ignorieren. Wann können Sie das tun? Jederzeit! Selbst wenn Sie schlafen oder tagträumen: Ihr Unbewusstes ist kontinuierlich für Sie im Einsatz! Es regelt nicht nur Ihre vegetativen Körperfunktionen wie Atmung, Herzschlag oder Verdauung, sondern steuert auch Ihren körpersprachlichen Ausdruck und lässt Ihre Stimme sorgenvoll, schüchtern oder begeistert klingen!

> Doch das Unbewusste kann noch mehr. Es ist viel mächtiger als die meisten Zeitgenossen ahnen, denn es bestimmt normalerweise auch über die Ausrichtung Ihrer bewussten Wahrnehmung!

Welcher Teil Ihres Unbewussten entscheidet jetzt darüber, womit sich Ihr Bewusstsein als Nächstes beschäftigen soll? Solange Sie nicht aktiv selbst entscheiden, worauf Sie sich fokussieren wollen, entscheidet Ihr Unbewusstes! Sobald die Konzentration Ihrer bewussten Kraft nachlässt, bestimmt Ihr Unbewusstes, welche Reize in Ihrem

Nutzen Sie Ihre unbewussten Kräfte

psychischen Arbeitsspeicher bevorzugt verarbeitet werden. In Ihrem gesamten Leben vergeht nicht eine einzige Minute, ohne dass Ihr Unbewusstes für Sie sorgt. In Anbetracht dieser Tatsache erscheint es nur konsequent, wenn Sie der Funktionsweise des menschlichen Unbewussten zukünftig einen wachsenden Teil Ihrer Aufmerksamkeit widmen.

> Beobachten Sie die Funktionen des Unbewussten gezielt. Unsere Kommunikation wird überwiegend durch unbewusste Programmierungen gesteuert.

Wollen wir menschliches Verhalten verstehen, müssen wir sowohl in der individuellen Geschichte als auch in der Geschichte der Menschwerdung forschen. Das menschliche Bewusstsein ist, evolutionsgeschichtlich betrachtet, eine sehr junge Schöpfung der Natur. Wissenschaftler schätzen, dass erst vor rund 20.000 Jahren die frühen Formen von menschlicher Bewusstheit auftauchten. Der Prozess der vollständigen Entwicklung unseres Bewusstseins ist noch lange nicht durchlaufen. Das Unbewusste hingegen hat sich seit Millionen von Jahren im Überlebenskampf erfolgreich bewährt. Deshalb wird Ihr Gehirn im Zweifelsfall dem Unbewussten stärker vertrauen als dem Bewusstsein.

Diese Tatsache ist den meisten Menschen jedoch nicht bekannt. Da wir uns normalerweise mit unserem Bewusstsein identifizieren, wird alles, was außerhalb unseres Bewusstseins geschieht, überhaupt nicht wahrgenommen. Sobald Sie jedoch lernen, sich selbst und andere durch unsere neuen Wahrnehmungsfilter zu betrachten, werden Sie fasziniert feststellen, wie sehr Sie selber und auch die anderen Menschen durch die Funktionsweise des Unbewussten gesteuert werden. Viele Fragen zum menschlichen Verhalten, die sich ohne die Berücksichtigung des Unbewussten nicht überzeugend beantworten ließen, erscheinen plötzlich in einem neuen Licht.

Warum fällt es den meisten Menschen so schwer, sich zu verändern? Warum können viele Menschen nicht mit dem Rauchen aufhören oder ihre Essgewohnheiten ändern, obwohl sie wissen, dass sie sich schaden? Die Antwort lautet: Weil eine unbewusste Programmierung ihr Verhalten steuert. Unbewusste Verhaltensprogramme sind bei vielen Menschen nicht nur die Grundlage ihrer Leistungsfähigkeit, sondern auch ihrer Lebensqualität. Bewusstheit ist die Ausnahme, nicht der Regelfall. Sie wird nur stimuliert, wenn sich die Umwelt verändert und die konditionierten Programme offensichtlich nicht mehr kompatibel mit den äußeren Anforderungen sind. Sich verändernde Lebensbedingungen fordern die menschliche Kreativität. Plötzlich müssen wir neue Ideen entwickeln und das gewohnte Verhalten neu ausrichten. Nur durch bewusstes Lernen können wir optimale Ergebnisse erzielen.

> **Ihr Erkenntnisgewinn:**
> Werden Sie sich Ihrer selbst bewusst! Erst das Vorhandensein von bewusster Energie ermöglicht dem Menschen eine wirklich freie Lebensgestaltung.
>
> Wenn ein Mensch beabsichtigt, sich entgegen seiner unbewussten Programmierung zu verändern, braucht er zunächst entschlossene Willenskraft und muss dann lernen, die alte Programmierung gezielt zu beeinflussen. Damit Sie dies in Zukunft sehr viel müheloser tun können und nicht gegen Windmühlen kämpfen, müssen Sie sich mit der Funktionsweise des Unbewussten befassen.

Bewusste Beobachtung

Um jene Lebensbereiche zu verändern, die der unbewussten Steuerung unterliegen, bedarf es geeigneter Methoden. Zunächst gilt es, Licht in die verborgenen psychischen Prozesse zu bringen. Grundsätzlich empfiehlt es sich, sowohl das eigene Unbewusste als auch das Ihrer Mitmenschen mit wohlwollendem Interesse zu beobachten.

Die aufmerksame Beobachtung der eigenen Person erlaubt uns eine Innensicht auf psychische Vorgänge. Damit Sie Ihrer Subjektivität als Instrument der Selbsterkenntnis voll vertrauen können, müssen Sie regelmäßig „Psycho-Hygiene" betreiben, indem Sie sich ehrliches Feedback von Ihren Mitmenschen einholen und Ihre erzielten Ergebnisse durch einen realistischen „Optimierungsfilter" betrachten.

Indem Sie Ihre unbewussten Reaktionen, Ihre „blinden Flecken", durch bewusstes Licht beleuchten, reinigen Sie Ihre psychischen Filter von gefährlichen Verzerrungen – ähnlich wie eine Katze, die sich das Fell putzt. Das gesamte Haarkleid der Katze ist ein sehr sensibles

Nutzen Sie Ihre unbewussten Kräfte

Sinnesorgan. Jedes einzelne Haar wirkt wie eine feine Antenne, die alle Schwingungen um sie herum mit unglaublicher Sensibilität registriert. Nur durch regelmäßige Pflege kann die hohe Sensibilität und damit eine zuverlässige Orientierung gewährleistet werden. Die menschliche Psyche unterliegt dem gleichen Prinzip. Wenn Sie Ihren inneren Prozessen regelmäßige Aufmerksamkeit schenken, leichte Verzerrungen frühzeitig erkennen und bereinigen, können Sie der Weisheit Ihrer Gefühle mit gutem Gewissen vertrauen.

Oftmals jedoch sind wir „betriebsblind" innerhalb unserer eigenen Psyche. Viele Menschen vernachlässigen die Psycho-Hygiene. Sie vergessen bei der Beurteilung von Situationen, Sachverhalten oder anderen Menschen, die Subjektivität ihrer eigenen Wahrnehmung zu relativieren. Sie verwechseln die eigene „innere Landkarte" mit der Wirklichkeit. Viele Konflikte im Privatleben und im Beruf resultieren aus der unreflektierten Identifikation mit der eigenen Subjektivität. Durch die bewusste Beobachtung der allgegenwärtigen Betriebsblindheit wird auch in Ihnen das Bedürfnis erwachen, Ihre Lebensqualität wahrhaft zu steigern, indem Sie sich darin trainieren, sowohl sich selbst als auch Ihre Mitmenschen durch realistische und wenig verzerrende Filter zu betrachten.

Wir haben uns so sehr an uns selbst gewöhnt, dass wir unsere Gedanken, Gefühle und Empfindungen als selbstverständlich hinnehmen. Oftmals vergessen wir, dass jede psychische Reaktion ein authentischer Ausdruck unserer Einzigartigkeit ist! Deshalb ist es manchmal leichter, die Funktion des Unbewussten im Verhalten anderer Menschen zu beobachten. Auch wenn uns hier die eigene Innensicht fehlt, sind wir dafür weniger mit dem Phänomen der psychischen Betriebsblindheit konfrontiert.

> **Ihr Erkenntnisgewinn:**
> Wir empfehlen Ihnen, Ihre Wahrnehmung niemals abstumpfen zu lassen, sondern das Wunder der menschlichen Vielfalt immer wieder aufs Neue durch wohltuend-erfrischende Filter zu betrachten.

Das Unbewusste funktioniert wie ein Autopilot

Der Mensch ist glücklicherweise nicht nur eine biologische „Überlebensmaschine". Indem wir uns unsere psychischen Programme bewusst machen, können wir unser Schicksal positiv beeinflussen. Dafür wollen wir nun untersuchen, wie unsere unbewusste Steuerung funktioniert.

Dieses Wunderwerk der Natur hat sich seit Millionen von Jahren erfolgreich weiterentwickelt. Ein wesentliches Geheimnis unseres evolutionären Erfolgs ist die Tatsache, dass wir zusätzlich zu den automatischen Lernprogrammen, die sich aus den nützlichen Erfahrungen unserer Vorfahren entwickelt haben, durch bewusstes Lernen neue Programme erschaffen können.

Viele Menschen erwachen regelmäßig genau zum richtigen Zeitpunkt, kurz bevor der Wecker klingelt. Auf scheinbar magische Weise weiß das Unbewusste, wann es den schlafenden Menschen wecken soll. Im Laufe des Tages verrichten Sie Ihr Tagewerk und, ohne dass Sie sich bewusst damit beschäftigen müssen, verdaut Ihr Magen das leichte Frühstück ebenso unauffällig wie das warme Mittagessen. Wenn die unbewusste Programmierung reibungslos funktioniert, fühlt sich das Leben gut an.

Sobald Reibungen auftreten wie zum Beispiel eine Verdauungsstörung, merken Sie dies zunächst als unterschwelliges Unbehagen. Wenn diese Störung nicht von Ihren unbewussten Selbstheilungskräften ausgeglichen werden kann, erreicht das Unbehagen einen kritischen Schwellenwert, der sich zum Beispiel in Form von unangenehmen Bauchschmerzen manifestieren könnte. Erst jetzt wird Ihr Bewusstsein informiert, und Sie sind dazu gefordert, jenseits der automatischen Programmierung eine hilfreiche Veränderung einzuleiten, indem Sie sich beispielsweise eine entspannende Bauchmassage gönnen.

Ein weiteres Beispiel zur Beobachtung unbewusster Steuerung ist das Autofahren. Fast der gesamte Straßenverkehr wird durch unbewusste Kräfte gesteuert – oder sorgt Ihr Bewusstsein dafür, dass Sie an einer roten Ampel auf die Bremse treten und einen angemessenen Abstand zu den Autos auf der anderen Straßenseite halten? Besonders eine längere Fahrt auf der Autobahn bedeutet eine willkommene Einladung für das menschliche Bewusstsein, schlafen zu gehen und stattdessen dem mentalen Autopiloten die Steuerung des Fahrzeugs zu überlassen. Gleichförmige Geschwindigkeit, das sonore Schnurren des Motors – schnell fällt der Autofahrer in eine leichte Trance, man denkt an tausend Dinge, Zeit verfliegt unbemerkt – und plötzlich ist man fast am Ziel! Das Unbewusste hat das Fahrzeug sicher über Hunderte von Kilometern geführt – erst kurz vor dem Ziel erwacht das Bewusstsein –, schließlich gilt es jetzt, die richtige Abfahrt nicht zu verpassen.

> **Ihr Erkenntnisgewinn:**
> Auch das menschliche Leben wird überwiegend durch einen „Autopiloten" gesteuert. Wenn Sie Zugriff auf den Programmier-Code bekommen, können Sie sich sogar auf zukünftige Verhaltensweisen programmieren. Der Schlüssel ist die Installation von nützlichen Gewohnheiten. Deshalb empfehlen wir Ihnen das regelmäßige Ausfüllen der Erfolgs-Checklisten, das Sprechen der Autosuggestion vor dem Spiegel und die Praxis der Selbstbeobachtung.

Denken Sie zielorientiert!

In vielen Alltagssituationen können Sie die Funktionsweise Ihres unbewussten Autopiloten beobachten. Sie sitzen beispielsweise in einem Konferenzraum und möchten eine Tasse Kaffee trinken. Wenn Sie sich von Ihrem Stuhl erheben – konzentrieren Sie sich dann bewusst auf Muskelbewegungen, Verlagerung des Gleichgewichtes, Fixierungen der Augen und all die anderen Verhaltenssequenzen, die notwendig sind, um zum Kaffeetisch zu gehen, eine Tasse zu greifen, zu füllen und den Kaffee anschließend durch Schluckbewegungen in Ihren Magen zu befördern? Nein, das tun Sie nicht. Stattdessen richten Sie Ihre Aufmerksamkeit einfach auf das erwünschte Ziel. Sie denken an duftenden Kaffee, und Ihr Gehirn aktiviert automatisch alle nötigen Verhaltensprogramme. Ihre Motorik funktioniert fast immer gänzlich unbewusst. Sie können sogar mit den Kollegen plaudern oder über Ihren Konferenzbeitrag nachdenken, während Sie sich Ihrem Kaffee nähern – und plötzlich stehen Sie mit einer gefüllten Tasse in der Hand am Bistrotisch.

Denken Sie zielorientiert!

> Nutzen Sie die Kraft der positiven Gewohnheiten! Ihr Autopilot braucht eine positive Zielvorgabe, um Ihre unbewussten Kräfte auf die Erreichung Ihrer Ziele zu konzentrieren.

Doch was wäre geschehen, wenn Sie – während Sie noch am Konferenztisch saßen – nur gedacht hätten: „Ich will nicht auf meinem Platz sitzen bleiben?" Vermutlich wären Sie nicht so elegant in den Genuss der Tasse Kaffee gekommen. Ihr „Autopilot" braucht eine positive Zielvorgabe! Der Mensch braucht positive Ziele, um sich souverän durchs Leben zu bewegen.

Um Ihr Unbewusstes zur Erreichung Ihrer Ziele zu aktivieren, müssen Sie ihm genau sagen, was es für Sie tun soll. Sobald es eine Tätigkeit erst einmal erfolgreich ausgeführt hat, entwickelt es eine Eigendynamik. Das Unbewusste hat die Tendenz, bewährte Verhaltensmuster zu wiederholen. So entwickeln sich Gewohnheiten. Wenn eine Gewohnheit erst einmal eingeschliffen ist, kann die entsprechende Verhaltensweise bis in alle Ewigkeit ohne jegliches bewusstes Zutun wiederholt werden. Damit das Muster jedoch entstehen kann, müssen Sie zunächst eine Zielvorstellung, eine positive Vision Ihres zukünftigen Verhaltens entwickeln.

Je öfter Sie das Verhalten wiederholen, desto stabiler wird die entsprechende Programmierung in Ihrem Gehirn. Im Laufe der Zeit wird Ihr Unbewusstes einen unwiderstehlichen Drang entwickeln, die eingeschliffene Programmierung im Alltag zu realisieren. Es wird die Filter Ihrer selektiven Wahrnehmung darauf ausrichten, Chancen zu entdecken, um das entsprechende Verhalten zu realisieren.

Wie wäre es, wenn Sie einkaufen gehen und vorab alle Dinge aufschreiben, die Sie heute garantiert nicht kaufen werden – hätten Sie ein angenehmes und erfolgreiches Erlebnis im Supermarkt? Vermutlich nicht. Ihr Autopilot könnte nicht für Sie tätig werden, weil Sie ihm keine nützliche Programmierung gegeben haben. Sie würden irritiert und gestresst in den Gängen umherirren, immer wieder verzweifelt auf Ihre nutzlose Einkaufsliste schauen – und Sie würden ein für allemal verstehen, dass es wesentlich intelligenter ist, sich auf die Dinge zu konzentrieren, die Sie haben möchten, als auf diejenigen, die Sie nicht wollen.

> Gedanken sind Kräfte! Nutzen Sie Ihre Fantasie, um Ihr Gehirn konkret auf Ihr gewünschtes Ziel hin zu programmieren.

Nutzen Sie Ihre unbewussten Kräfte

Der menschliche Autopilot braucht positive Ziele. Wer sich mental überwiegend mit Problemen beschäftigt, macht es sich unnötig schwer: „Oh Gott, dieses schreckliche Problem belastet mich! Es ist besonders schwierig, weil ... Ich will es nicht mehr haben, dieses Problem!" Wer mental in seinen Problemen badet, hat kaum eine Chance zur echten Veränderung. Jeder problemorientierte Gedanke verstärkt das Problem nur noch weiter, denn Beachtung bringt Verstärkung. Ein Mensch, der ein Problem hat und es einfach loswerden möchte, ohne dabei ein alternatives Ziel zu formulieren, verstärkt lediglich seine Misere.

Stattdessen sollten Sie Ihre Probleme zielorientiert angehen und konsequent an die Lösung denken: „Ja, wie wird es denn sein, wenn ich das Problem gelöst habe? Was habe ich dann?" Wie wird Ihre Situation stattdessen beschaffen sein? Wie lautet das Ziel, das Sie erreichen müssen, um Ihre Situation zu verbessern?

Denken Sie konstruktiv und nutzen Sie Ihre Fantasie, um Ihr Gehirn möglichst konkret auf das gewünschte Ziel hin zu programmieren. Unser Unbewusstes ist darauf geeicht, unsere inneren Vorstellungen in der Außenwelt zu verwirklichen. Das alte Sprichwort „Was der Denker denkt, beweist der Beweisführer!" gilt nicht nur in der Wissenschaft. Die „Sich-selbst-erfüllende Prophezeiung" beeinflusst unser gesamtes Leben, ob wir es wollen oder nicht!

> Zielorientiertes Handeln resultiert aus positiven Gedanken. Gönnen Sie sich die beste aller Möglichkeiten, um Ihre Motivation zu stärken.

Das Unbewusste verfolgt die Realisierung der inneren Konzepte sehr zuverlässig. Zielorientiertes Handeln resultiert aus positiven Gedanken. Die konsequente Umsetzung von positiven Konzepten stärkt unsere Selbstachtung und unsere Glaubwürdigkeit gegenüber anderen Menschen. Externe Bestätigung der inneren Konzepte vermittelt dem Unbewussten wiederum ein Gefühl von Sicherheit. Indem Sie dieses psychologische Prinzip erkennen und gezielt umsetzen, nutzen Sie Kraft des Wünschens. Programmieren Sie Ihren Autopiloten, indem Sie positive Zukunftsvisionen formulieren!

> **Ihr Erkenntnisgewinn:**
> Halten Sie Ihre Ziele schriftlich fest, erstellen Sie pragmatische To-do-Listen und kontrollieren Sie Ihre Erfolge regelmäßig. Je

Denken Sie zielorientiert!

intensiver Sie sich mit Ihren Erfolgserlebnissen verbinden, desto stärker wächst Ihr Selbstvertrauen.

In Gesprächen oder Konferenzen werden oftmals nur unbefriedigende Ergebnisse erreicht, weil den angestrebten Zielen viel zu wenig Aufmerksamkeit gewidmet wird. Stattdessen verbringt man seine Zeit damit, mögliche Probleme und Schwierigkeiten endlos zu debattieren. Problemorientierte Strategien beherrschen die Tagesordnung in vielen deutschen Unternehmen. Nicht wenige Menschen haben sich in ihrer Argumentations-Technik darauf spezialisiert, die negativen Aspekte zu betonen.

Doch Beachtung bringt Verstärkung – auch in negativer Hinsicht. Der Fokus der Teilnehmer wird immer wieder auf die Probleme gelenkt. Mit großem Eifer sucht man nach negativen Begründungen, ohne zu bemerken, dass der problematische Charakter der Situation in den Gehirnen der Teilnehmer dadurch nur vertieft und verankert wird.

Nur selten hört man zielorientierte Fragen, die dafür sorgen, dass sich die Probleme in Ziele verwandeln:

- Was genau wollen wir heute erreichen?
- Welche Prioritäten setzen wir?
- Womit fangen wir an?
- Wie gehen wir dabei vor?
- Worauf müssen wir besonders achten?
- Wer macht was bis wann?

Wer ein Problem lösen will, braucht zunächst eine positive Basis. Sobald der Problemlöser weiß, welche Ressourcen ihm zur Verfügung stehen, steigt sein Selbstvertrauen. Er verfügt über ein kreatives Potenzial, aus dem er schöpfen kann. Er ist motiviert, die nötigen Anstrengungen zu vollbringen. Eine problemorientierte Vorgehensweise hingegen dämpft die Motivation in erheblichem Maße, sie tötet jede Form von Begeisterung. Sie behindert die Kreativität und bewirkt Angst, Misstrauen und allgemeine Frustration. Außerdem können zusätzliche Schwierigkeiten entstehen, weil die betroffenen Menschen durch problemorientiertes Denken einen negativen Wahrnehmungsfilter entwickeln. Plötzlich sieht man nur noch Probleme.

> **Ihr Erkenntnisgewinn:**
> Wir empfehlen Ihnen, als Auftakt einer Aktion zunächst das angestrebte Ziel zu formulieren, dann die benötigten Ressourcen zu organisieren und erst im Anschluss mögliche Schwierigkeiten zu berücksichtigen.

Das Unbewusste braucht positive Worte

Wir möchten Sie nun zu einem kleinen Experiment einladen: „Denken Sie jetzt bitte nicht an eine kleine schwarze Katze!" – Was geschieht in Ihrem Gehirn, wenn Sie versuchen, nicht an die kleine schwarze Katze zu denken?

Richtig, ob Sie wollen oder nicht – Sie denken zunächst an die Katze! Ihr Unbewusstes kann nicht negieren! Egal ob Sie das Wörtchen „nicht" in Ihren Befehl einbauen, Ihr Unbewusstes wird jeden Befehl ausführen, den Sie ihm zukommen lassen. Es denkt in Bildern. Jeder Reiz wird verarbeitet. Das Prinzip der Negation erfordert eine Leistung des Bewusstseins. Natürlich können Sie nicht an eine kleine schwarze Katze denken! Wie machen Sie das? Indem Sie stattdessen konsequent an etwas anderes denken.

> Das Unbewusste denkt in Bildern – es kann nicht negieren. Wenn Sie etwas nicht wollen, entwickeln Sie eine positive Alternative!

Lautet der Befehl hingegen: „Denken Sie an einen großen weißen Hund!", ist es eindeutig. Wenn Sie mit dem Unbewussten kommunizieren und etwas nicht wollen, ist es notwendig, dass Sie eine Alternative anbieten! Das Unbewusste braucht immer eine positive Alternative. Eine bloße Negation führt zum Gegenteil.

Beachtung bringt Verstärkung! Je mehr Sie auf das Negative fokussieren, desto stärker machen Sie es. Diese Tatsache ist besonders wichtig im Zusammenhang mit der positiven Gesprächsführung. Als souveräner Gesprächspartner sollten Sie konsequent darauf achten, Ihre Ziele, Wünsche und Absichten in positiven Worten auszudrücken. Natürlich kann es manchmal sinnvoll sein, darüber zu sprechen, was nicht passieren soll. Doch in jedem Fall ist es notwendig, im Anschluss an die negative Darstellung eine konstruktive Alternative in positiven Worten zu formulieren!

Der Umstand, dass Ihr Unbewusstes nicht negieren kann, gilt auch für Veränderungswünsche. Jedes Verhalten ist neurologisch in unserem Nervensystem verankert. Wenn Sie sich verändern wollen und statt des alten, unerwünschten Verhaltens ein neues, besseres Verhalten zeigen wollen, muss dafür zunächst eine neurologische Bahn in Ihrem Gehirn angelegt werden. Aus diesem Grund ist das Sprechen der positiven Autosuggestionen vor dem Spiegel so wertvoll und effektiv!

Bevor der Mensch tatsächlich zum Mond fliegen konnte, musste diese Idee in sehr vielen intelligenten Gehirnen bis ins kleinste Detail durchdacht werden. Immer wieder „flogen" die Wissenschaftler mental zu unserem Erdtrabanten, bevor die Astronauten dieses Ziel tatsächlich realisieren konnten. Wir empfehlen auch Ihnen, das mentale Manöver der fantasierten Zielerreichung für Ihre Veränderungswünsche zu nutzen, indem Sie zunächst in Ihrer Vorstellung ein Modell von dem neuen, erwünschten Verhalten erzeugen.

Aktivieren Sie Ihre Fantasie, um Ihrem Gehirn zu zeigen, was es in Zukunft tun soll. Entwickeln Sie positive Zielbilder und beschreiben Sie die anvisierten Ziele in attraktiven Worten. Um Ihre Motivation zur konsequenten Umsetzung zu steigern, können Sie das Prinzip der „Vorfreude" nutzen. Machen Sie schon frühzeitig Kontakt mit den angenehmen Gefühlen, die Sie erleben werden, wenn Sie am Ziel angekommen sind. Ein wohlgeformtes Ziel ist wie ein fruchtbares Samenkorn, das in den Garten des Unbewussten gepflanzt wird. Jeder Mensch hat die Tendenz zur Selbstverwirklichung. Die Ideen, Träume, Wünsche und Visionen, die in uns leben, wollen sich entfalten. Je wohlgeformter diese Samenkörner beschaffen sind, desto höher ist die Wahrscheinlichkeit ihrer Realisierung.

Vieles, was Sie bei der Erforschung Ihres eigenen Unbewussten erfahren, können Sie auch auf andere Menschen übertragen. Je mehr Sie lernen, Ihren eigenen Autopiloten positiv zu programmieren, desto sicherer können Sie dieses Know-how im Kontakt mit Ihren Gesprächspartnern anwenden. Um das Unbewusste Ihrer Mitmenschen zu erreichen, empfehlen wir Ihnen, eine bildhafte Sprache zu sprechen. Dabei können Sie Metaphern und anschauliche Beispiele einsetzen, die im Gehirn Ihres Gegenübers sinnliche Bilder erzeugen. Diese Bilder inspirieren Ihre Zuhörer, sich auf eine emotionale Weise mit Ihren Gesprächsinhalten zu identifizieren.

> **Ihr Erkenntnisgewinn:**
> Bei der Entwicklung von Metaphern und Geschichten sind Ihrer Fantasie keine Grenzen gesetzt. Jede Idee, die geeignet sein könnte, um die Emotionen Ihrer Gesprächspartner anzuregen, bereichert Ihr Repertoire zur positiven Gesprächsführung. Während Sie Ihre Metaphern auf die subjektive Welt Ihres Gesprächspartners abstimmen, ist es wichtig, dass Sie seine Körpersprache im Auge behalten. Durch die genaue Beobachtung der Körpersprache wissen Sie, inwieweit Ihre verbalen Angebote geeignet sind, das Erleben Ihres Gesprächspartners positiv zu beeinflussen.

7 Die aktive Gestaltung Ihrer Entwicklung

Wenn Sie die Entwicklung eines Menschen über Jahre und Jahrzehnte betrachten, können Sie sich fragen: Hat dieser Mensch seine Entwicklung bewusst gestaltet? Vermutlich werden Sie feststellen, dass die meisten Menschen ihr Leben keinesfalls bewusst lenken, sondern überwiegend durch unbewusste Kräfte gesteuert werden.

Zum Teil liegen diese Kräfte in der unbewussten Psyche des Menschen selbst begründet, weil sie sich im Laufe der Evolution als biologisch sinnvolle Programmierungen erwiesen haben und noch heute wirksam sind. Dazu gehören zum Beispiel der Sexualtrieb und das Streben nach Nahrung – nicht umsonst kompensieren viele Menschen ihre sexuelle Frustration durch übermäßiges Essen.

Auch der Drang, ein Territorium zu besetzen und gegen andere zu verteidigen, hat biologische Wurzeln. Dieses alte territoriale Programm zeigt sich heutzutage zum Beispiel im Straßenverkehr beim Kampf um Parklücken, oder im Eigenheim, beim Umgang mit Namensschildern und Gartenzäunen. Außerdem wird die Entwicklung des Menschen auch durch Umwelteinflüsse bedingt.

Der Mensch ist extrem lernfähig. Wie kein anderes Wesen auf diesem Planeten haben wir die Möglichkeit, unsere eigene Entwicklung aktiv mitzugestalten. Doch meist findet Lernen in Form von unbewusster Anpassung statt. Dieses Training soll Sie inspirieren, den Spielraum Ihrer bewussten Steuerung durch positive Visionen, innere Entschlossenheit und aktives Training zu vergrößern.

> **Ihr Erkenntnisgewinn:**
> Wir sind bekennende Optimisten. Deshalb richten wir unsere Aufmerksamkeit auf das Bestmögliche, um das Machbare zu realisieren. Wir möchten Sie motivieren, den Käfig der alten, einschränkenden Gewohnheiten zu verlassen, indem Sie sich mental darauf vorbereiten, Ihre Chancen zu nutzen. Natürlich wissen wir, dass unser Coaching nicht immer leicht umzusetzen ist, doch wir vertrauen auf die Magie des Wünschens – wo ein Wille ist, da wird sich auch ein Weg auftun – sobald die Zeit reif ist. Am Anfang steht der Wunsch – Ihre positiven Gedanken wirken wie mentale Samenkörner.

Der Zensor – Wächter des Unbewussten

Sobald unser Bewusstsein abwesend, überfordert oder anderweitig beschäftigt ist, wird der Mensch von einem Autopiloten gesteuert, der unsere unbewusst ablaufenden Verhaltensprogramme koordiniert. Jetzt könnte man sich fragen, wer darauf achtet, dass der Autopilot ordnungsgemäß funktioniert.

Das menschliche Bewusstsein kann nicht in die Tiefen des Unbewussten eindringen, weil die Grenze zwischen den Welten gewissenhaft von einer psychischen Instanz bewacht wird, die man als „Zensor" bezeichnet. Der Zensor sorgt dafür, dass die kleine Insel des Bewusstseins nicht von den riesigen Wogen des Unbewussten überflutet wird. Wir möchten Ihnen seine Tätigkeit anhand der Metapher des Pförtners verständlich machen.

Ein Pförtner achtet am Eingang einer Institution darauf, wer passieren darf und wer nicht. Nur befugte Personen dürfen die von ihm bewachte Schwelle überschreiten. Ein guter Pförtner arbeitet sehr gewissenhaft. Sein wichtigstes Kriterium ist Sicherheit. Der Pförtner befolgt die Anweisungen seines Arbeitgebers gemäß eindeutiger Kriterien. Solche Kriterien könnten Eintrittskarten oder Ausweise sein. Die zum Eintritt befugten Personen sind durch die Karten oder Ausweise so markiert, dass der Pförtner sie ohne viel Nachdenken erkennen kann. Personen, die der Pförtner gut kennt, weil sie regelmäßig kommen, dürfen die Schwelle ohne Zeitverzögerung passieren – man wird großzügig hineingewunken. Fremde Personen hingegen werden sorgfältig kontrolliert – sie müssen sich ausweisen und den Grund für ihr Kommen angeben, sonst wird ihnen der Zutritt verwehrt.

> Gewinnen Sie das Vertrauen des Zensors; er ermöglicht den Informationsfluss zwischen Bewusstsein und Unbewusstem.

Der psychische Zensor hat jedoch weitreichendere Kompetenzen als ein gewöhnlicher Pförtner. Er steht nicht nur im Dienste des Unbewussten und des Bewusstseins, er empfindet sich auch als Repräsentant der Gesamtpersönlichkeit und kann selbstständige Entscheidungen treffen. Je mehr Sie lernen, das Vertrauen Ihres Zensors zu gewinnen, indem Sie seine Arbeit respektieren, einen freundlichen Umgangston pflegen und sich bei auftretenden Wartezeiten in Geduld üben, desto großzügiger öffnet er Ihnen die Pforte zum Unbewussten, desto durchlässiger wird die magische Grenze, desto geschmeidiger können Informationen hin- und herfließen.

Auf diese Weise erleichtert sich der Austausch zwischen den Welten. Sie können einerseits lernen, bisher unbewusste Strukturen bewusst zu beleuchten, und andererseits wird Ihre Intuition, die Quelle des Unbewussten, zunehmend besser mit den relevanten Informationen gespeist.

Der Zensor steht für die unsichtbaren Kräfte in Ihnen, die dafür sorgen, dass Ihre psychische Stabilität gewahrt bleibt. Er sorgt dafür, dass wichtige Funktionen Ihrer unbewussten Psyche nicht in das Bewusstsein gelangen, damit deren Arbeit nicht durch leichtfertige Manipulation gestört werden kann. Der Zensor bewacht die Integrität Ihrer Gesamtpersönlichkeit. Er sorgt dafür, dass unbewusste Prozesse weiterhin genauso ablaufen können, wie es für Ihr Leben aufgrund der bisherigen Erfahrung am dienlichsten ist.

Wenn Ihr Bewusstsein oder sogar ein fremdes Bewusstsein in die unbewussten Steuerungsprozesse des Autopiloten einzugreifen versucht, überprüft der Zensor sehr gewissenhaft, ob die Intervention für das von ihm bewachte System nützlich ist oder ob es ihm womöglich Schaden zufügt. Falls er einen Schaden befürchten muss, wird er sich gegen den Eingriff wehren und ihn mit seiner ganzen Macht verhindern.

Deshalb ist es für viele Menschen so schwer, eingeschliffene Gewohnheiten zu verändern. Der Zensor befürchtet, die Folgen der Veränderung nicht einschätzen zu können. Im Zweifelsfall wird das alte Programm unverändert weitergefahren. Dies geschieht vielleicht nicht zur Freude des Bewusstseins, aber es dient der Sicherung des Überlebens. Das alte Programm mag zwar unerwünschte Nebenwirkungen haben, aber es hat sich über einen langen Zeitraum bewährt –immerhin haben Sie bis heute erfolgreich überlebt!

> **Ihr Erkenntnisgewinn:**
> Der Zensor geht kein Risiko ein. Sein wichtigstes Kriterium ist Sicherheit. Deshalb achtet ein guter Hypnotiseur grundsätzlich auf ein Klima des Vertrauens, wenn er einen Menschen in den Zustand der Hypnose versetzt. Er lädt den Zensor des hypnotisierten Menschen zur Kooperation ein. Während er sein Vertrauen gewinnt, spricht er mit ruhiger, warmer Stimme. Er wählt positive Worte, um den Zensor des hypnotisierten Menschen wissen zu lassen, dass er sich nun entspannen kann, weil er sich in Sicherheit befindet.

Vertrauen Sie Ihrem Unbewussten!

Der Zensor fungiert jedoch nicht nur als mächtiges Schutzorgan des Unbewussten, er erfüllt darüber hinaus weitere Funktionen innerhalb des psychischen Systems. Er überwacht nicht nur den Autopiloten, sondern schützt auch das Bewusstsein davor, mit zu vielen Informationen zum falschen Zeitpunkt überflutet zu werden.

Wir Menschen tun gut daran, dem Zensor zu vertrauen, denn er verfügt über das Wissen aller sicherheitsrelevanten Zusammenhänge innerhalb des komplexen Systems der menschlichen Persönlichkeit. Unser begrenztes, instabiles Alltagsbewusstsein wäre hoffnungslos überfordert, wenn es alle Prozesse, die ständig mit rasender Geschwindigkeit in unserer Psyche ablaufen, wahrnehmen und koordinieren müsste. Das kleine Licht des menschlichen Bewusstseins kann nicht überall gleichzeitig leuchten! Sein Arbeitsspeicher hat keine ausreichende Kapazität, um das zuverlässige Funktionieren des gesamten Organismus sicherzustellen. Im Gegenteil, ein enorm großer Teil der möglichen Bewusstseinsinhalte schlummert aus Mangel an bewusster Kapazität in tiefer Dunkelheit.

Nutzen Sie Ihre unbewussten Kräfte

Um die Arbeit des Bewusstseins in den unermesslichen Weiten des Unbewussten zu veranschaulichen, können Sie sich New York City bei Nacht vorstellen. Denken Sie an einen konkreten Teil dieser riesigen Stadt – vielleicht an eine ganz bestimmte Straße, in der gerade eine Polizeistreife fährt. Die Scheinwerfer erhellen einen Teil der Straße. Der Polizist prüft aufmerksam, ob alles in Ordnung ist. Er ist bereit, schnell zu reagieren, falls ihm irgendetwas verdächtig vorkommt. Er fühlt sich verantwortlich, die Sicherheit des ihm anvertrauten Bezirkes zu gewährleisten.

So wie dieser Streifenpolizist in seinem Revier für Ruhe und Ordnung sorgt, so kontrolliert das Bewusstsein den aktuellen Zustand Ihrer menschlichen Existenz. Es soll Auffälligkeiten, Störungen oder Gefahren entdecken und dann eine schnelle Reaktion ermöglichen. Doch es gibt viele Vorgänge in einer nächtlichen Stadt, die nicht registriert werden, weil die Polizeistreife gerade woanders weilt.

Ebenso gibt es in jedem menschlichen Leben viele Prozesse, die unbemerkt ablaufen, weil gerade andere Reize die bewusste Aufmerksamkeit beanspruchen. Wir dürfen nicht vergessen, dass in jedem Moment nicht nur überwältigend viele Informationen von außen auf uns einströmen, sondern dass auch innerhalb unseres Organismus, durch das vegetative System, durch unsere Emotionen und Gedanken eine Vielzahl weiterer Informationen verarbeitet werden muss. Nur die allerwenigsten Informationen gelangen in den Fokus unserer bewussten Aufmerksamkeit. Die meisten werden vom Zensor vorsortiert und mithilfe des Autopiloten unbewusst verarbeitet. So betrachtet, erscheint es nicht verwunderlich, dass wir Menschen zur Koordination unserer komplexen Existenz auf eine Vielzahl unbewusster Programme angewiesen sind.

> **Ihr Erkenntnisgewinn:**
> Auch wenn es wünschenswert und in gewissen Situationen geradezu notwendig erscheint, die Qualität unseres Bewusstseins zu optimieren, so ist es doch völlig unmöglich, die unermessliche Komplexität des menschlichen Daseins durch bewusste Steuerung zu managen. Wir sind darauf angewiesen, der Funktion unseres Unbewussten aus vollem Herzen zu vertrauen.

Das „innere Parlament" als Wahrnehmungsfilter

Sie haben bereits begonnen, Licht ins Dunkel Ihres Unbewussten zu werfen, als Sie anfingen, die Funktion des Autopiloten zu verstehen und sich mit dem Zensor anzufreunden. Jetzt werden wir noch tiefer in den psychischen Dschungel des Unbewussten vordringen.

Um die Vielfalt der menschlichen Impulse zu ordnen, werden in der Psychologie gern Metaphern eingesetzt. Dabei reduzieren wir die Komplexität auf das notwendige Minimum, um die zugrunde liegenden Strukturen deutlich zu machen. Diese nützliche Vereinfachung bietet Ihnen die Metapher vom „inneren Parlament". Man bezeichnet sie auch als „Teilemodell" der menschlichen Persönlichkeit. Auf den folgenden Seiten möchten wir Ihnen das Teilemodell als praktischen Wahrnehmungsfilter vorstellen. Es kann Ihnen helfen, sich in der manchmal etwas verwirrenden Welt des Unbewussten zurechtzufinden.

Durch die Entwicklung der Sprache hat der Mensch ein nützliches Instrument zur Bewusstwerdung geschaffen. Wir markieren bestimmte Erscheinungen dieser Welt mit den entsprechenden Worten. Dadurch können wir unsere Erfahrungen ordnen und sortieren. Viele Menschen beschränken sich dabei auf die äußere Welt. Sie vernachlässigen die bewusste Auseinandersetzung mit ihrer inneren Welt. So entstehen blinde Flecken in der eigenen Persönlichkeit. Wenn Sie jedoch lernen, die inneren Phänomene ebenso aufmerksam zu beobachten wie die Geschehnisse der äußeren Welt, sammeln Sie viele Pluspunkte im Kontakt mit Ihrem Unbewussten. Sie können wesentlich besser verstehen, was sich in Ihre Psyche tatsächlich abspielt.

Mithilfe des Teilemodells können Sie Ihre inneren Realitäten sinnvoll ordnen und alle wichtigen Bedürfnisse Ihrer Persönlichkeit auf eine positive Weise erkennen. Das Teilemodell stammt aus dem psychologischen Werkzeugkoffer des neurolinguistischen Programmierens (NLP). Es wurde entwickelt aus der Verbindung von Gestaltpsychologie, der hypnotischen Arbeit von Milton Erikson und dem systemischen Ansatz der Familientherapie. Das Teilemodell kann jedoch nicht nur im therapeutischen Kontext, sondern auch im normalen Lebensalltag helfen, die Komplexität der eigenen Persönlichkeit zu verstehen. Sobald Sie beginnen, die komplexen Zusammenhänge Ihrer Persönlichkeit aktiv zu erforschen, kann das Teilemodell ein magisches Tor zur Kontaktaufnahme mit Ihrem Unbewussten dar-

Nutzen Sie Ihre unbewussten Kräfte

stellen. So entwickeln Sie wahres „Selbst-Bewusstsein" – Sie werden sich Schritt für Schritt Ihres Selbst bewusst.

Um das Teilemodell auf Ihre eigene Persönlichkeit anzuwenden, können Sie sich Ihr Unbewusstes wie ein Parlament aus verschiedenen Persönlichkeitsteilen vorstellen. Je nach Situation melden sich verschiedene Teile zu Wort. Wenn Sie beispielsweise seit einigen Stunden keine feste Nahrung zu sich genommen haben, wird sich in Kürze einer Ihrer Persönlichkeitsteile zu Wort melden und dafür plädieren, bald etwas zu essen. Er geht an das innere Rednerpult und erscheint Ihrem Bewusstsein in Form eines Hungergefühls. Er versucht Ihr Bewusstsein zu beeinflussen, indem er einen Handlungsimpuls entstehen lässt. Dieser Impuls könnte sich zum Beispiel als Idee offenbaren, das Restaurant um die Ecke aufzusuchen oder ein Fertiggericht in den Ofen zu schieben.

Vielleicht gibt es in Ihrem inneren Parlament einen weiteren Teil, nennen wir ihn den „Finanzminister", der sich daran erinnert, dass sich Ihr aktueller Kontostand zurzeit in den roten Zahlen befindet. Dieser Teil wird sogleich versuchen, die möglichen Nachteile des Restaurantbesuchs in den Fokus Ihres Bewusstseins zu bringen und stattdessen für die Vorteile des bequemen und günstigen Fertiggerichts plädieren. Daraufhin könnte Ihr innerer „Gesundheitsminister" aufspringen, gegen das Fertiggericht schimpfen und stattdessen eine gesündere Mahlzeit einfordern.

Wenn sich dann noch der innere „Beziehungsminister" zu Wort meldet und sich für die schon lange fällige Belohnung Ihrer Frau in Form des Restaurantbesuches einsetzt, können Sie erleben, dass es auch bei der inneren Politik um die Durchsetzung von gemeinsamen Interessen geht. Wenn es dem Beziehungs- und dem Gesundheitsminister gelingt, den Finanzminister davon zu überzeugen, dass der aktuelle Kontostand doch noch Spielräume erlaubt, werden Sie vermutlich heute gemeinsam mit Ihrer Frau das Abendessen im Restaurant einnehmen.

Alle Teile haben eine positive Absicht

Die Metapher des inneren Parlamentes kann Ihnen helfen, viele Entscheidungen der verschlungenen Koalitionen des täglichen Lebens besser zu verstehen – sowohl bei sich selbst als auch bei anderen Menschen.

Das „innere Parlament" als Wahrnehmungsfilter

In jedem Moment unseres Lebens kämpfen innere Impulse um ihre Verwirklichung. Nur selten sind sich alle Teile einig, normalerweise müssen tragfähige Kompromisse gefunden werden – auch hier tun wir gut daran, das Win-Win-Prinzip zu beherzigen. Falls einige Teile dauerhaft unterdrückt werden, verwandeln sie sich über kurz oder lang zu inneren Saboteuren. Solch unzufriedenen Teilen bleibt dann oftmals nichts anderes übrig, als sich in Form von Unlust, Krankheit oder Depression zu äußern.

Sobald Sie beginnen, die Metapher des inneren Parlaments auf Ihr eigenes Leben anzuwenden, können Sie beobachten, dass alle Teile etwas Positives für den Menschen erreichen wollen. Allerdings kann die positive Absicht nicht immer auf eine positive Weise realisiert werden. Deshalb möchten wir Ihnen empfehlen, bei der Bewertung einzelner Teile eine nützliche Trennung vorzunehmen: die Trennung zwischen Absicht und Verhalten. Das tatsächlich gezeigte Verhalten eines Menschen ist keinesfalls immer positiv. Doch die dem Verhalten zugrunde liegende Absicht ist immer positiv – jeder Teil möchte für den betroffenen Menschen etwas Nützliches erreichen.

> Unterscheiden Sie bei der Bewertung Ihrer Persönlichkeitsteile zwischen Absicht und Verhalten. Nur wenn Sie die positive Absicht erkennen, können Sie Ihre wahren Bedürfnisse erfüllen.

Diese konsequent wertschätzende Betrachtung wurzelt im Vertrauen, sie ist Ausdruck eines positiven Menschenbildes. Sobald Sie erkannt haben, dass Ihr Unbewusstes mit aller Kraft darauf hinarbeitet, Ihnen gemäß seiner Programmierung möglichst optimal zu dienen, wird es Ihnen leicht fallen, die Tatsache der unbewussten Steuerung und auch die daraus resultierenden, zeitweiligen Fehlanpassungen zu akzeptieren. „Nobody is perfect!" Als Meister im Vertrauen sollten Sie trainieren, auch die Schwächen zu respektieren – sowohl bei sich selbst als auch bei Ihren Mitmenschen.

„Verbringe ich in Zukunft mehr Zeit im Job oder mit Familie und Freunden?" „Kann ich es mir leisten, meine Gesundheit weiterhin zu strapazieren oder sollte ich mehr auf meine Ernährung achten?" „Gehe ich am Mittwoch zum Sport, entspanne mich beim Fernsehen oder werde ich endlich Zeit finden, um ein Buch zu lesen?" Solche Fragen bilden nur die Spitze des Eisbergs. Oft verbergen sich dahinter innere Konflikte. Welche Werte haben Priorität? Welche Teile dürfen sich ausleben und welche müssen zurückstecken?

Nutzen Sie Ihre unbewussten Kräfte

> Unser Ich unterliegt vielen Impulsen zur selben Zeit. Lösen Sie Ihre inneren Konflikte, indem Sie positive Beziehungen zwischen den einzelnen Teilen ermöglichen.

Ansprüche und Erwartungen von allen Seiten! Als moderner Mensch müssen Sie viele Anforderungen zugleich bewältigen. Die Vernetzung verschiedener Teile innerhalb der Psyche ist sehr komplex und auf den ersten Blick nicht immer leicht zu durchschauen. Die meisten Teile arbeiten gänzlich unbewusst, nur wenige gelangen in das Bewusstsein. Doch sobald Sie die positive Absicht bewusst erkennen, braucht der betroffene Teil nicht mehr um seine Berechtigung zu kämpfen. Sobald bewusstes Licht auf psychische Prozesse fällt, die zuvor im Dunkeln stattfanden, kann sich der entsprechende Teil entspannen. Seine Botschaft wird endlich erhört.

Die Entspannung von Konfliktpartnern führt zudem zu einer besseren Kommunikation, alle Beteiligten können sich nun von ihrer freundlichen Seite zeigen. Als bewusster Mensch geben Sie Ihren Persönlichkeitsteilen den nötigen Raum, um die positiven Absichten zu realisieren. Durch den wertschätzenden Kontakt zwischen dem Bewusstsein und den verschiedenen Teilen können Sie Ihre inneren Konflikte kreativ lösen.

> **Ihr Erkenntnisgewinn:**
> Nur wer es versteht, seine inneren Konflikte auf eine positive Weise zu managen, wirkt auf andere Menschen überzeugend. Wer seine inneren Teile unterdrückt und misshandelt, wirkt nach außen unglaubwürdig. Nutzen Sie Ihr inneres Parlament, um alle Ihre Impulse zu synchronisieren. Schweißen Sie Ihre Persönlichkeitsteile durch bewusste Aufmerksamkeit und kreative Konfliktlösungen zu einem exzellenten Team zusammen.

Die Kunst der gezielten Veränderung

In den geheimnisvollen Tiefen der menschlichen Psyche verbergen sich unzählige Schätze, die von Ihren Vorfahren im Laufe der Evolution erworben wurden. Hier schlummert auch das Wissen um die systemische Vernetztheit der menschlichen Existenz. Das Unbewusste weiß, dass alle Verhaltensweisen nützliche Elemente im menschlichen System darstellen und sich dabei wechselseitig beeinflussen.

Während sich das Bewusstsein wie ein Polizist auf Streife befindet, verweilt das Unbewusste am nächtlichen Horizont und behält die gesamte Stadt im Auge. Dieser ganzheitliche Überblick ist die Voraussetzung für eine stabile Lebensgestaltung. So kann das Unbewusste meist völlig unbemerkt unzählige Funktionen gewährleisten. Atmung, Verdauung, Herzschlag, Stoffwechsel werden ebenso zuverlässig von unbewussten Zentren reguliert wie der aufrechte Gang oder die Steuerung Ihrer Blickrichtung. In vielen Fällen werden auch Autofahrten, morgendliche Rituale im Badezimmer, berufliche Routine-Situationen und zwischenmenschliches Konfliktverhalten durch unbewusste Verhaltensprogramme gesteuert.

Unsere Gewohnheiten sind konditionierte Programme, die zum großen Teil völlig unbewusst erlernt wurden. Je öfter Sie ein gewohntes Verhaltensmuster wiederholen, desto stabiler wird die dahinterliegende Programmierung. Auch die mentalen Konzepte über die eigene Persönlichkeit und die Stellung innerhalb sozialer Systeme sind als Gewohnheiten im Unbewussten verankert, ebenso wie Wertesysteme, Entscheidungsstrategien, Beziehungsmuster, Glaubenssätze und die Empfindung der individuellen Identität.

Doch unbewusst heißt nicht unerreichbar! Der Autopilot ist programmierbar, Sie können alte Programme verändern, updaten und optimieren, indem Sie sich auf neue Lernprozesse einlassen. Ihre Persönlichkeit hat zwar charakteristische Strukturen, doch diese Strukturen sind nicht statisch oder gottgegeben.

Der Mensch ist das lernfähigste Wesen auf diesem Planeten! Sie können sich verändern, indem Sie Ihre Funktionsweise erkennen, sich mit dem Zensor verbünden und den Autopiloten durch positive Visionen und die entsprechenden Lernprozesse neu programmieren. Dafür brauchen Sie sowohl attraktive Ziele als auch positive Gewohnheiten.

Außerdem gibt es Methoden, um Ihre Lernprozesse zu unterstützen und zu sichern. Sie können positive Autosuggestionen sprechen und regelmäßig Erfolgs-Checklisten ausfüllen, um sich auf die Realisierung Ihrer Lernaufgaben zu konditionieren. Falls Sie Ihren Veränderungsprozessen einen echten Schub geben wollen, können Sie zusätzlich einen kompetenten Coach konsultieren. Der große Vorteil des Coaching besteht darin, dass Sie durch das Feedback Ihres Coachs die Betriebsblindheit innerhalb der eigenen Persönlichkeit überwinden können. Der Coach hilft Ihnen, Ihre blinden Flecken zu beleuchten und die entscheidenden Strukturen bewusst zu machen. Außerdem sind einige Coachs darin ausgebildet, sehr gezielt auf die unbewussten Programmierungen einzuwirken. Dadurch können in kurzer Zeit nachhaltige Veränderungen herbeigeführt werden. In jedem Fall möchten wir Sie ermutigen, sich nicht durch alte, nicht mehr passende Programmierungen tyrannisieren zu lassen.

Falls Sie zu der Ansicht gelangen, dass eine Veränderung wünschenswert oder sogar notwendig erscheint, fragen Sie sich, was Sie stattdessen erreichen möchten. Zunächst beobachten Sie das alte Programm, um seine ganzheitliche Funktion zu verstehen, und dann entwickeln Sie eine positive Vision für das neue zukünftige Programm: Was wäre die schönste Alternative? Wie möchten Sie stattdessen sein? Was würde Sie wirklich begeistern?

> **Ihr Erkenntnisgewinn:**
> Setzen Sie Ihre unbewussten Kräfte optimal ein, indem Sie sich auf die Alchimie besinnen: Nutzen Sie Ihr Wissen um die Funktionsweise des Unbewussten, entwickeln Sie positive Programmierungen für Ihren Autopiloten und werden Sie ein moderner Alchimist – indem Sie Probleme in Glück verwandeln!

Ich nutze die Kraft des Unbewussten

Ich bin fest entschlossen, die Kräfte und Fähigkeiten meines Unbewussten zu nutzen!

Mein Unbewusstes ist ständig für mich im Einsatz – ein freundlicher und hilfsbereiter Riese, dem ich voll vertrauen kann.

Das Unbewusste ist der Wächter des Vertrauens. Wenn ich das Vertrauen eines anderen Menschen gewinnen will, muss ich positive Botschaften an sein Unbewusstes senden.

Das Unbewusste hört jedes Wort! Es reagiert feinfühlig auf die Stimme und die Körpersprache – deshalb sende ich Signale der freundlichen Stärke! So kann ich mein eigenes Vertrauen auch auf andere Menschen übertragen.

Im Kampf zwischen Intellekt und Gefühl siegt immer das Gefühl!

Ich respektiere die Emotion als Botschaft des Unbewussten. Gleichzeitig trainiere ich mich darin, meinen Mitmenschen positive Gefühle zu schenken.

Was für die Pflanzen das Licht, sind für uns Menschen die Ziele!

Ich denke nicht in Problemen – ich denke in Chancen und Möglichkeiten!

Meine positiven Gedanken geben dem Unbewussten eine positive Programmierung, der ich voll vertrauen kann.

Checkliste

Die Kraft des Unbewussten

Ich beobachte die Funktion des Unbewussten im Alltag.	OOOOOOOOOO
Ich schaffe positive Gewohnheiten.	OOOOOOOOOO
Ich trenne mich von negativen Gewohnheiten.	OOOOOOOOOO
Ich übertrage mein Vertrauen auf andere.	OOOOOOOOOO
Ich gebe positives Feedback und Wertschätzung.	OOOOOOOOOO
Ich beobachte die Körpersprache meiner Gesprächspartner.	OOOOOOOOOO
Ich achte auf unterschwellige Signale meiner Mitmenschen	OOOOOOOOOO
Ich vertraue meiner Intuition.	OOOOOOOOOO
Ich trainiere mich darin, mich mit dem Zensor anzufreunden.	OOOOOOOOOO
Ich spreche konstruktiv mit meinen inneren Teilen.	OOOOOOOOOO
Ich beobachte, wie Menschen unbewusst nach Lust streben.	OOOOOOOOOO
Ich beobachte, wie Menschen Frustration vermeiden wollen.	OOOOOOOOOO
Ich beobachte das unbewusste Revierverhalten.	OOOOOOOOOO
Ich aktiviere positive Schlüsselreize.	OOOOOOOOOO
Ich biete Bestätigung und Sicherheit.	OOOOOOOOOO

Das Phänomen Vertrauen

Motivieren Sie Ihre Mitmenschen 188
Das Prinzip der Beeinflussung 195
Die ideale Führungspersönlichkeit.. 204
So führen Sie als Trainer andere zum Erfolg............................. 209
Der Glaube an sich wurzelt im Vertrauen................................. 211
Coaching – ein vorbildliches Gewinner-Gewinner-Modell 213
Riskieren Sie den Sprung ins Glück! 217

Autosuggestion: Ich gehe den magischen Weg des Vertrauens! 219
Checkliste: Magie des Vertrauens 220

Motivieren Sie Ihre Mitmenschen

Die Grenze zwischen Magie und Logik verläuft ebenso fließend wie der Übergang von Licht und Schatten im Laufe eines sonnigen Tages. Mithilfe der Logik können wir all das erklären, was unser Verstand zu fassen vermag, während die Magie Phänomene beschreibt, die unser Verstand zwar erkennen, aber nicht erklären kann. Tiefes Vertrauen ist zweifellos ein außerordentlich magisches Phänomen. Mithilfe der psychologischen Wissenschaft können wir Erklärungsmodelle liefern. Wir können die evolutionsgeschichtlichen Wurzeln der Angst analysieren und nachvollziehen, warum Angst unsere kreativen Kräfte blockiert. Wir wissen auch, warum der Mensch im Zustand des Vertrauens den positiven Drang entwickelt, neue Horizonte zu erobern.

Doch trotz aller Erklärungsmodelle – tiefes Vertrauen können Sie nur dann wirklich verstehen, wenn Sie es selbst erfahren haben. Mit dem Vertrauen ist es wie mit dem Schwimmen: Wer noch nie selber geschwommen ist, kann einfach nicht verstehen, wie schön es sich anfühlt, wenn das warme Wasser den Menschen auf scheinbar magische Weise trägt.

In diesem letzten Kapitel möchten wir Ihnen die magische Qualität des Vertrauens noch einmal deutlich vor Augen führen. Je weiter Sie auf dem Weg des Vertrauens fortschreiten, desto größer wird die Wahrscheinlichkeit, dass Sie sich über kurz oder lang zu einem Meister im Vertrauen entwickeln. Als Meister im Vertrauen verwandeln Sie sich ohne Zweifel in einen Magier – Ihr starkes Vertrauen wird sowohl in Ihrer eigenen Psyche als auch im Verhalten Ihrer Mitmenschen scheinbar magische Wirkungen erzeugen.

Das Wunder des Vertrauens

Magie ist allgegenwärtig. Doch die meisten Zeitgenossen sind nur selten in der Lage, die magischen Erscheinungen zu erkennen. Manchmal gibt es Situationen, in denen wir Menschen über scheinbar magische Fähigkeiten verfügen. Plötzlich sind wir in der Lage, außergewöhnliche Dinge zu tun, die wir nicht ohne Weiteres erklären können. Manchmal ist die Liebe im Spiel, manchmal beruft man sich auf seltsame Zufälle oder vielleicht hat man ganz einfach Glück gehabt.

Tiefes Vertrauen kann wahre Wunder bewirken. Wunder widersprechen jedoch keinesfalls den Gesetzen dieser Welt, sondern

Motivieren Sie Ihre Mitmenschen

lediglich unserem begrenzten und oftmals verzerrtem Wissen über die Gesetze dieser Welt. Sobald sich unser Wissensstand erweitert, verschiebt sich auch die Grenze zur Magie. Das allgemeine Verständnis der Magie ist ebenso ein Resultat des Kulturkreises, in den wir geboren wurden, als auch des aktuellen Zeitgeistes. Vieles, was den Menschen der Vergangenheit als magisch erschien, erkennen wir heute als logisch, weil unsere Wissenschaftler die in der Natur verborgenen Prinzipien erforscht haben.

> Wunder widersprechen keinesfalls den Gesetzen dieser Welt, sondern lediglich unserem begrenzten Wissen über die Gesetze dieser Welt.

Telefone, Flugzeuge, Computer und viele andere Erscheinungen der heutigen Zeit wären selbst für die gebildetsten Menschen der Vergangenheit außerordentlich magische Phänomene gewesen. Da wir heute jedoch wissen, dass es eine logische Erklärung für die Funktionsweise der Technik gibt, wundern wir uns nicht mehr. Wenn wir eine E-Mail abschicken und sie wenige Sekunden später in Hongkong auf dem Bildschirm erscheint, finden wir das normal. Sobald unser Verstand eine plausible Erklärung anbieten kann, wie etwas funktioniert, erscheint ein besonderes Phänomen nicht mehr magisch, sondern logisch.

Zauberkünstler wie David Copperfield verraten ihrem Publikum nicht, wie ihre Tricks funktionieren, denn wenn das Publikum die Tricks durchschauen könnte, würden sie das magische Flair verlieren. Doch im Gegensatz zu den Bühnenmagiern braucht sich ein Meister im Vertrauen nicht darauf zu konzentrieren, den Schein zu wahren. Im Gegenteil – die Magie des Vertrauens besteht nicht aus spektakulären Illusionen, sondern resultiert aus handfesten Erfahrungen, die sich Tag für Tag, Woche für Woche und Jahr für Jahr verdichten und verfeinern.

Wir möchten Sie dafür begeistern, durch die Brille des Vertrauens hinter die Kulissen eines glücklichen und erfolgreichen Lebens zu schauen. Wir möchten Sie motivieren, Ihr Vertrauen und Ihre Kommunikationskompetenz miteinander wirksam zu verbinden und selbst in die Rolle eines Magiers hineinzuwachsen.

> Wirksamkeit ist das Maß der Wahrheit. Lernen Sie von einflussreichen Persönlichkeiten!

Das Phänomen Vertrauen

Als Grundlage unseres Wissens untersuchten wir die besonderen Fähigkeiten von einflussreichen Persönlichkeiten. Dabei wurde deutlich, welch entscheidende Rolle die Komponente des Vertrauens für eine glückliche und erfolgreiche Lebensführung spielt. Um unser Wissen an alle interessierten Menschen weiterzugeben, schreiben wir Bücher, Artikel und Coaching-Programme. Außerdem geben wir seit vielen Jahren Seminare zur Entwicklung der Persönlichkeit und des Führungsverhaltens. Wir würden uns freuen, wenn wir durch dieses Buch auch Sie inspirieren konnten, dem Prozess Ihrer Persönlichkeits-Entwicklung eine neue Dynamik zu verleihen. Wir hoffen, dass auch Sie bereits begonnen haben, das magische Flair des Vertrauens in Ihrem Alltag zu entdecken.

Magie fasziniert den Menschen. Magie macht uns lebendig, denn sie stimuliert unsere Fantasie. Gleichzeitig erscheint sie riskant. Wer bereit ist, sich auf die Magie einzulassen, der braucht Vertrauen. Wenn die Sinne etwas wahrnehmen, wofür der Verstand noch keine plausible Erklärung bieten kann, ist man zunächst irritiert, manchmal fasziniert. Man beginnt sich zu wundern, doch dann verlangt der Verstand eine Erklärung.

Logische Erklärungen vermitteln uns Menschen ein Gefühl von Sicherheit und Kontrolle. Überall auf diesem Planeten arbeiten Wissenschaftler, um den Horizont der logischen Erkenntnis zu erweitern und gleichzeitig die magische Welt der unerklärlichen Erscheinungen Schritt für Schritt zu entmystifizieren.

Das gesammelte Wissen der Menschheit wächst mit enormer Geschwindigkeit. Welchen Nutzen haben abstrakte Erklärungen für Ihre Lebensführung? Sie befriedigen lediglich Ihren Intellekt. Werden Sie ein besserer Mensch, indem Sie Wissen anhäufen? Nein, das werden Sie nicht. Intellektuelles Wissen, das nicht in die Anwendung gelangt, bietet kaum eine Wertschöpfung – im Gegenteil: Unterlassenes Handeln wider besseren Wissens erzeugt lediglich das berüchtigte „schlechte Gewissen" und beeinträchtigt somit Ihre Lebensqualität. Um Sie vor dem schlechten Gewissen zu bewahren, möchten wir in diesem letzten Kapitel eine attraktive Einladung aussprechen, um Ihr Wissen über die Macht des Vertrauens nachhaltig in die Anwendung zu bringen. Wir möchten Sie anregen, Ihr Selbstverständnis zu erweitern und mit einem guten Gewissen in die Rolle eines „weißen Magiers" hineinzuwachsen.

Magie im Alltag

Die Wirklichkeit eines jeden Menschen ist so reich oder arm, wie seine Wahrnehmung es zulässt. Magie im Alltag bedeutet, alle Sinne zu öffnen. Als Magier trainieren Sie sich darin, die interessanten Prozesse, die permanent in der Psyche jedes Menschen stattfinden, auf respektvolle Weise wahrzunehmen, und – wann immer es in Ihrer Macht steht – positiv zu beeinflussen. Wir Menschen unterliegen dem universellen Gesetz von Ursache und Wirkung. Je mehr positive Ursachen Sie aussäen, desto mehr positive Wirkungen werden Sie ernten. Auch das Unbewusste möchte zur Kooperation eingeladen werden. Sie brauchen sich nicht vor den Schatten zu fürchten, weil Ihr Vertrauen die Angst besiegen wird und Sie als weißer Magier Licht ins Dunkel bringen.

Ihre magische Erfahrung bewirkt, dass Sie im Kontakt mit anderen Menschen an Macht und Einfluss gewinnen. Als Meister im Vertrauen können Sie Ihre eigenen positiven Emotionen schnell auf andere Menschen übertragen. Dadurch öffnen sich Ihre Mitmenschen. Sie können gezielt auf die anderen einwirken.

Als Magier brauchen Sie rhetorische Fähigkeiten. Je besser Ihre Rhetorik, desto wirkungsvoller können Sie andere Menschen beeinflussen. Einige Zeitgenossen glauben, Rhetorik sei lediglich eine oberflächliche Angelegenheit – dem ist jedoch nicht so! Die Kunst der Rhetorik ist die Lehre von der Wirksamkeit des Menschen. Eine Persönlichkeit mit ausgeprägten rhetorischen Fähigkeiten kann andere Menschen sehr wirksam beeinflussen, denn das Unbewusste des Empfängers achtet sehr gewissenhaft darauf, ob die Darstellung des Senders mit den Inhalten seiner Botschaft übereinstimmt. So entsteht Kongruenz. Nur wer kongruent sendet, kann das Vertrauen seines Gesprächspartners gewinnen.

Die Kunst der Rhetorik fördert Ihre Fähigkeit, Ihre Botschaften auf eine überzeugende Weise zu vermitteln. Die Rhetorik eines Menschen ist ein unverwechselbarer Ausdruck seiner Persönlichkeit. Jeder hat blinde Flecken in seiner Persönlichkeit, die sich in seiner Rhetorik widerspiegeln. Mimik, Gestik und Blicke verraten den anderen Menschen, in welcher Verfassung sich Ihre Innenwelt gerade befindet. Deshalb möchten wir Ihnen empfehlen, Ihre rhetorischen Fähigkeiten gezielt zu schulen.

Der Besuch eines psychologisch fundierten Rhetorik-Seminars ist eine wertvolle Investition in die eigene Persönlichkeit. In unseren Rhetorik-Seminaren haben bereits Tausende von Menschen gelernt, ihre Außenwirkung gezielt zu verbessern und ihre Glaubwürdigkeit gegenüber anderen Menschen zu stärken. Der Lernprozess hinsichtlich der Fähigkeit, sich nach außen überzeugend darzustellen, überträgt sich bereits nach kurzer Zeit auf die gesamte Persönlichkeit.

Rhetorische Fähigkeiten wirken nicht nur in der Außenwelt, sondern auch nach innen. Ihr Unbewusstes gewinnt an Selbstwertgefühl durch die überzeugende Darstellung Ihrer eigenen Person. Sie stärken durch die Entwicklung Ihrer rhetorischen Fähigkeiten nicht nur Ihre Überzeugungskraft, sondern auch das Vertrauen in die eigenen Kräfte.

Wenn Sie die Bedürfnisse, Wünsche und Ziele Ihrer Mitmenschen systematisch erforschen, wenn Sie gezielt Vertrauen aufbauen, indem Sie Gemeinsamkeiten erzeugen und verstärken, wenn Sie eine überzeugende Körpersprache entwickeln, Ihre Stimme wirkungsvoll einsetzen und eine positive Sprache sprechen, können Sie die Wahrnehmung und die Lebensführung anderer Menschen massiv beeinflussen. Doch um Ihr Wirken nachhaltig auf eine positive Weise mit dem Gesetz von Ursache und Wirkung in Einklang zu bringen, müssen Sie ebenfalls lernen, mit dieser machtvollen Verantwortung intelligent und gewissenhaft umzugehen.

> **Ihr Erkenntnisgewinn:**
> Mit der Kunst der Rhetorik können Sie lernen, Ihre Außenwirkung gezielt zu verbessern. Nur wenn Sie von Ihrem Gesprächspartner als kongruent erlebt werden, können Sie sein Vertrauen gewinnen.

Auf dem Weg zum „weißen Magier"

Der Widerstand anderer Menschen signalisiert Ihnen, dass es auf Ihrem Weg zum souveränen weißen Magier noch etwas zu lernen gibt. Erinnern Sie sich an die Maxime der „Freiwilligkeit" im Erfolgssystem von Monty Roberts? Gewalt ist niemals eine Lösung! Das „Nein" Ihres Gegenübers bedeutet: „So geht es nicht – es muss ein besserer Weg gefunden werden!" Ihr Vertrauen wird immer wieder auf die Probe gestellt. Dann sind Sie gefordert, Ihre Flexibilität zu beweisen: „Wenn das, was Sie bisher getan haben, nicht funktioniert, dann tun Sie jetzt etwas anderes."

Weiße Magie basiert ebenso wie das System von Monty Roberts auf Freiwilligkeit, Einfühlungsvermögen und Respekt vor der Einzigartigkeit jedes Lebewesens. Nutzen Sie Ihre Kreativität und holen Sie Ihren Gesprächspartner dort ab, wo er sich befindet. Trainieren Sie, Ihr Win-Win-Angebot so zu formulieren, dass der andere es mit Freude und Motivation annehmen kann und gewinnen Sie an nachhaltiger Beeinflussungskraft:

- Je mehr Sie sich selber im Vertrauen verankern, desto leichter können Sie das Vertrauen anderer Menschen gewinnen.
- Je mehr Energie Sie in Ihre Persönlichkeit investieren, desto stärker wird Ihre charismatische Ausstrahlung.
- Je gewissenhafter Sie Ihre Führungsqualitäten entwickeln, desto schneller sind andere Menschen bereit, Ihnen zu folgen.
- Je öfter und engagierter Sie die nötigen Übungen durchführen, Ihre Autosuggestion vor dem Spiegel sprechen und die Erfolgs-Checklisten ausfüllen, desto nachhaltiger integrieren Sie unser Erfolgs-Know-how in Ihre eigene Persönlichkeit.
- Je mehr Einfluss Sie bekommen, desto mehr wächst Ihre Verantwortung gegenüber dem magischen Gesetz von Ursache und Wirkung.

Hier stellt sich nun die Frage, wie Sie mit Ihrer wachsenden Macht umgehen. Macht erfordert Verantwortungsbewusstsein. Der Missbrauch von Macht – sei es vorsätzlich oder durch Leichtfertigkeit – wird über kurz oder lang vom Leben bestraft, und über Jahre aufgebautes Vertrauen kann mit einem Schlag nachhaltig verloren gehen. Schwere Krankheiten, innere Vereinsamung oder bemerkenswerte Pechsträhnen kommen nicht von ungefähr! Jede Wirkung resultiert aus einer Ursache – in der Welt der Magie gibt es viele scheinbar unsichtbare Vernetzungen.

An dieser Stelle möchten wir Ihnen den wichtigen Unterschied zwischen weißer und schwarzer Magie verdeutlichen:

- Weiße Magie wurzelt im Vertrauen, in der Liebe und im Glück. Sie dient der Heilung und wurde geschaffen, um das natürliche Bedürfnis des Menschen nach harmonischer Entwicklung zu erfüllen. Weiße Magie respektiert das Recht aller Lebewesen auf eine würdevolle Entfaltung ihrer Individualität. Ein weißer Magier

vertraut der positiven Kraft des Lebens und folgt seinem Wunsch, anderen Menschen zu helfen.
- Schwarze Magie hingegen wurzelt in dem Verlangen nach Macht. Ein schwarzer Magier benutzt andere Wesen, um den eigenen Machthunger zu befriedigen. Schwarze Magie erzeugt Angst, um andere Menschen zu unterwerfen. Ihr Ziel ist nicht die harmonische Entwicklung aller Lebewesen, sondern der eigene Machtzuwachs. Die Quelle der schwarzen Magie ist Schmerz und Frustration. Je stärker ein Mensch in der Vergangenheit frustriert wurde, je größer sein Schmerz, desto stärker wird sein Verlangen, sich an der Welt zu rächen.

Der frustrierte Mensch beginnt auf einer unbewussten Ebene zu glauben, die Welt schulde ihm etwas. Er glaubt, er habe ein Recht, andere auszunutzen und für seine egoistischen Zwecke zu missbrauchen. Um nicht von seinem schlechten Gewissen gequält zu werden, verschließt er sein Herz. Nun braucht er die von ihm verursachten Schmerzen in den Herzen der anderen Menschen nicht mehr zu spüren. Er distanziert sich von den Folgen seines Handelns und bringt sich in eine fortschreitende Isolation. Seine Ausstrahlung wird negativ, andere Menschen finden ihn unsympathisch, verschließen sich ihrerseits, weil sie sich vor dem Schwarzmagier schützen wollen. So entsteht ein sich selbst verstärkender Teufelskreis. Der frustrierte Mensch verliert sein Vertrauen in das Leben. Er beginnt zu glauben, das Leben sei schlecht. Seine tiefe innere Angst, nicht zu bekommen, was er braucht, um glücklich zu sein, wächst immer mehr. Der Schwarzmagier hat verlernt, glücklich zu sein. Er kompensiert sein Unglück durch das Streben nach Macht.

Die meisten schwarzen Magier sind sich jedoch gar nicht darüber bewusst, dass sie schwarze Magie betreiben. Sie folgen einfach ihrem unbewussten Verlangen, das eigene Ego auf Kosten anderer aufzuwerten. Sie machen andere Menschen klein, um sich selber größer zu fühlen. Dafür zahlen sie jedoch einen hohen Preis – die negative Ausstrahlung macht einsam, sie führt in die soziale Isolation.

> **Ihr Erkenntnisgewinn:**
> Zwischen weißer und schwarzer Magie gibt es gravierende Unterschiede. Genauer betrachtet, überwiegen die Unterschiede sogar die Gemeinsamkeiten. Weiße und schwarze Magier verfolgen völlig unterschiedliche Absichten. Die Gemeinsamkeiten bestehen in erster Linie darin, dass beide mit dem Unbewussten der Menschen kommunizieren und sehr gezielt auf andere einwirken können.

Das Prinzip der Beeinflussung

Ein Magier – egal ob weiß oder schwarz – ist ein Meister der Beeinflussung. Er versteht es, das allgegenwärtige Spiel der gegenseitigen Beeinflussung, das tagein, tagaus in unser aller Leben stattfindet, sehr systematisch und zielorientiert zu gestalten. Wenn wir uns mit Magie beschäftigen, müssen wir auf das Prinzip der Beeinflussung eingehen.

Das ganze Leben ist ein Prozess der wechselseitigen Beeinflussung. Jede erfolgreiche Kommunikation ist eine gelungene Beeinflussung. Es stellt sich die Frage, ob das Ergebnis der Beeinflussung ein Gewinner-Gewinner-Modell darstellt oder ob sich der beeinflusste Mensch anschließend als Verlierer fühlt. Welchem Zweck dient die Beeinflussung? Wollen Sie dem anderen helfen, seine Situation zu verbessern, seine Bedürfnisse zu befriedigen, seine Lebensqualität zu erhöhen – oder wollen Sie lediglich Ihre eigenen Bedürfnisse befriedigen?

Das Prinzip der Beeinflussung können Sie nicht abstellen, es gehört zu unserem Leben dazu – entscheidend ist, wie Sie dieses Prinzip umsetzen. Was geben Sie Ihren Mitmenschen? Zu seinem Vorteil lässt sich jeder Mensch gern beeinflussen! Deshalb möchten wir nicht nur, dass Sie ein Meister der Beeinflussungskunst werden, sondern dass Sie gleichzeitig lernen, sehr genau zu unterscheiden, welche Form von Beeinflussung angemessen ist.

> Verankern Sie Ihre Absicht fest im Gewinner-Gewinner-Modell. Wenn Sie sich mit offenen Herzen in Ihr Gegenüber einfühlen, werden Sie verstehen, dass es sich nicht lohnt, den anderen zum Verlierer machen zu wollen.

Um die Ethik der Beeinflussung zu verstehen, müssen Sie sich in Ihr Gegenüber einfühlen. Dabei orientieren wir uns am Kategorischen Imperativ von Immanuel Kant, mit dem der Philosoph das allgemeine Prinzip beschreibt, nach dem jeder Mensch seine Handlungen moralisch beurteilen kann:

„Handle nur nach derjenigen Maxime, durch die du zugleich wollen kannst, dass sie ein allgemeines Gesetz werde."

Beantworten Sie in diesem Zusammenhang für sich folgende Fragen:

- Gab es Momente in Ihrem Leben, wo Sie durch einen anderen Menschen gegen Ihren Willen manipuliert wurden?
- Haben Sie sich kampflos hingegeben oder haben Sie versucht, sich der Manipulation zu widersetzen?
- Was haben Sie im Nachhinein über den Manipulator gedacht, welche Gefühle haben Sie ihm gegenüber entwickelt, wie haben Sie über ihn gesprochen?

Sobald Sie sich mit offenem Herzen in den anderen hineinfühlen können, werden Sie intuitiv verstehen, warum es sich nicht lohnt, andere zum Verlierer zu machen. Auch wenn die Manipulation Ihnen vielleicht kurzfristige Vorteile verschafft – gleichzeitig erzeugen Sie eine heftige Welle von negativer Energie, die sich über kurz oder lang gegen Sie richten wird.

Manipulieren bedeutet wörtlich übersetzt „Hand anlegen", „geschickte Handgriffe machen", „etwas durch äußere Einwirkung verändern" und auch „andere Menschen gezielt und unmerklich beeinflussen". Der Begriff der Manipulation ist im gewöhnlichen Sprachgebrauch negativ besetzt. Die meisten Menschen verbinden mit diesem Begriff, dass jemand auf eine andere Person so einwirkt, dass diese etwas tut, was sie eigentlich nicht tun möchte und sie dadurch zum Verlierer macht.

Diese negative Form der Manipulation stört das Gleichgewicht des zwischenmenschlichen Systems. Sie erzeugt Widerstand und bewirkt im Herzen der manipulierten Person ein ablehnendes Gefühl. Durch den Versuch der Manipulation wird das vorhandene Vertrauen zumindest reduziert, vielleicht sogar gänzlich zerstört. Beim nächsten Kontakt wird der manipulierte Mensch vorsichtiger sein, er wird sein Herz verschließen und die Botschaften des Manipulators durch den berechtigten Filter des Misstrauens wahrnehmen. Dadurch entstehen Reibungsverluste, die Kommunikation wird zäh und

Das Prinzip der Beeinflussung

anstrengend. Diese negative Form der Beeinflussung missbraucht Vertrauen und erzeugt Ärger und Frustration.

Doch glücklicherweise gibt es auch positive Formen der Beeinflussung. Wenn Sie die Zusammenhänge zwischen Kommunikation und Beeinflussung ernsthaft analysieren, werden Sie eine interessante Erkenntnis gewinnen: Wir können nicht nicht beeinflussen! Im Gegenteil: Beeinflussung findet zwangsläufig in jeder Kommunikation statt. Je wirksamer die Kommunikation, desto weitreichender die Beeinflussung.

Unsere Zivilisation könnte ohne systematische Beeinflussung überhaupt nicht funktionieren. Beispielsweise ist die Schulpflicht eine systematische Beeinflussung, der sich niemand widersetzen kann, ohne mit dem Gesetz in Konflikt zu geraten. Die Lehrer werden vom Staat dafür bezahlt, dass sie ihre Schüler so beeinflussen, dass sie möglichst viel lernen. Der Einfluss der Lehrer soll bewirken, dass die Schüler fähig sind, den auf dem Lehrplan stehenden Stoff zu verstehen und nachhaltig in ihrem Gedächtnis zu verankern.

Kindererziehung ist grundsätzlich eine sehr massive Beeinflussung. Die Gesellschaft erwartet von den Eltern, dass sie ihre Kinder so „erziehen", dass sie sich später zu nützlichen Mitgliedern der Gemeinschaft entwickeln und deren Regeln und Normen respektieren. Eltern wollen meist das Beste für ihre Kinder, doch leider merken sie nicht, dass ihre Art für die Kinder oft überhaupt nicht förderlich ist – im Gegenteil, viele Kinder werden durch den negativen Einfluss ihrer Eltern entmutigt und frustriert. Wertvolles Vertrauen geht verloren. Als Motiv der Manipulation spielen nicht selten versteckte Eitelkeit, Bequemlichkeit oder pädagogischer Übereifer eine gewichtige Rolle. Auch wenn auf der Ebene des Bewusstseins keine negativen Motive zu erkennen sind, so läuft es im magischen Spiel von Ursache und Wirkung letztlich doch darauf hinaus. Hier gilt es, die unbewusste Manipulation zunächst einmal zu bemerken, zu überprüfen und die Einflussnahme dann so zu verändern, dass sie für alle Betroffenen zu einem echten Gewinner-Gewinner-Modell wird.

Eine kultivierte und leistungsorientierte Lebensweise basiert auf gezielter Beeinflussung. Wir brauchen gut ausgebildete Leistungsträger. Was geschieht während einer Ausbildung? Der Auszubildende wird gezielt beeinflusst! Wenn Sie als Führungskraft in einem Unternehmen tätig sind, werden Sie dafür bezahlt, die Ihnen anvertrauten Mitarbeiter so zu beeinflussen, dass sie motiviert und effizient die anstehende Arbeit erledigen.

> Unsere Zivilisation basiert auf gezielter Beeinflussung. Nur wenn Sie Ihre Mitmenschen positiv beeinflussen, gewinnen Sie ihr Vertrauen.

Es geht nicht darum, Beeinflussung zu verhindern, sondern dafür zu sorgen, dass es auf eine positive Weise geschieht. Als weißer Magier sagen Sie „Ja" zu den Naturgesetzen und akzeptieren deren vielfältige Erscheinungsformen. Doch gleichzeitig nutzen Sie Ihren Einfluss, um diese Welt ein kleines Stück besser zu machen. Als Magier können Sie Ihren Wirkungsgrad sehr realistisch einschätzen. „Gott gebe dir den Mut und die Kraft, die Dinge zu verändern, die du verändern kannst. Gott gebe dir die Gelassenheit und die Geduld, die Dinge zu ertragen, die du nicht verändern kannst. Und Gott gebe dir die Weisheit, um beide Umstände sehr genau voneinander unterscheiden zu können!"

Je mehr Sie sich darin trainieren, die magische Kunst der gezielten Beeinflussung auszuüben, desto besser wird Ihr Gespür für die Hebel, die Sie betätigen können, um tatsächlich etwas zu bewirken.

Sie können darauf vertrauen, dass Sie Ihre Chancen erkennen. Obwohl von großen, attraktiven Visionen geleitet, konzentrieren Sie sich zunächst auf das Machbare. Sie handeln im Bereich des Notwendigen und gleichzeitig halten Sie Ausschau nach den Zeichen, die Ihnen signalisieren, wann die Zeit für große Taten reif ist.

Diese besondere Zeit macht es möglich, einen entscheidenden Einfluss zu realisieren. Jetzt können Weichen gestellt, Samen gesetzt und Strukturen gelegt werden. Die Sterne stehen günstig, um die richtigen Entscheidungen zu treffen, Mut zu beweisen, wichtige Gespräche zu führen, Verträge zu unterschreiben und Verbündete zu gewinnen.

> Trainieren Sie die magische Kunst der gezielten Beeinflussung! Erkennen Sie, wann die Zeit reif ist für große Taten!

Das Prinzip der Beeinflussung ist untrennbar mit der Natur des Menschen verbunden. Jeder von uns projiziert ständig seine eigenen Wünsche, Bedürfnisse und Absichten auf andere Menschen und konfrontiert sie mit seinen unterschwelligen Erwartungen. Die Psyche des Menschen verfügt über unbewusste Mechanismen, die dafür sorgen, dass im Kontakt mit anderen in erster Linie die eigenen Interessen vertreten werden. Falls die anderen Menschen unseren Erwartungen folgen, belohnen wir sie durch Sympathie und Zuneigung. Falls sie unsere Erwartungen enttäuschen, entstehen Konflikte und Aggressionen.

Unbewusste Manipulationen sind an der Tagesordnung und durch die Natur der menschlichen Psyche bedingt. Doch gleichzeitig möchte niemand von einem anderen Menschen gegen seinen Willen manipuliert werden. Alle Menschen verfügen über unbewusste Abwehrmechanismen, die darauf programmiert sind, uns gegen unerwünschte Manipulationen zu schützen. Falls dieser Zustand der psychischen Belagerung länger andauert, verschlechtert sich das emotionale Klima, denn der manipulierte Mensch beginnt sich zu wehren, indem er mit Widerstand und Misstrauen reagiert. Das wachsende Misstrauen belastet die Qualität der Kommunikation und bewirkt eine allgemeine emotionale Aufrüstung. Es entstehen unterschwellige Aggressionen. Allmählich spüren alle Beteiligten, dass hier etwas faul ist. Jetzt werden heimliche Gegenangriffe gestartet, die Opfer verbünden sich, vielleicht entstehen sogar Intrigen und Verschwörungen. Oder man versucht, dem psychischen Stress einfach aus dem Weg zu gehen und beginnt, den Manipulator zu meiden. „Ich weiß nicht, warum, aber irgendwie ist mir dieser Mensch unsympathisch. Er versucht ständig, irgendetwas mit mir zu machen und das mag ich einfach nicht. Um ehrlich zu sein – mit dem möchte ich am liebsten überhaupt nichts zu tun haben!"

Je mehr Beeinflussungskraft Ihnen zur Verfügung steht, desto wichtiger ist es, dass Sie sich über die ganzheitlichen Folgen Ihrer Aktivitäten bewusst werden. Da Sie sich als soziales Wesen innerhalb komplexer Systeme bewegen, bildet Ihre eigene Wahrnehmung der aktuellen Situation nur die Spitze des Eisbergs. Unterhalb der offensichtlichen Oberfläche verbirgt sich eine Reihe komplexer Vernetzungen, die bei kurzsichtiger Vorgehensweise erhebliche Nebenwirkungen erzeugen könnten.

Beispiel:

Ein guter Verkäufer muss versuchen, möglichst hohe Gewinne zu erzielen, doch gleichzeitig muss er darauf achten, die Bedürfnisse seiner Kunden wirklich zu befriedigen. Er muss Geld verdienen, der Kunde möchte Geld sparen. Im System von Kunde

> und Verkäufer gibt es ein prinzipielles Konfliktpotenzial und beim Umgang mit diesem Interessenkonflikt spielt die Art der Beeinflussung eine wichtige Rolle. Ein geschickter Verkäufer, der über manipulative Fähigkeiten verfügt, könnte beispielsweise das Vertrauen eines unkritischen Kunden ausnutzen. Mithilfe seiner suggestiven Fähigkeiten könnte er sein Angebot für die Wahrnehmung seines Kunden so attraktiv darstellen, dass dieser im Zustand der Euphorie wesentlich mehr kauft, als er eigentlich braucht. Dadurch erzielt der Verkäufer einen kurzfristigen Mehrgewinn.

Im Nachhinein wird der manipulierte Kunde jedoch enttäuscht feststellen, dass man „ihm etwas angedreht hat". Er ärgert sich und wird in Zukunft lieber woanders kaufen. Doch damit nicht genug! Im Unbewussten des Kunden verwandeln sich sowohl die Person des Verkäufers als auch der Name des Unternehmens in einen Anker für negative Gefühle. Es entsteht ein innerer Druck, der sich „ausdrücken" möchte.

> Frustrierte Menschen neigen dazu, negative Erfahrungen zu generalisieren. Achten Sie darauf, anderen Menschen positive Gefühle zu vermitteln!

Der Verkäufer und sein Unternehmen verlieren somit nicht nur einen Kunden, sondern bekommen stattdessen einen schlechten Meinungsmacher. Der verärgerte Kunde wird sich von seinem Frust befreien, indem er als negativer Multiplikator fungiert. Am Arbeitsplatz, im Tennisverein und im Kegelclub wird er über den Verkäufer als Betrüger schimpfen und immer, wenn in Zukunft irgendwo der Name des Unternehmens fällt, wird ihn der negative Anker daran erinnern, seine Geschichte aufs Neue zu erzählen: „Die Firma XY? Das ist vielleicht ein Saftladen! Mit denen würde ich keine Geschäfte machen. Wissen Sie, was mir neulich passiert ist ..."

So entstehen weitere Negativ-Anker in den Köpfen der Zuhörer. Wertvolles Vertrauen schwindet rapide dahin. Außerdem liegt es in der Natur solcher Geschichten, wenn sie mit negativen Erfahrungen verbunden sind, dass sich der tatsächliche Sachverhalt mit jeder weiteren Erzählung immer mehr verzerrt. In der dritten Version hat der Verkäufer seine Produkte nicht nur überzogen dargestellt,

Das Prinzip der Beeinflussung

sondern „vorsätzlich falsche Informationen gegeben, dieser Lügner!" Und am Ende besteht das gesamte Unternehmen nur noch aus „bösartigen Lügnern, üblen Betrügern und gefährlichen Verbrechern", außerdem „sind die Produkte ausgesprochen schlecht und der Service – na, da kann ich Ihnen was erzählen! Der Service ist unterirdisch!"

Frustrierte Menschen neigen dazu, ihre negativen Erfahrungen zu dramatisieren und zu generalisieren. Ein negativer Anker wirkt wie ein Magnet für alle weiteren Frustrationen, die irgendwie mit diesem Anker in Verbindung gebracht werden könnten. Dies gilt natürlich nicht nur für den Verkauf von Produkten und Dienstleistungen, sondern für jede zwischenmenschliche Erfahrung. In Anbetracht solcher Kettenreaktionen sollte sich jeder Manipulator rechtzeitig fragen, ob der kurzfristige Mehrgewinn im Vergleich zu den langfristigen Nebenwirkungen einen tatsächlichen Gewinn darstellt.

Natürlich müssen Sie als Verkäufer Ihre Kunden durch eine positive Präsentation für Ihre Angebote begeistern – doch nachhaltige Begeisterung entsteht nicht, weil Sie die Einwände Ihres Kunden durch manipulative Manöver unter den Teppich kehren, sondern weil Sie die unausgesprochenen Fragen Ihres Gegenübers ernst nehmen und ihm überzeugende Antworten geben. Die Bereitschaft, auf unterschwellige Einwände einzugehen, stärkt das Vertrauen Ihres Kunden. Sie gewinnen Akzeptanz als partnerschaftlicher Gesprächspartner. Das Unbewusste des Kunden beginnt zu vertrauen, dass Sie wirklich beabsichtigen, mit ihm ein Gewinner-Gewinner-Modell zu realisieren.

Durch die offene Kommunikation kann eine Synthese aller beteiligten Interessen stattfinden, und nicht selten entstehen dabei zusätzliche Synergie-Effekte. Alle Beteiligten fühlen sich als Gewinner und erhalten einen emotionalen Extra-Bonus. Ein gelungenes Gewinner-Gewinner-Geschäft steigert nicht nur die Lebensqualität, sondern bringt auch gemeinsame Erfolgserlebnisse. So entstehen Vertrauen, ein gutes emotionales Klima und eine tragfähige Basis für dauerhafte Kundenbindung und effektive Zusammenarbeit.

Für die Realisierung von Gewinner-Gewinner-Modellen ist es nützlich, wenn Sie die Ziele aller Beteiligten möglichst gut kennen. Im günstigsten Fall können Sie alle nötigen Informationen durch gezielte Fragen gewinnen. Oftmals jedoch sind es wiederum die unter-

Das Phänomen Vertrauen

schwellig geäußerten Einwände, die Ihnen als wertvolle Spuren zur gemeinsamen Zielfindung dienen.

> Trainieren Sie Ihr Einfühlungsvermögen! Wechseln Sie die Wahrnehmungsposition! Wie erlebt der andere die Kommunikation mit Ihnen?

Dieser mentale Wechsel der Wahrnehmungsposition ist Ihre regelmäßige Pflichtübung. Das Bewusstsein für das Erleben des Gegenübers bietet die Chance zu ethischem Verhalten! Nur wer die ohnehin stattfindenden Mechanismen der zwischenmenschlichen Beeinflussung verstanden hat, kann die Folgen seiner alltäglichen Kommunikation realistisch einschätzen. Erst dann haben Sie die Chance, ethisch integer zu beeinflussen und dabei die Interessen, die Bedürfnisse und die Würde Ihrer Mitmenschen zu respektieren. Um dieser Verantwortung gerecht zu werden, müssen Sie mit dem Herzen verstehen, dass es nicht nur am schönsten, sondern langfristig auch am nützlichsten ist, wenn es Ihnen gelingt, den Geist des Win-Win nachhaltig zu verkörpern.

Als erfahrener weißer Magier entwickeln Sie ein unerschütterliches Vertrauen in das positive Gesetz von Ursache und Wirkung. Der Schatz Ihrer Lebenserfahrung nährt Ihr Vertrauen. Sie glauben ohne jeden Zweifel daran, dass Sie durch das konsequente Erzeugen von positiven Ursachen Ihre großen Ziele und Ihre attraktiven Zukunftsvisionen wesentlich besser realisieren, als wenn Sie durch negative Handlungen Vertrauen verlieren.

Um die Magie des Vertrauens in Ihrem Leben zur Entfaltung zu bringen, müssen Sie beginnen, sich selbst und Ihre Umgebung auf eine neue Weise zu beobachten. Magie berührt den Betrachter sowohl im Bauch als auch im Kopf, sie geschieht scheinbar mühelos. Fließen Sie im harmonischen Spannungsfeld von Ruhe und Aktivität, werden Sie bemerken, wie sich all Ihre Sinne öffnen und Sie vertrauensvoll Ihrer Intuition folgen können.

Magie entspringt der Domäne des Unbewussten. Das gewöhnliche Bewusstsein wird im Reich der Magie lediglich als respektvoller Zaungast geduldet. Die Eintrittskarte in die magische Welt erwerben Sie, indem Sie lernen, sich von den Einschränkungen des konditionierten Verstandes zu befreien. Während Sie beginnen, Ihre magische Gästerolle als aufmerksamer Beobachter gewissenhaft auszuüben, lernen Sie Schritt für Schritt, die Signale der unbewussten Kräfte zu verstehen und ihre Botschaften ernst zu nehmen. Durch

Das Prinzip der Beeinflussung

die Praxis der Autosuggestion und das Ausfüllen der Checklisten können Sie Ihren unbewussten Autopiloten auf das Wachstum Ihrer magischen Fähigkeiten programmieren. Der Schatz Ihrer Lebenserfahrung wächst ebenso wie Ihre positive Ausstrahlung als einflussreiche Persönlichkeit. Genießen Sie Ihre Erfolgserlebnisse, nutzen Sie Ihre erwachende Intuition, lassen Sie die unsichtbaren Strukturen sichtbar werden und begrüßen Sie die magischen Kräfte jeden Tag aufs Neue.

Sobald Sie durch Ihre unparteiischen Beobachtungen genug Informationen gesammelt und Ihre Hausaufgaben in Form von bewussten Alltagsübungen absolviert haben, beginnen Sie mit der Anwendung Ihres magischen Potenzials, indem Sie Ihr eigenes Verhalten gezielt auf Ihren Gesprächspartner abstimmen. Das Unbewusste der meisten Menschen ist schnell bereit, mit einem weißen Magier zu kooperieren, da er positive Absichten verfolgt und über eine glaubwürdige Win-Win-Ausstrahlung verfügt.

Um das Gespräch zu einem erfolgreichen Ergebnis zu führen, müssen Sie Flexibilität beweisen und Ihr Kommunikationsangebot so maßschneidern, bis das Unbewusste Ihres Gegenübers das nötige Vertrauen fassen kann, um Ihren Impulsen zu folgen. Dabei spielen sowohl der Inhalt Ihrer Botschaften als auch die Form eine wichtige Rolle – nicht nur die Sache, sondern auch die Beziehungsebene entscheidet über den Erfolg der Kommunikation. Vieles im Leben wird leichter, wenn Sie die Sympathie der anderen Menschen gewinnen können – auch die Praxis der Magie.

> Beweisen Sie Flexibilität! Falls der andere nicht bereit ist, Ihnen zu folgen, war Ihr Kommunikationsangebot noch nicht gut genug!

Erinnern Sie sich an die Prinzipien von Monty Roberts? Wenn der berühmte Pferde-Flüsterer bei der Arbeit mit einem Pferd nicht vorankommt, würde er niemals dem Pferd die Schuld dafür geben! Stattdessen übernimmt er die Verantwortung für die Situation und achtet darauf, sein eigenes Verhalten noch besser auf das Tier abzustimmen, um es wirklich zu erreichen.

> **Ihr Erkenntnisgewinn:**
> Als weißer Magier müssen Sie lernen, den anderen Menschen kleine Schwächen zu verzeihen und ihre Eigenarten in Ihre

Kommunikationsstrategie zu integrieren. Der andere ist okay, so wie er ist – auch wenn er nicht hundertprozentig Ihren Erwartungen entspricht. Sie übernehmen die volle Verantwortung für die gemeinsame Kommunikation. Falls Sie noch nicht die gewünschten Resultate erzielen konnten, müssen Sie akzeptieren, dass Sie noch nicht die passenden Ursachen gesetzt haben. Hüten Sie sich davor, Ihrem Gegenüber die „Schuld" für eine misslungene Kommunikation zu übertragen, denn als verantwortungsvoller Magier wissen Sie, dass der andere lediglich auf die Projektionsfläche reagiert, die Sie ihm bieten. Falls bei einem Bühnenmagier ein Trick nicht funktioniert, kann er nicht dem Publikum die Schuld dafür geben. Er trägt die volle Verantwortung für seine Show. Falls etwas nicht klappt, weiß er, dass er derjenige ist, der daraus lernen sollte.

8

Die ideale Führungspersönlichkeit

Das Prinzip der freiwilligen Selbstverantwortung ist eine ebenso nützliche wie unbequeme Angelegenheit. Viele Menschen tendieren dazu, es sich scheinbar leicht zu machen, indem sie die Verantwortung für ihr Handeln einfach ignorieren. Falls etwas nicht funktioniert, wird die Verantwortlichkeit anderen zugeschoben.

Manch eine Führungskraft verfolgt diese „Ich bin okay, du bist nicht okay"-Strategie seit Jahrzehnten. Am Ende fühlt man sich dann nur noch von Idioten umgeben: „Ich bin hier der einzige normale Mensch, alle anderen sind Schwachköpfe!" oder auch: „Ich bin im Recht, und die anderen sind im Unrecht." Sehr bequem. Doch mit solchen Einstellungen kann man weder erfolgreich führen, noch sein karmisches Konto mit Pluspunkten positiv aufladen. Im Gegenteil – die Mitarbeiter fühlen sich ungerecht behandelt, endlose Konflikte drohen, wertvolle Zeit und kostbare Energie werden unnötig verschwendet.

Häufig wird erfolgreichen Menschen unterstellt, sie haben ihren Erfolg auf Kosten anderer aufgebaut, Erfolg könne nur mit Ellbogenmentalität und Gaunerinstinkt erkauft werden und deshalb könnten wahrhaft Anständige nie erfolgreich sein. Ja, es gibt unanständige und unmoralische Menschen, unter den Erfolglosen und Erfolgreichen gleichermaßen. Albert Schweitzer, Ghandi oder Mutter Theresa sind Beispiele erfolgreicher Menschen, die auf der Basis von Moral, Gewissen und dem Vertrauen in ihre Mitmenschen handelten. Nicht der Wille zum Erfolg ist allein entscheidend, sondern die Überzeugung der Rechtmäßigkeit des Handelns. Das ist der Maßstab für die Ethik des Erfolges, wir brauchen immer das Vertrauen.

Heutzutage sind Unternehmensstrukturen sehr komplex: Ein Netz von Lieferanten, Kunden, Konkurrenten und qualifizierten Mitarbeitern verlangt nach ethischen Prinzipien in der Unternehmensführung. Jeder ist von jedem abhängig, kein Unternehmen kommt mehr ohne Vertrauen und Qualität in allen Bereichen zurecht. Auch die öffentliche Meinung spielt eine wichtige Rolle im Wettbewerb: unehrenhaftes und unethisches Verhalten führt zwangsläufig in eine Sackgasse. Kurzfristige Erfolge auf Kosten von Moral, Ethik und Vertrauen bedeuten noch lange keinen Dauererfolg eines Unternehmens.

Weiter ist es wichtig, dass Führungskräfte ihren Mitarbeitern das Sinnvolle und Nutzbringende, kurz den Nutzen ihrer Tätigkeit vermitteln können. Wer seinem Vorgesetzten vertraut und dadurch auch einen Sinn in seiner Tätigkeit sieht, kann stolz sein auf seine Arbeit und auf den Betrieb; was wiederum die Voraussetzung ist für Engagement und Rechtmäßigkeit. Stolze Mitarbeiter identifizieren sich mit ihrem Unternehmen, sie sind von der Nützlichkeit ihres Tuns überzeugt und damit von vornherein vor Versuchungen zum unethischen Verhalten sicher. Der Vorbildfunktion der Führungskraft kommt dabei eine wichtige Bedeutung zu.

Ein weiteres Element der erfolgreichen Führungspersönlichkeit ist die Ehrfurcht. Wer Ehrfurcht vor dem Leben hat, fühlt sich der Natur gegenüber verantwortlich, wer Ehrfurcht vor dem Menschen hat, fühlt sich in der Verantwortung, für den Menschen das Beste zu wollen. Ein positives Menschenbild ist ein vertrauensvolles Menschenbild, geprägt von Respekt, Achtung und Liebe. Der humanistische Aspekt in der Leistungsgesellschaft sieht den freien, selbstbestimmenden Menschen, der erst in der Entfaltung seiner Persönlichkeit die Erfüllung findet, seine Aufgaben annimmt und sein Leben „leistet".

Der Mensch nutzt nur etwa zehn Prozent seines geistigen Potenzials, und so ist es fast unmöglich, alle Ressourcen im Laufe seines Lebens auszuschöpfen. Brachliegende Fähigkeiten können also durch entsprechende Förderung mobilisiert werden. Der humanistische Führungsaspekt spricht das menschliche Bedürfnis nach Anerkennung und Sinngebung an und ist von daher ein Faktor zur Leistungssteigerung und -optimierung.

Macht ist der vielleicht umstrittenste Aspekt der Führungsethik. Das mag daran liegen, dass Macht oft mit Machtmissbrauch und Misstrauen gleichgesetzt wird. Doch ist das Entscheidende der Macht nicht, dass man sie hat, sondern wie man sie nutzt. Wie kaum ein anderer repräsentiert Machiavelli, der florentinische Staatsmann des 16. Jahrhunderts, die Chancen und Grausamkeiten der Macht. Für die einen war er Despot, der die Macht um ihrer selbst willen schätzte und dem Rücksicht fremd war, für die anderen verkörperte er die Staatskunst par excellence. Der Duden definiert den Begriff „Machiavellismus" als eine „politische Lehre und Praxis, die der Politik den Vorrang vor der Moral gibt" und als eine „durch keine Bedenken gehemmte Machtpolitik". Unentschlossenheit wird als gefährlichstes Führungsverhalten definiert, während Eindeutigkeit zwar auf den ersten Blick rücksichtslos erscheinen kann, aber notwendig für die Akzeptanz als Autorität ist. In einer Krise aber bewährt sich nur die Autorität, die gepaart ist mit Vertrauen, damit die Mitarbeiter bereit sind, ihre ganze Kraft und Energie für das gesetzte Ziel einzusetzen.

In der Notwendigkeit liegt ein Zwang – was notwendig ist, muss getan werden. Eindeutige, manchmal schnelle Entscheidungen und eine klare Führungsstärke sind erforderlich. In der Notwendigkeit liegt auch Erfolgsdruck. Die Notwendigkeit enthält ein positives Element, wenn man als Führungspersönlichkeit in der Lage ist, sie den Mitarbeitern als Herausforderung zu vermitteln. Die positive Vermittlung dieser Bewertung an die Untergebenen setzt ein großes Vertrauen der Beteiligten voraus.

Ein weißer Magier hingegen lebt jenseits der subjektiven Illusion von „Ich kann den anderen beweisen, dass ich Recht habe". Stattdessen übernimmt er die volle Verantwortung für seine Existenz und sorgt dafür, dass die wichtigen Dinge funktionieren. Ein Magier akzeptiert die anderen Menschen so wie sie sind, mit allen Beschränkungen und Eigenarten. Gleichzeitig versucht er, die anderen zu respektieren und zu lieben, wann immer er dazu fähig ist. Er weiß um den

Die ideale Führungspersönlichkeit

Preis, den seine Magie verlangt und ist gern bereit, ihn aufrichtig zu zahlen.

Ein guter Magier lebt im positiven Zustand der ständigen Lernbereitschaft. Er folgt nicht nur dem Diktat seiner Gewohnheiten, sondern reagiert flexibel auf seine Umwelt. Je ernsthafter Sie die Kunst der Magie betreiben, desto effektiver und geschmeidiger werden Ihre Manöver. Sie handeln also nicht nur immer wieder anders, sondern auch zunehmend besser. Als praktizierender Magier betrachten Sie schwierige Situationen, die das Leben Ihnen aufbürdet, als Herausforderung mit Lernchance. Dafür müssen Sie immer wieder bereit sein, alte Gewohnheiten infrage zu stellen, um eingeschliffene Programme durch kreative Taten zu optimieren.

Der Alltag der meisten Zeitgenossen unterliegt dem hartnäckigen Diktat unbewusster Gewohnheiten. Als Magier arbeiten Sie daran, sich zunehmend von diesem einschränkenden Korsett zu befreien. Sie entscheiden sich bewusst für einen Weg in die Freiheit, indem Sie Ihre persönliche Energie nicht nur verbrauchen, sondern sie gezielt in Ihre Entwicklung investieren. Ein Magier verfügt über mehr bewusste Energie als ein gewöhnlicher Mensch und damit über eine größere Palette von Wahlmöglichkeiten.

Vertrauen, Selbstvertrauen, Urvertrauen – das war und ist der Weg des Magiers und Alchimisten. Erst in der Ruhe des Vertrauens kommt der Mensch zu sich, wird seiner selbst bewusst, wird selbstbewusst, wird zum Meister seines Schicksals.

Um zu dieser Quelle der inneren Kraft zu gelangen, empfehlen wir Ihnen eine einfache Übung:

Schließen Sie die Augen und stellen Sie sich vor, wie Sie auf einer wunderbaren Treppe stehen. Auf dieser Treppe gehen Sie sicheren Schrittes Stufe um Stufe tiefer und tiefer. Nun fangen Sie an, rückwärts von 10 bis 0 zu zählen und atmen dabei langsam und tief ein und aus. Bei 0 sind Sie ganz entspannt. Sie ruhen in Ihrer Mitte – die Quelle Ihrer inneren Kraft kann sich entfalten.

Im Zustand tiefster Entspannung, absoluter Ruhe und Konzentration wächst die Macht, die Dinge zu verändern.

Falls auch Sie diesen Schritt in die Freiheit tun möchten, stellen sich die Fragen:

- Wofür wollen Sie Ihre gewonnene Freiheit nutzen?
- Was wollen Sie in diesem Leben erreichen?
- Wer sind Sie wirklich, und was sind Ihre wahrhaftigen Ziele?

- Woran würden Sie merken, dass Sie tatsächlich so leben, wie Sie gern leben möchten?
- Wie stark ist Ihr Wunsch, als bewusster Magier auf die Bühne des Lebens zu steigen und ein würdevolles Dasein als einflussreiche Persönlichkeit zu genießen?

Wir möchten Sie noch einmal ermutigen, Ihr Leben durch eine wirklich attraktive Zukunftsvision zu veredeln. Durch die Arbeit mit diesem Training haben Sie den Grundstein gelegt, um die Macht des Vertrauens in Ihrem Leben zu verankern. Indem Sie eine attraktive Vision Ihrer eigenen Persönlichkeit entwickeln, im Alltag die nötigen Übungen umsetzen und sich mit Menschen umgeben, die ebenfalls an ihrer Persönlichkeit arbeiten, wird die positive Macht Ihres Vertrauens ganz automatisch auf alle Lebensbereiche übertragen.

- Nutzen Sie die von uns dargestellten Wahrnehmungsfilter, um die unsichtbaren Strukturen der magischen Welt auch für Ihre Augen sichtbar werden zu lassen.
- Nehmen Sie sich genug Zeit, um sich Schritt für Schritt in der magischen Welt zu orientieren.
- Üben Sie täglich, und vergessen Sie nicht, Ihre Übungen zu genießen!
- Füttern Sie Ihr Unbewusstes mit hilfreichen Informationen und lernen Sie, Ihrer Intuition mehr und mehr zu vertrauen.
- Beobachten Sie, wie sich die kleinen Ängste des Alltags immer mehr auflösen.

> Machen Sie die unsichtbaren Strukturen sichtbar! Vertrauen Sie Ihrer Intuition! Folgen Sie den magischen Zeichen, die Sie in die Freiheit führen.

Plötzlich werden Sie feststellen, dass Sie bereits in Ihre neue Rolle hineingewachsen sind. Sie haben sich erhoben, Sie haben die Reihen des konsumierenden Publikums verlassen und befinden sich tatsächlich mitten auf die Bühne des Lebens. Sie sind eine einflussreiche Persönlichkeit und nutzen die magischen Fähigkeiten, die aus den Tiefen Ihres Unbewussten mehr und mehr an die Oberfläche Ihres Bewusstseins steigen.

So führen Sie als Trainer andere zum Erfolg

Jeder Mensch, der bewusst an seinen Führungsqualitäten arbeitet, entdeckt irgendwann das Prinzip des Coaching. Es bietet Ihnen die ideale Bühne, um Ihre außerordentlichen Fähigkeiten auf eine elegante Weise zu realisieren.

Von einem kompetenten Trainer wird erwartet, dass er fähig ist, andere Menschen positiv zu beeinflussen. Ein exzellenter Coach verfügt über magische Fähigkeiten, denn sein Einfluss soll bewirken, dass diejenigen, die sich von ihm coachen lassen, über sich selbst hinauswachsen und außergewöhnliche Leistungen vollbringen. Der Coach ist eine positive Symbolfigur, denn seine Aufgabe besteht darin, andere Menschen zum Erfolg zu führen.

Coaching ist ein echtes Gewinner-Gewinner-Modell – sowohl im Sport als auch in der Wirtschaft. Der Erfolg des Coachs ist unmittelbar mit dem Erfolg seines Auftraggebers verknüpft – beide sitzen in einem Boot und rudern in dieselbe Richtung. Nur wenn der Sportler oder Manager seine Ziele erreicht, hat der Coach einen guten Job gemacht.

Als Trainer können Sie Ihren positiven Einfluss sehr direkt ausüben, ohne dass Ihr Gegenüber das Gefühl entwickelt, dass Sie ihn belehren oder bevormunden wollen. Im Gegenteil – wenn jemand Sie als Coach konsultiert, dann erteilt er Ihnen den klaren Auftrag, Ihren Einfluss möglichst wirkungsvoll auf ihn anzuwenden. In der Rolle des Coachs sind Sie eingeladen, Ihr magisches Können voll auszuspielen. Sie sollen Ihr Gegenüber dabei unterstützen, Probleme zu lösen, Strategien zu entwickeln, Ziele zu erreichen und Visionen zu realisieren. Ein guter Coach verfügt über folgende Fähigkeiten:

- Sie müssen schnell und nachhaltig das Vertrauen Ihrer Auftraggeber gewinnen.
- Sie brauchen eine gute Menschenkenntnis und müssen Potenziale realistisch einschätzen.
- Sie brauchen Einfühlungsvermögen, positive Wahrnehmungsfilter, eine kreative Fragetechnik und freundliche Stärke.
- Sie können Feedback gezielt einsetzen – um Vertrauen aufzubauen, um Wertschätzung auszudrücken und um Entwicklungspotenziale aufzuzeigen.
- Sie verstehen es, andere zu motivieren und auf zukünftige Erfolge zu programmieren.

Das Phänomen Vertrauen

> **Ihr Erkenntnisgewinn:**
> In der Rolle des Coachs können Sie Ihr magisches Know-how direkt vermitteln. Wenn Sie im modernen Leben auf die magische Bühne steigen, um Ihre Kunst der hilfreichen Beeinflussung offiziell auszuüben, dann geraten Sie ganz automatisch in die Rolle eines kompetenten Coachs.

Was ist Coaching?

Coaching ist ein archetypisches Beziehungsmodell, das uns Menschen seit langer Zeit begleitet. In vielen historischen Gesellschaften gab es ein Zusammenspiel von weltlicher und geistlicher Macht. Die Könige und Kaiser der Vergangenheit legten großen Wert darauf, den Segen der geistlichen Würdenträger auf ihrer Seite zu wissen. Bereits die antiken Griechen kannten das Prinzip des Coaching. Während der langen Abwesenheit des Odysseus wird die Göttin Pallas Athene in der Gestalt des Mentor zum Coach für Telemachos, Sohn des Odysseus. Sie unterstützt ihn dabei, das Reich seines tot geglaubten Vaters erfolgreich zu verteidigen.

> Motivieren Sie Ihre Mitmenschen! Als Coach helfen Sie anderen, ihre Ziele zu erreichen!

Das heutige Coaching entspringt diesen historischen Wurzeln. Eine weitere Quelle ist die Welt des Sports. Fast alle erfolgreichen Profi-Sportler haben einen Coach. Er sorgt dafür, dass die hoch bezahlten Athleten in einem Gewinnerzustand sind und Spitzenleistungen bringen. Die Arbeit des Coachs hat maßgeblichen Einfluss auf den Erfolg der Athleten. Über Sieg oder Niederlage entscheidet die mentale Steuerung der körperlichen Ressourcen. Der Coach wirkt wie ein Katalysator. Sein Einfluss motiviert die Sportler, ihr Bestes zu geben und ihre Leistungsfähigkeit kontinuierlich zu optimieren.

Ein wesentlicher Erfolgsfaktor im Coaching ist das gegenseitige Vertrauen. Falls der Coach das Vertrauen der Sportler verliert, verkehrt sich das Ergebnis seiner Beeinflussung schnell ins Gegenteil. Nicht umsonst finden in der Fußball-Bundesliga so viele Trainerwechsel statt. Wenn die Beteiligten nicht mehr daran glauben können, dass der Einfluss des Coachs die Mannschaft zum Sieg führt, ist der natürliche Zeitpunkt gekommen, die Zusammenarbeit zu beenden. Vertrauen ist unersetzbar. Andererseits muss auch der Coach daran glauben, dass sein Einfluss dazu führt, die Sportler erfolgreich zu machen. Seine vorrangige Aufgabe besteht darin, das nötige Vertrauen in die Fähigkeit zum Erfolg zu erzeugen.

> **Ihr Erkenntnisgewinn:**
> Sie können enorme Kräfte mobilisieren, wenn Sie fest an Ihre Ziele glauben!

Der Glaube an sich wurzelt im Vertrauen

Genau genommen, ist der starke Glaube nichts anderes als pures Vertrauen. Glauben bedeutet, dass Vertrauen konzentriert auf ein bestimmtes Ziel ausgerichtet wird. Wenn Sie an etwas wirklich glauben, vertrauen Sie darauf, dass selbst sehr unwahrscheinliche Dinge möglich sind oder sogar mit Sicherheit eintreffen werden.

Die Macht des Glaubens können Sie in vielen Lebensbereichen beobachten. Es ist allgemein bekannt, dass ein starker Glaube enorme Kräfte mobilisieren kann. Tennis-Profis berichten, dass der Gewinn eines Matches oft weniger durch spielerisches Können als vielmehr durch den unerschütterlichen Glauben an den Erfolg entschieden wird. Karateka durchstoßen Ziegelsteine mit der bloßen Hand, indem sie konzentriert ihre unbewussten Kräfte nutzen, indem sie darauf vertrauen, dass ihr trainierter Körper die Materie besiegt.

Die Beeinflussbarkeit des Körpers mithilfe des Vertrauens wird beim Coaching von Leistungssportlern mit ebenso erstaunlichem Erfolg genutzt, wie bei der Heilung von psychosomatischen Beschwerden. Wissenschaftliche Untersuchungen belegen, dass Medikamente ohne Wirkstoffe, sogenannte Placebos, in vielen Fällen verblüffende Heilungserfolge erzielen, sofern der Kranke fähig ist, an die Wirksamkeit der Medikamente zu glauben. In Feuerlauf-Seminaren lernen die Teilnehmer in kurzer Zeit, über glühende Kohlen zu gehen, indem sie fest daran glauben, dass ihre Füße die feurige Zeremonie heil überstehen. Sobald ein Feuerläufer daran zweifelt, dass sein konzentriertes Vertrauen seine Füße zu schützen vermag, steigt die Wahrscheinlichkeit ganz enorm, dass er sich schmerzhafte Verbrennungen zuzieht.

In früheren Zeiten, als Soldaten mit schweren Eisenrüstungen in die Schlacht gezogen sind, galt die Parole: „Entweder du glaubst – oder du fällst!" Es gab sogar Kulturen, in denen die Krieger darauf vertrauten, dass ein Tod im Kampf ihnen einen Platz an Odins Tafel beschert. Obwohl auch sie den Tod fürchteten, immunisierte der starke Glaube die Krieger gegen die Todesangst. Auch für die Terrorflieger vom 11. September 2001 und die fürchterlichen Selbstmordattentäter im Irak, in Afghanistan oder im Nahen Osten wurde die Angst vor dem Tod durch den Glauben, einen privilegierten Platz im Himmel für ihre Untaten zu erhalten, gemildert – wenngleich mit schrecklichen Konsequenzen.

Der Glaube kann Berge versetzen, in negativer, aber auch in positiver Hinsicht. Mahatma Gandi wurde zum Vorbild für Millionen von Menschen, indem er fest daran glaubte, dass er durch gewaltfreien Widerstand gewinnen würde. Als Reinhold Messner den höchsten Berg der Erde als erster Mensch ohne Sauerstoffgerät besteigen wollte, musste er seinen lebensbedrohlich strapazierten Körper durch mentale Manöver immer wieder überzeugen, die dafür nötigen Energien freizusetzen. Er musste fest daran glauben, dass ihm sein Vorhaben gelingen wird.

Glauben und Vertrauen sind aus demselben Stoff gemacht. Wer glaubt, hat Vertrauen. Wenn Sie starkes Vertrauen nutzen, um große Herausforderungen zu bewältigen, können Sie wahre Wunder bewirken. Vertrauen wirkt nicht nur auf einer psychologischen Ebene – es entscheidet über Erfolg oder Misserfolg, über Ihre persönliche Ausstrahlung, über die Qualität Ihrer sozialen Kontakte und auch über Ihr körperliches Wohlergehen. Das gefühlte Vertrauen bestimmt darüber, inwieweit ein Mensch über seine vorhandenen Ressourcen frei verfügen kann.

Durch die Zusammenarbeit mit einem Trainer kann das nötige Vertrauen gezielt erworben und konsequent gestärkt werden. Erfolgreiches Coaching ist für alle Beteiligten eine erfreuliche Angelegenheit. Wenn Ihnen eine entscheidende Schlacht bevorsteht, wenn Sie große Ziele erreichen wollen oder eine schwierige Herausforderung bestehen müssen: Scheuen Sie sich nicht, einen Coach zu konsultieren. Es ist kein Zeichen von Schwäche, sondern, im Gegenteil, ein Ausdruck Ihres Verantwortungsbewusstseins.

Besondere Situationen erfordern besondere Mittel. Niemand, der eine wirklich große Leistung vollbringen will, kann seinen Erfolg ganz allein erzielen. Jeder herausragende Erfolg der Menschheitsgeschichte resultiert aus dem Zusammenspiel eines guten Teams.

> **Ihr Erkenntnisgewinn:**
> Wir Menschen sind soziale Wesen! Niemand kann große Erfolge allein erreichen. Trainieren Sie Ihre Teamfähigkeit!
>
> Sobald Menschen ein gemeinsames Ziel verfolgen, stellt sich die Frage nach dem emotionalen Klima im Team. Die Magie des Vertrauens kann sich nur entfalten, wenn die Betroffenen bereit sind, miteinander zu kooperieren. Deshalb plädieren wir so sehr für die Realisierung des Coaching. Bei dieser hoch entwickelten Form der Zusammenarbeit werden die vorhandenen Ressourcen optimal eingesetzt. In einem positiven Klima wird die zur Verfügung stehende Energie voll auf die gemeinsamen Ziele konzentriert. Im professionellen Coaching ist kein Platz für Neid, Missgunst oder interne Reibungsverluste. Alle Beteiligten ziehen an einem Strang – die erzielten Erfolge sind das Resultat der gemeinsamen Arbeit.

Coaching – ein vorbildliches Gewinner-Gewinner-Modell

Im professionellen Coaching gibt es einen Coach und einen Coachee, einen zu Coachenden. Im Team-Coaching betreut der geübte Coach nicht nur eine Person, sondern ein ganzes Team. Im Einzel-Coaching sind die Rollen so definiert, dass der Coach für die Steuerung des Prozesses verantwortlich ist und der Coachee die zu bearbeitenden Themen so wählt, dass er einen möglichst großen Nutzen davon hat.

Die Inhalte des Coaching ergeben sich aus dem gemeinsamen Ziel. Alles, was für die Erreichung eines Zieles wichtig ist, kann angesprochen und bearbeitet werden. Der Coach sorgt durch seine Fähigkeit, Vertrauen zu erzeugen, für ein offenes und motivierendes Arbeitsklima. Gleichzeitig ist er dafür verantwortlich, dass die Gesprächsstruktur konsequent zielorientiert ausgerichtet ist. Die gemeinsame

Zeit soll optimal genutzt werden, Nebenschauplätze werden vermieden, die Energie wird auf das Wesentliche konzentriert.
Um die anvisierten Ziele konsequent zu realisieren, wird eine Strategie formuliert. Dabei achtet der Coach darauf, dass alle benötigten Ressourcen mit dem richtigen Timing organisiert werden. Als Ergebnis einer Coaching-Sitzung werden Maßnahmen vereinbart. Gleichzeitig stellt der Coach sicher, dass der Coachee hundertprozentig motiviert ist, die nötigen Maßnahmen konsequent umzusetzen.
Beide Rollen im Coaching-Modell haben ihren besonderen Wert. Einerseits kann es unendlich wertvoll sein, einen kompetenten Coach zu konsultieren, um schwierige Aufgaben erfolgreich zu bewältigen. Der Coach hilft Ihnen, Probleme in Ziele zu verwandeln und diese dann konsequent anzugehen.
Die Erfahrungen im Business-Coaching gehören für viele Berufstätige zu den beeindruckendsten Erfahrungen ihrer Karriere. Selten gibt es im beruflichen Alltag Situationen, wo sich alle Beteiligten, trotz des äußeren Drucks durch die anstehenden Herausforderungen, so sehr öffnen und im Zustand des Vertrauens ohne Reibungsverluste harmonisch zusammenarbeiten. Die Intensität der Kommunikation im Coaching kann enorm hoch sein, in kürzester Zeit werden oftmals exzellente Ergebnisse erzielt.

> Business-Coaching hilft, exzellente Ergebnisse zu erzielen. Trainieren Sie, Probleme in Ziele zu verwandeln!

In vielen großen Unternehmen kann man neuerdings eine interessante Tendenz beobachten: Die Vorgesetzten werden systematisch zum Coach ihrer Mitarbeiter ausgebildet. Business-Coaching gilt als Führungsstil der Zukunft. Coaching wird mittlerweile nicht nur durch externe Berater durchgeführt, sondern immer mehr durch die Vorgesetzten im beruflichen Alltag.
Business-Coaching ermöglicht gezielte Personalentwicklung an der Basis. Ambitionierte Führungskräfte können lernen, ihr Team als Coach zu führen. Sie unterstützen ihre Mitarbeiter dabei, ihren Job optimal zu erledigen. Gleichzeitig sorgen sie für ein positives Betriebsklima und hohe Motivation. Falls Sie als Führungskraft tätig sind, sind Ihre Mitarbeiter die idealen Partner, um Ihre magischen Fähigkeiten anzuwenden. Schlüpfen Sie in die Rolle des Coachs und nutzen Sie Ihren positiven Einfluss! Fühlen Sie sich in die Situation

Ihres Mitarbeiters hinein, erforschen Sie seine Innenwelt und unterstützen Sie ihn dabei, einen optimalen Job zu machen!

Entscheidend beim Mitarbeiter-Coaching ist, dass Sie sein Vertrauen gewinnen. Solange der Mitarbeiter Ihnen nicht vertraut, wird er sich nicht freiwillig von Ihnen coachen lassen – schließlich sind Sie zugleich sein Chef. Da Sie als Vorgesetzter Macht über Ihren Mitarbeiter ausüben können, wird er sich ohne ausreichendes Vertrauen Ihnen gegenüber nicht wirklich öffnen. Die Filter des Misstrauens behindern ein effektives Coaching, da die daraus resultierenden Widerstände die Konzentration der gemeinsamen Energie stören. Deshalb sind Sie als Magier gefordert: Je stärker das Vertrauen Ihres Mitarbeiters, desto wirkungsvoller können Sie ihn beeinflussen, um ihn zum Erfolg zu führen.

Mitarbeiter-Coaching bietet Ihnen die ideale Bühne, um Ihr Training konsequent umzusetzen. Als Vorgesetzter sind Sie ohnehin in der Rolle, Ihre Mitarbeiter im Sinne des Unternehmens zu beeinflussen. Ihre vorrangige Aufgabe als Führungskraft besteht darin, Ihre Mitarbeiter erfolgreich zu machen!

> Sorgen Sie für ein positives Gesprächs-Klima! Je größer das Vertrauen, desto wirkungsvoller können Sie andere Menschen beeinflussen.

- Die Coaching-Beziehung braucht nicht unbedingt einen formalen Rahmen. Jeder Mensch, der ein Problem lösen oder ein Ziel erreichen möchte, kann zur Unterstützung einen Coach konsultieren.
- Das Prinzip des Coaching können Sie professionell oder privat realisieren, im Job ebenso wie im Freundeskreis.
- Wenn Sie einem Freund in einer schwierigen Situation zur Seite stehen und ihm durch eine positive Ansprache ermutigen, eine Herausforderung aktiv zu bewältigen, können Sie ihm hilfreiches Feedback geben und sein Vertrauen in seine Fähigkeiten stärken.
- Privates Coaching kann intensive Nähe und starke Verbundenheit erzeugen.

Coaching ist somit eine außerordentlich sinnvolle Zeitinvestition und Coaching darf Spaß bringen! Es gibt nichts Schöneres als selbstgemachten Erfolg – insbesondere, wenn Sie Ihre Erfolgserlebnisse mit lieben Menschen teilen dürfen! Je öfter Sie dieses nützliche und erfreuliche Beziehungsmodell praktizieren, desto wirkungsvoller können Sie die Rolle des Coachs ausfüllen. Die Zeit ist auf Ihrer Seite, denn Übung macht den Meister!

Wir möchten, dass Sie den positiven Geist des Vertrauens anderen Menschen weitergeben. Vertrauen und Angst sind zwei mächtige Kräfte, die sich beide wie Lauffeuer ausbreiten können. Leider sind die Lauffeuer der Angst viel zu oft in der Überzahl. Sie brauchen nur im Radio oder Fernsehen die Nachrichten zu hören – und Sie werden mit negativen Informationen überflutet. Das Geschäft mit der Angst regiert unsere Medien. Besonders in Deutschland wird so viel geklagt und gejammert, dass man meinen könnte, negatives Denken sei eine deutsche Volkskrankheit. Der unbewusste, kritische Geist sucht geradezu zwanghaft nach Problemen, Fehlern und Missständen – nur allzu oft glaubt man, das berühmte Glas sei halbleer.

Glücklicherweise gibt es auch viele positive Tendenzen. Das gesammelte Wissen der Menschheit ist größer denn je. Das Internet gibt jedem Interessierten Zugriff auf alle Informationen, die man sich nur denken kann. Wir können schnell und bequem fast alle Länder dieser Erde bereisen. Die moderne Medizin verfügt über Methoden, um viele Krankheiten zu heilen, an denen die Menschen der Vergangenheit zu Tausenden gestorben wären. Wir haben Supermärkte, Allgemeines Wahlrecht, Öffentliche Bücherhallen, Polizei, die NATO, Sozialversicherung, Kinos, Fußballstadien, Autobahnen, Badeanstalten, Saunen und Solarien. Wir können uns alle nur erdenklichen Konsumgüter und Luxusartikel zu erschwinglichen Preisen anschaffen – Handys, DVD-Player, Sportwagen, Pauschal-Urlaub, neue Golfschläger, teure Parfüms und Spirituosen, domestizierte Haustiere, Geschirrspülmaschinen und ausgefallene Designer-Klamotten. Das Freizeitangebot ist schier unglaublich, jeder Mensch hat die Möglichkeit, sich exzessiv zu vergnügen, Sport zu betreiben, sich kulturell zu bilden, die Natur zu genießen, sich Schönheitsoperationen zu unterziehen, offen seine Meinung zu verkünden, sich politisch zu engagieren oder an seiner Persönlichkeit zu arbeiten.

> Konzentrieren Sie sich auf Ihre Chancen! Niemals zuvor war das Leben auf diesem Planeten so reich an Möglichkeiten wie heute!

Wenn Sie sich bewusst machen, über welch enorme Möglichkeiten wir verfügen – dann gibt es genug Gründe, um sich zu entspannen, die richtigen Entscheidungen zu treffen, mit Freude die nötigen Taten zu realisieren, das Leben zu genießen und der menschlichen Schaffenskraft aus vollem Herzen zu vertrauen.

Die tatsächlichen Einschränkungen unserer Lebensqualität liegen weniger in der Umwelt, sondern vielmehr in uns selber. Nur die Entwicklung von nachhaltigem Vertrauen kann helfen, unsere Grenzen zu überwinden und über uns selbst hinauszuwachsen. Nicht die Jagd nach Geld, Status oder Konsumgütern führt zur realen Verbesserung unserer Lebensqualität.

> Nutzen Sie Ihr Potenzial! Die Einschränkungen unserer Lebensqualität liegen weniger in der Umwelt, als vielmehr in uns selbst.

Wenn wir unser Leben optimieren wollen, liegt der Hebel für die meisten von uns nicht in unserer Umgebung, sondern eindeutig in unserer Innenwelt. Solange wir von unbewussten Ängsten getrieben werden und unser Leben durch die grauen Filter des Misstrauens betrachten, nutzen alle Errungenschaften der Außenwelt nur wenig. Der Sprung ins Glück kann Ihnen nur gelingen, wenn Sie bereit sind, Ihre Ängste loszulassen und sich im vollen Vertrauen Ihrem Leben hinzugeben.

> **Ihr Erkenntnisgewinn:**
> Dieser Planet ist kein Paradies – aber er ist wahrlich ein guter Ort, um zu leben. Wir wünschen Ihnen, dass Sie sich mehr und mehr erlauben können, Ihre Liebe wachsen zu lassen und Ihr positives Lebensgefühl auf Ihre Umwelt zu übertragen, bis die Macht des Vertrauens Ihre ganze Existenz mit Freude erfüllt!

Riskieren Sie den Sprung ins Glück!

Nun ist es an der Zeit, dieses Buch zu seinem natürlichen Ende zu führen. Wir bedanken uns bei Ihnen für Ihr Interesse an unseren Ideen. Unser Coaching endet hier – und wir hoffen, dass Sie den Kreis schließen, indem Sie nun Ihrerseits als Coach tätig werden. Helfen Sie Ihren Mitmenschen, die Magie des Vertrauens in ihr Leben zu bringen, sorgen Sie dafür, dass sich das positive Licht des

Vertrauens wie ein Lauffeuer ausbreitet. Entzünden Sie in Ihrem Herzen ein mächtiges Feuer der Begeisterung und geben Sie das Feuer weiter, indem Sie Ihre Mitmenschen durch Ihre positive Ausstrahlung und durch ermutigende Botschaften anzünden.

Verabschieden Sie sich von alten Programmierungen, beweisen Sie Mut, gehen Sie neue Wege, arbeiten Sie weiterhin an Ihrer Persönlichkeit. Sprechen Sie regelmäßig die Autosuggestionen vor dem Spiegel, dadurch erinnern Sie Ihre unbewussten Kräfte immer wieder an die Kraft des Vertrauens. Nutzen Sie kontinuierlich die Erfolgs-Checklisten und geben Sie sich selbst die Garantie, dass der Geist dieses Buches in Ihrem Leben lebendig bleibt.

Erkenntnisgewinn:
Immer wenn Sie spüren, dass Sie frische Inspiration brauchen, können Sie sich fragen, was Nikolaus B. Enkelmann und Thomas Rückerl wohl zu Ihrer aktuellen Situation sagen würden:

Mit unserem Coaching haben Sie eine positive Gewohnheit entwickelt – es gibt eine Stimme in Ihrem Kopf, die in motivierenden Worten zu Ihnen spricht und Sie immer wieder ermutigt, den magischen Weg des Vertrauens zu gehen. Diese positive Gewohnheit wird Ihnen auch zukünftig helfen, den richtigen Weg zu finden, gute Entscheidungen zu treffen, Ihr Leben zu genießen, die Arbeit an der eigenen Persönlichkeit fortzuführen und den Sprung ins Glück zu wagen.

Vielleicht lernen wir uns sogar einmal persönlich kennen. Wir würden uns freuen, Sie in einem unserer Seminare begrüßen zu dürfen. Gern würden wir Ihre Erfahrungen bei der Realisierung der Magie des Vertrauens mit Ihnen teilen. Für Ihre Zukunft wünschen wir Ihnen viel Erfolg.

Autosuggestion

Ich gehe den magischen Weg des Vertrauens!

Täglich trainiere ich mich darin, meine Kraft als weißer Magier zu stärken.

Mein Vertrauen wächst unaufhaltsam und es beginnt ganz automatisch, sich auf meine Umwelt zu übertragen.

Meine vertrauensvolle Ausstrahlung beeinflusst meine Mitmenschen auf eine positive Weise.

Als Magier gelingt es mir immer leichter, andere Menschen für meine Ziele zu gewinnen.

Ich trainiere mich in der magischen Kunst, Probleme in Ziele zu verwandeln.

Ich nutze die Kraft des Unbewussten, indem ich das Prinzip des Win-Win verkörpere und positive Botschaften an meine Mitmenschen sende.

Ich bin ein bekennender Optimist! Indem ich Möglichkeiten und Chancen aufzeige, kann ich mich und andere gezielt motivieren.

Ich sehe die positiven Seiten und empfinde große Dankbarkeit für die täglichen Geschenke des Lebens.

Als starker weißer Magier entwickle ich eine attraktive Zukunftsvision!

Meine Ziele schenken mir Orientierung – ich wage den Sprung ins Glück! Ja! Ich kann es voll genießen, mein Leben als bewusster Mensch aktiv zu gestalten!

Checkliste

Magie des Vertrauens

Ich realisiere den Win-Win-Ehrenkodex.	OOOOOOOOOO
Ich trainiere meine Fähigkeit, andere positiv zu beeinflussen.	OOOOOOOOOO
Ich kommuniziere mit dem Unbewussten als Verbündeten.	OOOOOOOOOO
Ich übernehme die Verantwortung für mein Wirken.	OOOOOOOOOO
Ich vertraue meiner attraktiven Zukunftsvision.	OOOOOOOOOO
Ich teile meinen Erfolg mit anderen.	OOOOOOOOOO
Ich genieße es, ein sozial kompetenter Mensch zu sein.	OOOOOOOOOO
Ich schenke anderen Menschen mein Vertrauen.	OOOOOOOOOO
Ich glaube daran, dass mein Vertrauen belohnt wird.	OOOOOOOOOO
Ich unterstütze andere Menschen bei ihrer Entwicklung.	OOOOOOOOOO
Ich reagiere gelassen und verzeihe kleine Fehler.	OOOOOOOOOO
Ich motiviere durch attraktive Kommunikationsangebote.	OOOOOOOOOO
Ich erkenne Konflikte als Lernchancen.	OOOOOOOOOO
Ich stelle hypnotische Fragen.	OOOOOOOOOO
Ich kommuniziere meine Ziele in attraktiven Worten.	OOOOOOOOOO
Ich glaube an das positive Gesetz von Ursache und Wirkung.	OOOOOOOOOO

Die 14 Grundgesetze der Lebensentfaltung©

> Willst du die Welt verändern,
> fang' bei dir an.
> Willst du dich selbst verändern,
> beginn' am besten heute.
>
> *Carl Gustav Jung*

Grundgesetze der Lebensentfaltung

1
Nur der Mensch hat die Kraft, bewusst zu denken, zu planen und zu gestalten. Nur er kann sich selbst und damit sein Schicksal und seine Zukunft gezielt beeinflussen.

2
Am Anfang jeder Tat steht die Idee.
Nur was gedacht wurde, existiert.

3
Gedanken entwickeln sich im Unbewussten, aus den Menschen selbst oder durch äußere Einflüsse.

4
Das Unbewusste – die Baustelle des Lebens und der Arbeitsraum der Seele – hat die Tendenz, jeden Gedanken zu realisieren.

5
Aus dem kleinsten Gedankenfunken kann ein leuchtendes Feuer werden.

6
Wer wachsen soll, braucht Nahrung.
Die Nahrung der Gedanken ist die Konzentration.

7
Bewusste oder unbewusste Konzentration ist Verdichtung von Lebensenergie.

8
Im Streit zwischen Gefühl und Intellekt
siegt immer das Gefühl.

9
Gefühle lenken und verstärken die Konzentration
unbewusst, aber nachdrücklich.

10
Durch gezielte Entscheidung kann die
Aufmerksamkeit auf jeden ausgewählten Punkt
gelenkt werden.

11
Beachtung bringt Verstärkung.
Nichtbeachtung bringt Befreiung.

12
Zustimmung aktiviert Kräfte.
Ablehnung vernichtet Lebenskraft.

13
Die ständige Wiederholung einer Idee
wird erst zum Glauben, dann zur Überzeugung
– auch in negativer Hinsicht.

14
Glaube führt zur Tat. Konzentration führt zum
Erfolg. Wiederholung führt zur Meisterschaft.

Literaturhinweise

Alexander, F.M.: Der Gebrauch des Selbst. Die bewusste Steuerung des Gebrauchs im Bezug auf Diagnose, Funktionieren und Reaktionskontrolle. Basel: Karger 2001

Barlow, Wilfried: Die Alexandertechnik. Darmstadt: Schirmer Verlag 2008

Bauer, Joachim: Warum ich fühle, was Du fühlst. Intuitive Kommunikation und das Geheimnis der Spiegelneurone. Hamburg: Hoffmann und Campe 2005

Bauer, Joachim: Prinzip Menschlichkeit. Warum wir von Natur aus kooperieren. Hamburg: Hoffmann und Campe 2006

Beck, Martha: Enjoy your life! Frankfurt: Campus 2003

Birkenbihl, Vera F.: Warum wir andere in die Pfanne hauen ... und wie wir lernen können, dies zu vermeiden. Paderborn: Jungfermann 2003

Csikszentmihalyi, Mihaly: Flow. Das Geheimnis des Glücks. Stuttgart: Klett Cotta 2010

Enkelmann, Nikolaus B.: Das Glückstraining. München: mvg 2003

Enkelmann, Nikolaus B.: Die Macht der Motivation. München: mvg 1999

Enkelmann, Nikolaus B.: Die Sprache des Erfolges. Wiesbaden: Gabler 2001

Enkelmann, Nikolaus B.: Mit Freude leben. München: mvg 1998

Fiolka, Eckart/Rückerl Thomas: Positive Gesprächsführung. Ein Seminar zur Optimierung Ihrer persönlichen Gesprächsführung. – E-Book bei www.active-books.de

Grochowiak, Klaus & Heiligtag, Stefan: Die Magie des Fragens. Paderborn: Jungfermann 2002

Haidt, Jonathan: Die Glückhypothese. Kirchzarten bei Freiburg: VAK Verlag 2007

Hüther, Gerald: Bedienungsanleitung für ein menschliches Gehirn. Göttingen: Vandenhoeck Mut zum Handeln. München: Goldmann 1998

Lohmann, Friedrich: Konflikte lösen mit NLP. Techniken für Schlichtungs- und Vermittlungsgespräche, Paarberatung und Mediation nach Virginia Satir, John Grinder und Thies Stahl. Paderborn: Jungfermann 2003

Literatur

Rhode, Rudi/Meis, Mona S. & Bongratz, Ralf: Angriff ist die schlechteste Verteidigung. Der Weg zur kooperativen Konfliktbewältigung. Paderborn: Jungfermann 2004

Rosenberg, Marshall B.: Gewaltfreie Kommunikation. Aufrichtig und einfühlsam miteinander sprechen. Paderborn: Jungfermann 2003

Rückerl, Thomas: NLP in Stichworten. Das aktuelle NLP-Lexikon. – E-Book bei www.active-books.de

Rückerl, Thomas: Sinnliche Intelligenz. ein motivierendes Trainingsprogramm zur sinnlichen Optimierung. Paderborn: Jungfermann 1999

Rückerl, Thomas & Ehrlich, Jörn: NLP in Action. Die Kunst des NLP als angewandte Psychologie im täglichen Leben und in der professionellen Kommunikation. Paderborn: Jungfermann 2002

Rückerl, Thomas/Rückerl, Torsten: Coaching mit NLP-Werkzeugen. Weinheim: Wiley Verlag 2008

Seiwert, Lothar: Wenn Du es eilig hast, gehe langsam. Frankfurt: Campus 1999

Silverstein, Shel: Missing Piece trifft Big O. Paderborn: Jungfermann 1995

Vester, Frederik: Phänomen Stress. München: dtv 1993

Stichwortverzeichnis

Absicht 181
Absichten 129
Aggressionen 85, 199
Aggressionsprogramm 99
Allgemeine Psychologie 13
Angst 22, 61, 68
Anspannung 68
Arbeitsklima 89
Außenwirkung 192
Aufmerksamkeit 71
Authentizität 96
Autopilot 169, 203
Autosuggestion 46

Bedürfnisse 71
Bedürfnisstrukturen 132
Beeinflussung 47
Befindlichkeiten 62
Beschuldigungen 98
Bewertungskriterien 153
Bewusstsein 142, 143
Beziehungsebene 97, 99, 103
Beziehungsmuster 183
Business-Coaching 214

Charisma 47, 134
Charismatische
 Persönlichkeit 144
Coaching-Methoden 46

Differenzielle Psychologie 14
Druck 65

Ehrfurcht 205
Eigenmotivation 86

Einfühlungsvermögen 96, 193, 202
Einzigartigkeit 193
Emotionale Energie 47
Emotionales Verstehen 96
Emotionen 71, 94, 155
Entscheidungsstrategien 183
Entschlossenheit 123, 175
Entspannung 62, 68
Erfolgserlebnisse 51, 75
Erkenntnisprozess 144

Fähigkeiten 40
Feedback 122
– Kultur 109
– positives 103
Feindliche Stärke 135
Flexibilität 115
Fluchtverhalten 68
Freiwillige Selbstkontrolle 51
Freiwilligkeit 82, 193
Freundliche Stärke 134
Frustration 137
Führungsanspruch 85

Gegendruck 88
Gelassenheit 74
Gemeinsamkeiten 100
Gesprächsführung 115, 172
Gesprächsklima 114
Gestik 94, 121, 191
Gewalt 86
Gewinner-Gewinner-Modell 19, 27, 90, 109, 153, 195, 197, 201
Gewohnheiten 25, 169, 177, 183
Glaubensmodelle 26

Stichwortverzeichnis

Glaubenssätze 183
Glaubenssysteme 100
Glaubwürdigkeit 108, 192
Großzügigkeit 126

Inneres Parlament 179
Inspiration 45
Intention 129
Interessen-Parallelität 131
Intuition 134

Job-Zufriedenheit 89
Join-Up-Methode 82

Kampf- oder Flucht-
  Programm 147, 151, 153
Kampf-Programm 88
Kategorischer Imperativ 196
Kognition 155
Kommunikationsstil 115
Kommunikationssystem 71
Kommunikationsverhalten 75
Konfliktmanagement 132
Konfliktverhalten 183
Kooperations-Programm 154
Körpersprache 84, 93, 94, 120, 121, 153
Kritik 105

Lampenfieber 63, 105
Lebenserfahrung 137
Lebensqualität 114, 217
Lernaufgaben 107

Machtmissbrauch 86
Manipulation 196, 199
Massenpsychologie 101
Menschenbild 133
Menschenkenntnis 134
Mentales Training 53

Mimik 94, 121, 191
Misserfolg 63
Misstrauen 22, 25, 61, 137, 199
Mitgefühl 33
Motivation 89
Motorik 155
Mut 77

Negativ-Anker 200
Negative
  Wahrnehmungsfilter 25, 61
Neurotisches Muster 61

Optimierungsfilter 165
Optimismus 26
Orientierung 104

Partnerschaft 82
Personalentwicklung 214
Persönliche Werte 100
Persönlichkeitsentwicklung 37, 45, 53, 129
Politische Einstellungen 100
Positive
  – Beziehungsebene 84, 95
  – Gewohnheiten 38
  – Wahrnehmungsfilter 22, 26
  – Zielbilder 173
Prinzip der Beeinflussung 195
Prinzip der freiwilligen
  Selbstverantwortung 204

Reaktionsbereitschaft 68
Rechtgeben 97
Rechthaberei 76
Respekt 121, 193
Rhetorik 191
Rückmeldung 104

Scheitern 63
Schutzfunktion 61
Schwingungszustände 100

Stichwortverzeichnis

Selbst erfüllende
 Prophezeiung 128
Selbsterkenntnis 77
Selbstmotivation 51
Selbstprogrammierung 46
Selbstvertrauen 98, 134, 207
Selbstwahrnehmung 163
Selbstwertgefühl 192
Selektive Wahrnehmung 46, 63
Sensibilität 82, 106
Sicherheit 62
Sicherheitsbedürfnis 71
Signale 103
Sinneskanäle 95
Souveränität 105
Soziales Engagement 134
Sprache 120
Stärke
– feindliche 135
– freundliche 134
Stimme 120, 121
Stimmung 100
Sympathie 33, 100

Teilemodell 179
Toleranz 126, 133
Tonfall 153

Überzeugungen 100
Übung 116
Unbewusste 15, 40, 45, 64, 98,
 120, 149
Urvertrauen 74, 137, 207

Veränderungswünsche 173
Verantwortungs-
 bewusstsein 193
Vergessen 146
Verhalten 120, 181
Verhaltensmuster 36

Verhaltensoptionen 38
Verhaltensprogramme 183
Verstärkung 126
Vertrauen 95, 100, 207
Vertrauensbildung 22
Vertrauenskultur 25
Vertrauensprinzip 84
Vertrauensvorschuss 22, 130,
 134
Vertrauenswürdigkeit 134
Vorbildfunktion 108

Wahrheit 127
Wahrnehmung 44, 127
Wahrnehmungsfilter 123, 138,
 208
Weltbild 133
Wertesysteme 183
Wertschätzung 96
Widerstand 199
Win-Win-Ergebnis 155
Win-Win-Prinzip 28, 43, 75, 102,
 129, 131, 181
Wirkungsfaktoren 15
Wissen 142
Wohlbefinden 68

Zensor 179
Zielerkennungskriterien 117
Zielformulierungen 132
Zielorientierte
 Kommunikation 115
Zielprogrammierung 47
Zielvorgabe 169
Zweifel 65

Seminare mit Nikolaus B. Enkelmann

Der Erfolgreiche Weg
das 6-tätige Intensiv-Seminar:

Psychologie des Erfolges • Zukunftsgestaltung • Optimismus • Erfolgswissen & Entfaltung der individuellen Persönlichkeit • Die Gesetze der Lebensentfaltung
Praxisnahe Anleitung zu mehr beruflichem & privatem Erfolg
Ressourcen aktivieren & verstärken
Persönliche Lebensträume erkennen & verwirklichen

Mentale Power: Das Alpha-Training
das 2,5-tätige Intensiv-Seminar:

Die Macht des Unterbewusstseins erkennen & nutzen • Das Geheimnis der Sieger
Stärkung der Belastbarkeit • Entspannt nach oben • Innere Ruhe & Gelassenheit
Abbau von Stress & Ängsten • Gezielte Selbstmotivation
Steigerung der Lebensfreude & des Leistungspotentials
Entdecken Sie Ihre persönliche Genialität!

Rhetorik & Körpersprache
das 2,5-tägige Intensiv-Training:

Die Macht der Sprache • Menschen überzeugen und gewinnen • Sicher und souverän auftreten • Abbau von Lampenfieber • Die Stimme als Erfolgsorgan
Schwächen- & Stärkenanalyse • Menschenkenntnis & Körpersprache
Gekonnte Verkaufsrhetorik • Aufbau einer wirkungsvollen Rede
Menschenführung & Motivation • Der Schlüssel zur Macht • Rhetorik & Erfolg

ENKELMANN Königstein
INSTITUT FÜR RHETORIK – MANAGEMENT – ZUKUNFTSGESTALTUNG

Seminare mit Dr. Claudia E. Enkelmann

Erfolgsstrategien, Selbstvertrauen & Rhetorik für Frauen
Frauen auf ihrem Weg nach oben – Das 2,5-tägige weibliche Intensiv-Seminar

Stärkung des Selbstbewusstseins • Grundlagen von Glück, Erfolg & Liebe
Souverän auftreten & frei sprechen • Stärken erkennen & gezielt nutzen
Wie Sie alles bekommen, was Sie wollen
Gekonntes Gefühlsmanagement, Partnerschaft, Männermotivation
Sich weich durchsetzen • Erfolgsgeheimnisse & Tricks erfolgreicher Frauen

Modernes Beziehungsmanagement: Gemeinsam noch erfolgreicher!
das 1,5-tägige Intensiv-Seminar:

Geheimnisse glücklicher Paare • Partnerschaft & Karriere • Was Männer brauchen & Frauen glücklich macht • Überwinden von Krisen & Negativem
Sicherheit & Erfolg durch eine starke Partnerschaft
Unterschiede zwischen Männern und Frauen verstehen und humorvoll meistern
Tipps & Anregungen für eine positive & erfolgreiche Partnerschaft

Das Charisma-Training: Das Geheimnis positiver Ausstrahlung
Das 2-tägige Intensiv-Seminar:

Die Macht des ersten Eindrucks • Persönliche Wirkungsanalyse • Unbewusste Wahrnehmungsprozesse erkennen und nutzen • Überzeugen mit Persönlichkeit
Reden lernen wie Obama • Menschenkenntnis & Körpersprache • 7 Schlüssel für mehr Charisma • Der WOW-Effekt • Emotionale Intelligenz • Symbole & Strategien der Macht
Einfach mehr Charisma

Enkelmann-Institut • Postfach 11 80 • 61451 Königstein/Ts.
Telefon 06174-20320 • Fax 06174-24379 • Internet: www.Enkelmann.de